游学非洲

——浙师大非洲研究院师生行走非洲十年纪实

陈明昆◎主编

世界知识出版社

图书在版编目（CIP）数据

游学非洲：浙师大非洲研究院师生行走非洲十年纪实 / 陈明昆主编 . —北京：世界知识出版社，2017.7

ISBN 978-7-5012-5536-8

Ⅰ. ①游… Ⅱ. ①陈… Ⅲ. ① 非洲—研究Ⅳ. ①K94

中国版本图书馆 CIP 数据核字（2017）第 169771 号

书　　名	游学非洲——浙师大非洲研究院师生行走非洲十年纪实 Youxue Feizhou —— Zheshida Feizhou Yanjiuyuan Shisheng Xingzou Feizhou Shinian Jishi
主　　编	陈明昆
责任编辑	柏　英
责任出版	王勇刚
出版发行	世界知识出版社
地址邮编	北京市东城区干面胡同 51 号（100010）
电　　话	010-65265923（发行）　　010-85119023（邮购）
网　　址	www.ishizhi.cn
经　　销	新华书店
印　　刷	北京盛通印刷股份有限公司
开本印张	889 × 1194 毫米　1 / 16　18¾ 印张
字　　数	353 千字
版次印次	2017 年 8 月第一版　　2017 年 8 月第一次印刷
标准书号	ISBN 978-7-5012-5536-8
定　　价	108.00 元

为培养非洲研究院师生的“非洲情怀”、培养高素质的“非洲通”人才，多年来，浙江师范大学非洲研究院不断创造各种机会，选派优秀研究生或青年教师到非洲国家学习调研或实践锻炼，他们的足迹相继遍布非洲的东南西北……

我们为什么要远行非洲？（代序）

2007 年 9 月 1 日，浙江师范大学非洲研究院在金华这座江南小城正式创立。建院之初，我的一个基本想法就是，这个研究院应该有一种新气象，一种新格局，一种符合非洲研究这个学科特点的建院路径与治学精神，这其中一个方面就是应该从非洲精神文化的本源出发来走进非洲、读懂非洲，有一种源自心底的对象国情怀与心灵认同。

为此，我明确提出非洲研究院的治学理念是“非洲情怀、中国特色、全球视野”，这其中把培养科研人员和学生的非洲体验、非洲情感放在了首位。我一直认为，中国的非洲研究必须走一条“非洲化”的国际合作道路，必须融入非洲火热大地和中非合作的丰富实践中去。于是，努力创造各种条件，搭建各类平台，筹集多方经费，鼓励支持研究院的师生们深入非洲、扎根非洲、融入非洲，就成了这些年我工作的一项重要内容。

为配合这一建院理念，我作了多方面的努力。比如，我在非洲研究院办公环境中植入了浓厚的非洲元素，每一个角落都用心去设计装饰，还花了很大心力建成了国内高校首个非洲博物馆，以此来努力营造一个具有非洲氛围的工作环境。我想，作为一个学术机构，非洲研究院不只是一个职场，一个办公的地方，更是一个非洲文化之场，一个我们大家的精神家园。我是希望通过这种“润物细无声”的环境浸润，在我们研究院年轻科研人员和学生的心灵中，逐渐培育滋生起一份对于非洲的归属情怀，一份源自心底的“敬意”与“温情”。我们热爱非洲，热爱非洲的人民与文化，并且因为这种热爱而选择非洲研究作为人生的事业与追求。我想，我们的科研人员只要有了一种超越功利目标的更单纯、更平和、更持久的心态，就能在此领域长期坚守下来，最终做出有意义的成果。

当然，更好的方式是直接到那块大陆去，远行于这块大陆广袤无垠的天地间。

做非洲研究，须长期反复地行走非洲、深入非洲、调研非洲，这是非洲研究的基本特点。当我们研究非洲某个区域某个国家时，我们总需要时常问问自己：真的了解这个区域和国家吗？在此区域和国家长期生活过吗？知道这个区域和国家的民风民情、生活习性、制度文化，乃至听得懂此地百姓的民歌谚语吗？对他们的情感表达方式、与人交往的古老习俗知道多少，明白几何？或者说，当你行走在世界上任何地方——在机场，在广场，在车站，在任何一个你偶然经过的地方，当突然有一段非洲风格的音乐飘忽过来，突然有一幅巨大的非洲自然风光广告闪入眼帘，你都会心为之一动、驻足而聆听、抬头而凝视，那你可能真的有从事非洲研究的“慧根”了。否则，只是照搬一些教科书上的概念，引用一些西方人撰写的著作，或借用别人的标签生硬地贴到现实中来，自然难以做出与实际相符的区域和国别研究“真学问”。

中国古代文献浩如烟海，可要说流传最广泛、影响最大的，可能就是成书于两千多年前的《诗经》了。《诗经》为什么流传千古？其实道理很简单，因为它是一本真正来自生活、扎根大地、起自民间的著述，所记所言，所书所写，都关乎人生，都是真情实感。而《诗经》一书及其所体现出的思想智慧，也大致可以看成中国最早的一部“区域研究”著作，其三百篇分为“风、雅、颂”三部分，“风”则有所谓的“十五国风”，如秦风、郑风、魏风、卫风、齐风、唐风、豳风等，此即时人认识（调研、采风）周王朝域内外之 15 个区域（国）的民风民情（区域文明）的诗性文字表述。在当时之人看来，采集这 15 个地方的民歌风谣，可观风气、听民意，从而美教化、移风俗、施良策、治天下。[①]

中华民族是一个崇尚思想之务实精神的民族，尊奉实事求是、理论来自实践的认识原则，由此而形成“由史出论、史地结合”的治学传统。“好的治国理念原则、有效的社会治理模式，必然是注重人类文明的地域结构与环境生态的差异性与历史多样性，动用时空结构层面上开阔的‘会通’眼光，依据对象的真实情况，即所谓的区情、国情、社情、民情、乡情，实事求是地努力去了解、理解、适应、建构生活在此特定‘一方水土’时空环境中的‘一方人’的观念、文化、情感与制度。”[②] 在中国人看来，认识世界、治理国家，唯有“因时因事因地而变”，方可穷变通久、长治久安。

---

① 刘鸿武：《从中国边疆到非洲大陆：跨文化区域研究行与思》，世界知识出版社 2017 年版，第 52 页。

② 同上，第 53 页。

区域研究的最大特点是倡导思想与政策要“接地气”“通民情”。今天中国的非洲研究，应该以中非双方正在做的事情为中心，立足中非双方面临的实际需要和具体情况，按照自尊、自信、自立的自主性与原创性，在深入非洲、观察非洲、观察中非关系的过程中，着力解答中非双方面临的重大发展问题、重大发展需要，努力积累新材料、发现新问题、提出新观点、构建新理论，从而在研究过程中与理论形态里呈现出中国非洲研究的自主创新意识。因而，我们一直倡导，研究非洲先要去除了对非洲的偏见，对非洲历史文化有一份赏析关爱之情，然后能深入非洲大陆做长期的田野调查，以自己的经历去观察研究非洲。

中国古人倡导“板凳要坐十年冷，文章不写半句空”，而今天学者需要坐实坐稳的这个“冷板凳”，已不限于清幽的书斋，更包括了广阔的非洲田野。研究非洲的中国学人必须走出国门，到非洲广阔大地的真实生活中，开展参与式的田野调查，积累一手资料，获得生活体验。研究者只有获得了在非洲国家的一线体验、一流人脉、一手资源，才可能正确地认识非洲、研究非洲。我们要从客观事实出发，通过真实的实践过程来提炼生成理论。

学术研究是一种个体生活的经历，研究遥远的非洲文明、文化、艺术、历史尤其如此。非洲各个区域和国家的文明与制度、政治与经济、风俗与习惯，作为真实的历史存在，并不只是一些抽象出来的概念原则，不是到处可贴的空洞理论标签，而是在过往漫长历史过程中，在其特定的自然文化空间与历史环境下逐渐成长起来的。研究者唯有长期扎根于对象地区，生活于此，行走于此，融入对象的时空情境，获得与当地人感同身受的个人文化体验，才得以真切感悟这些特定时空中的鲜活生活，真正明白该区域文明的精神个性。

总之，中国非洲学的起点在非洲大陆，归属与根基也在非洲大陆，而不在欧美，也不在书本。我们需要把研究基地前移到非洲国家，强调做调查研究，即通过调查而开展的研究，所谓没有调查就没有发言权。不再是那种困守在书斋中、空谈于沙龙里的本本主义的范式研究、概念研究，或简单依靠西方数据库的那种貌似科学的量化分析或模型研究。

为此，我们需要采取有力举措，鼓励支持中国学者深入中国在非洲大陆的千千万万个合作项目和企业工地上，去做一线的长期跟踪观察，去采风，去做感同身受的参与式研究。我们也要培养一大批真正懂得非洲、从非洲国家的大学获得博士或硕士学位的非洲"海归"。同时，中国人研究非洲的一个重要前提是对非洲和中国都有足够的了解，既懂非洲也知中国，知彼知己，开展客观公正的研究。所有这一切都是未来中国非洲研究进步必不可少的一个个关键环节。

今天，中国非洲学建设发展的核心任务与基本路径应该是，在秉承中华学术传统的基础上，立足于深入观察和综合把握当代中非发展合作的民族实践，形成可以说明、解释和指导这一民族实践的原创性理论体系与话语体系，并在学科建设的一些基础领域做出持续的努力，最终建立起具有中国学术品格而又融通中外的"中国非洲学"。[①]

这是一项需要几代学人不懈努力去追求的目标，我们只是这长长征途上的一个个开拓者、参与者、接力者。

其实，对于个体人生来说，非洲研究的意义也是多方面的，它甚至具有审美的意义。我常对大家说，别小看了我们非洲博物馆里那一件件从万里之外的大洋彼岸收集而来的非洲文物，那些传承久远的非洲艺术品，它们每一件可能都是一个古老悠远的故事，都是非洲各族的心灵之歌，它深深地植根于非洲的生活大地。如果我们真能用自己的心灵去个性化地感受非洲文化，欣赏非洲人的天才创造，关注他们的欢乐与痛苦，懂得非洲人的情感表达方式，那一定有助于我们更真切地把握非洲现实的政治问题、经济问题、社会问题与国际关系问题，做出我们不同凡响的学问来。

非洲研究，一门需要用心、用情、用人生去做的学问。

这本小小的册子，记载了非洲研究院建院十年来大家行走非洲、探索非洲的历程。点点滴滴，都是一段特殊的人生经历，一份独特的人生记忆。中国古人说"读万卷书，行万里路"，还说"文章千古事，得失寸心知"。学术本是人生，是一个研究者自己精神生命体验与远行的过程。非洲研究院的路刚刚开始，前方会有更多的风景，也会有更多的挑战，我期待在大家的共同努力下，在各方各面的支持帮助下，非洲研究院这棵"小树苗"，月积年累，终有一天长成"参天大树"。

2014 年 4 月，我出访尼日利亚、英国等国，写文字数行，现录于此，以志纪念。

---

① 刘鸿武：《"非洲学"的演进形态及其中国路径》，载《国际政治研究》2016 年第 6 期，第 41 页。

亚非欧行

十日纵横亚欧非，
为忧苍生行役驱。
出本无心归亦好，
济世忧民江湖心。
但使当年东坡在，
用舍行藏也似君。
何日清风眠北牖，
朝夕爽气满西楼。

刘鸿武

2017 年 6 月 26 日写于金华非洲研究院

初建非洲博物馆（2009 年）

非洲研究院全家福（2014 年）

目 录

东部非洲游学记

南部非洲游学记

西部非洲游学记

北部非洲游学记

东部非洲游学记

• 埃塞俄比亚 •

拉丽贝拉岩石教堂（刘鸿武摄，2015.08）

埃塞十年记忆

陈明昆

浙江师范大学非洲研究院教授，教育学博士，主要研究领域为职业教育、非洲教育、教育发展援助等。2007 年 5 月受国家留学基金委资助赴埃塞俄比亚进行高等教育调研。

埃塞俄比亚——一块“烤脸的地方”。5 月是一年中埃塞俄比亚最好的时节，处于旱季已过、雨季未到的“小雨季”，蓝蓝的天空时常会飘来几片乌云，偶尔会有阵雨落下。

2006 年深秋，一个周六的下午，我正在天津大学的博士生公寓里上网查阅资料，偶然看到浙江师范大学校园网主页上有一条信息，是关于“非洲高等教育国别研究工程”的项目申报，涉及七八个非洲国家，面向全校教师招标。出于对遥远非洲大陆的好奇，一时冲动，就填写了申报表。没有想到的是，不久便接到了浙江师范大学外事处的电话，问我到埃塞俄比亚进行高等教育国别调研是否愿意，我说“没问题”。之后经过一系列相关准备工作，终于在 2007 年 5 月 1 日踏上了前往埃塞俄比亚的旅途。

我们一行两人，怀着忐忑的心情和新奇的感觉，第一次踏上非洲这块神奇的土地，来到了被联合国宣布为世界最不发达国家之一的埃塞俄比亚——一块“烤脸的地方”，开始了为期二十余天的埃塞俄比亚高等教育考察。回来后就开始了紧张的“爬格子”，大半年时间里很多时候都是“躲进小楼成一统”。两年后的 2009 年终于修成正果——出版了《埃塞俄比亚高等教育研究》一书，某种程度上也是对国内非洲教育国别研究的一种填补。

2010 年我博士毕业，又回到了原工作岗位，对非洲教育的关注就暂告一段落。令我没有想到的是，2012 年，因工作需要，校领导把我从职教学院调入了非洲研究院。至于为什么会把我调入非洲研究院工作，我想一个很重要的原因就是我有“非洲经历”，也许正是因为2007年那次偶然的非洲之行，使我与非洲结下了必然的“不解之缘”。

2017年6月下旬，我又将随同院里几位老师到埃塞俄比亚参加“中非减贫发展高端对话会暨智库论坛”。每每想起，总有故地重游的神往，十年前的埃塞俄比亚记忆片段不时会浮现出来：路边工艺品小店里的小男孩已经长成男子汉了吧？“中国城”的老董夫妇还在经营着那家饭馆吗？当年帮我们复印资料的埃塞俄比亚小伙子还在图书馆上班吗？……于是乎，揭开十年前尘封的记忆，翻开十年前在埃塞俄比亚调研时写的一些日记，稍加整理，摘录二三，以飨读者，并做记忆之。

5月2日

刚踏上埃塞俄比亚的土地，感觉地很宽广、天很空旷、空气很新鲜。从机场到我们的住处走了二十多分钟，有二十来里。沿途没有一点都市气象，也很少有高层建筑，倒很像我们的乡镇小城，但建筑物要比我们的乡镇稀疏得多，没有国内的城镇那么拥挤。沿途时常见到一群群的人在路边行走或在卖东西。道路不算拥挤，车辆比北京少多了，路两旁几乎没见到树，倒是棚户房很多，也有一些别墅式的尖顶房。

我们住的地方叫“中国城”（China Town），是一家中国人开的小饭馆。这是一座四层小楼，外观看上去还不错，在周围也算得个比较显眼的建筑。每一层进门是一个比较大的房间，里面有三个小房间和一个卫生间。据说这房子原来是私人住户，所以房子的每层设计上也就更像套间。一走进要住的房间，我们感到有点吃惊，因为房间很小，六七平方米的样子，里面只有一张床、一张小桌子、一把椅子，形如我们七八十年代的招待所，没有电话、电视，更不能上网。但房间还算干净，卫生间里装有热水器，只是经常会停水，很多时候是个摆设。

刚安顿好，中国驻埃塞俄比亚使馆文化处的松雁群参赞和随员小冯就来看望我们了。看到我们一切顺利，吃住也比较满意，两位也就放心了。松参赞代表使

董先生夫妇

馆向我们表达了问候之情，使得我们倍感亲切。

饭店老板姓董，吃午饭闲聊中，知道董先生与使馆的人都很熟。初步感觉此人阅历丰富，当过知青，干过多年厨师，到过多个国家，退休后还能在异国他乡做生意，应该是一个有思想有头脑的人。

5月4日

昨天听老董讲，她夫人今天从国内回来，所以一早要去机场接夫人。8点钟我们下去时，车子已经回来，但没有见到老董及夫人。后来听说是飞机晚点，所以他就打发车子先回来送我们到亚的斯亚贝巴大学（亚大）去。

亚的斯亚贝巴大学校门

8点40分多我们就到了学校门口，车子在门口停下，看门人开始检查，每个人都要搜身，尽管我们说明是与某某约好的。可能看我们是中国人，搜身不是很仔细，也不用像本地人那样要脱掉外套检查，但总归还是影响了我们的心情。

进得校门，一直往前走，很快就来到了一座皇宫式的建筑前，据说这座房子是当初亚的斯亚贝巴大学建校时的校长办公楼，现在仍然是。只是当时的名誉校长是海尔·塞拉西皇帝，现在校长已不是皇帝了。

塞拉西皇帝的校长办公楼

进得一楼，门卫把我们带进了设在进门处的对外交流处办公室。我们简单地说明身份后，一位中年女性工作人员请我们坐下，然后开始打电话。大约十分钟后，进来一个身材高大的男子，名叫麦斯非（Mesfin）。他问起我们的调研安排后，就先领我们去了学校图书馆。图书馆里的一位年轻小伙子帮我们在学校藏书目录中检索到了相关书目。我扫了一眼还算齐全，打算把需要的资料先复印下来，并约定下周一来复印。

然后，麦斯非先生带我们来到了学校书店。书店在地下，空间不大，长长的像走廊，里面的书并不多，教育类的书更少，倒是有亚的斯亚贝巴大学教育研究所出版的《埃塞俄比亚高等教育杂志》，20美元一本。麦斯非说这种刊物是他们学校研究所出版的，建议我们先到研究所去看看。于是，我们来到了亚大教育研究所所长丹尼尔（Daniel Desla）博士的办公室。所长很热情，问我们需要哪些方面的资料，愿意给我们提供方便，并把他们出版的高等教育研究期刊送了几本给我们。所长的办公室比较现代，老板桌、沙发等一应俱全，比中国教育部的办公条件要好，可以看出埃塞俄比亚政府确实比较重视教育。

麦斯非的办公室是在一座比较新的教学楼的一层，办公室内的设施跟我们没有多少差别，电脑也是液晶屏的。在与麦斯非的交谈中我们了解到，亚的斯亚贝巴大学现有学生两万多名，教师有两千多名。在埃塞俄比亚，所有层次的公办教育都是免费的，包括高等教育。由于高等教育近年大规模扩招，政府财力严重不足，政府在积极推行高等教育成本分担制，公办高校的学生也需要缴纳一定的学费。但这个费用不是在上学期间支付，而是要学生毕业找到工作后逐年支付，所以基本不存在上不起学的问题。学生支付学费的额度大约是一年 2000 比尔。

纳塞尔是老董雇来看门的一名黑人青年。据老板娘讲，纳塞尔今年 27 岁，父亲已死，母亲到国外做保姆去了，所以纳塞尔几乎就是孤苦一人，无家无当。后来又了解到，纳塞尔还在读书，中学还没毕业，出来打工主要是想挣点钱再去读书，然后考大学。纳塞尔人很老实，所以老板才把看门的重任交给他。老板娘说每月的水电费也是他去交，几千块钱若被携走也是不小的数目，因为纳塞尔每月的工资才不过 200 块。

在中国城餐厅打工的当地人中，还有一个小伙子，名叫泰迪，也是因为生活困难中断学业来打工的。据他自己讲，他中学已毕业，但由于成绩不是很好，只能读私立高校，而私立高校都是收费的，所以他只好出来打工挣钱，有条件再去读书。

虽然埃塞俄比亚所有公立学校都是免费的，但贫困家庭的孩子由于生活无来源、书本费交不起等原因，辍学率仍然很高。不过，埃塞俄比亚的学制和课程学习也比较灵活，没有固定的时间限制，学生辍学后还可以继续学习，不受时间和年龄的限制。只要学完规定的课程，通过考试就可以升入上一级学校学习。

5月6日

今天礼拜日，当地人都到教堂去了，很少有商业活动，许多商店、银行等都关门歇业。我们决定出去溜达溜达，沿着附近的一条马路信步向前。一路上看到有希腊、芬兰、伊朗、多哥等多家使馆，建筑各具特色。每到一处铁门前或指示牌前，我们都要驻足观看一番。每到一家小店前，我们都要进去看上一看、跟店主聊上几句。这样不知不觉时间就过去了。

下午回来的路上，一个蓬头垢面、衣衫褴褛的黑人妇女突然从马路中间窜了上来，跟我们讨钱，嘴里不停地咕噜着什么，我便掏出一枚硬币给她，但她马上又把硬币放回了我的衣兜里，我正思忖她是不是嫌给少了，却见她回头快步退去，原来是城管人员来了。据说前段时间这一路段有很多乞讨人员，他们都披着绿布，脏乱不堪，专向路人乞讨，甚至抢劫。后来城管加大了管理，乞丐都被撵走了。

本文作者（右）与路边工艺品店里的少年

在埃塞俄比亚，乞讨人员随处可见，从几岁的小孩到几十岁的老人，从专职乞讨到临时乞讨。尤其是一个外国人，当你走在大街上、马路旁，随时随地都可能有一只黑手向你伸来，给与不给都没关系。你如果友好地给他们一枚硬币，他们也会友好对你说一句阿姆哈拉语“谢谢”。有时坐在车里，由于堵车或红灯停车时，也经常会有人上前向你乞讨。乞讨几乎成了埃塞俄比亚的一种文化。哪怕是路边正在玩耍的小孩看到中国人走来，也会伸出手来。

记得昨天晚饭后，我们两人出去散步，刚出门没几步，便有一个六七岁的小姑娘跟了上来，样子很可爱，王老师便给了她一板奶片，一抬头，又见到前面拐角处墙根下一位母亲怀里抱着的一个两三岁的小孩正张着双大眼睛朝我们这渴望呢，王教授不忍，又把剩下的一板奶片给了那个小孩。待我们散步回来时，先拿到奶片的小姑娘还在原处朝我们友好地微笑呢。

5月7日

近9点钟，我们来到亚的斯亚贝巴大学，麦斯非先生已在外事办等候。然后领我们到肯尼迪图书馆。图书馆由美国政府捐建、以肯尼迪总统命名，外观很有个性，但略显苍老，进门处写着“入馆须关掉手机”。里面很安静，看书、借书的人都井然有序，借书的手续类似于我们八十年代，还需要翻阅图书卡片。

亚大图书馆一隅

我们来到图书馆的外文部。说明来意后，外文部的图书管理人员很热心地帮

亚大图书馆一角

本文作者（左）在亚大图书馆

我们查找到一些图书。外文部的一名年轻小伙子主动地把我们带到校外的私人复印处，据他说外面比里面便宜，外面 1.5 角一张，里面 2 角一张。

在靠近亚的斯亚贝巴大学东院墙外的马路边，沿着院墙顺势搭建了十几间临街的小房子，每一间小房子都有编号，里面放着复印机、电脑等设备，虽很简陋，但生意很好。图书馆小伙子分别找了五家，每家一本。复印完已 12 点多，小伙子一直陪着我们，帮我们计算每本书复印的价钱，然后我们按照他算的数目付款。最后，小伙子帮我们算了一笔账，在外面印比在学校里印节约近 30 元。

复印期间，我们来到路边的一家咖啡店喝上一杯咖啡，跟小伙子聊聊天。小伙子说他在图书馆工作已经两年了，一个月的薪水 1300 多比尔，去掉就餐费、交通费等也就所剩无几。他给我算了一笔账：每天早餐 5 比尔、中晚餐各 7 比尔，这样每月光吃饭就要近 600 比尔，房租 200 比尔，交通 200 比尔，剩下只有两三百比尔。如果不是富家子弟，买房更是遥遥无期。在亚的斯亚贝巴，一套房子都得要好几十万，甚至更贵。在埃塞俄比亚，教师的待遇比工人好多了，工人每月只有三四百比尔，教师一般都在千元以上，大学教师待遇会更好些，像亚的斯亚贝巴大学教授的月薪总在五六千比尔。

5月8日

今天是星期二，昨天麦斯非说今天带我们去见一下教育学院的主任。亚的斯亚贝巴大学教育学院主要培养中学和大学教师，学院成立于 2003 年，之前只是教育系。现在教育学院有 4 个系，13 个专业，有教师 200 多人，管理人员 70 多名，各类学生 4000 多名。教育学院是一个比较大的学院。拥有一座四层楼的教学楼，里面的教学设施很落后，不过也有好几个电脑室，办公室人员也都配备有电脑、打印机等。

在主任办公室，我们跟他简单交谈并征得他的同意，准备下午 1 : 30 来听一节外语教学课。可当下午 1 : 30 我们准时来到外文系主任办公室时，主任说那位上课老师去参加葬礼了，所以听课也就泡汤了。

回来的路上，我们决定顺道去参观国家博物馆。博物馆门票每人 10 比尔，本国人2比尔。它是一座不大的三层小楼，地下还有一层，藏品也不多，除了有人类始祖“露西”的化石外，还有不同时期的人类及不同种类的动物化石等。因时间有限，不到一个小时我们就出来了，只能算是匆匆一览。

后记

5月是一年中埃塞俄比亚最好的时节，处于旱季已过、雨季未到的“小雨季”，蓝蓝的天空时常会飘来几片乌云，偶尔会有阵雨落下。虽然中午的太阳会“烤脸”，但背阴处却还凉爽，早晚穿皮夹克、着西装的还大有人在，“热非洲”的感觉并不十分明显。

记得我们两人坐着时常会熄火的日本产二手小汽车，往返在学校、图书馆、研究院所、书店等与“中国城”之间，经常是满载而归——收集很多资料。晚饭后，天气好的话我们会到附近的街上散散步，到店里买些水果等。这时常会迎面碰上或斜刺里窜上一两个或几个衣衫褴褛、口里喊着“China, money”的乞丐——老的、少的、年轻的都有，我们在这些人的眼里俨然成了“富翁”。

回国后，在背回来的林林总总的资料中，我不得不逐页、逐本地“勘验”并收集有用信息，进而把它们翻译出来，最后再“去粗存精”，并终于“修成正果”。欣慰之余，我要特别感谢在埃塞俄比亚期间曾真诚帮助过我们的人。虽时光流逝如过隙，但十年岁月忆犹存。中国驻埃塞俄比亚使馆文化处松雁群参赞和冯军随员等为我们外出考察给予了很多关照，松参赞还把埃塞俄比亚最新国情资料提供给了我们；中国教育部派驻埃塞俄比亚教育部的联络员邓俊民先生也给了我们许多帮助，并随同我们一起考察了哈瓦萨大学等地；埃塞俄比亚教育部外事司司长德沙林（Deshalin）先生、亚的斯亚贝巴大学的外联部主任麦斯非·博赛尔（Mesfin Bosale）先生、哈瓦萨大学副校长等埃方人士对我们的到来都十分热情，并给予积极支持；国家留学基金委、中国教育部、浙江师范大学外事处的领导们为我们前往埃塞俄比亚考察提供了资金资助及相关手续的办理工作，在此一并表示感谢。

埃塞俄比亚的莫斯考节

肖玉华

浙江师范大学非洲研究院副教授，历史学博士，先后到埃塞俄比亚、肯尼亚、赞比亚、南非、苏丹、坦桑尼亚、摩洛哥、乌干达等十多个非洲国家进行学术交流活动。

莫斯考（Meskel）意思是“十字架”，是为纪念君士坦丁大帝的母亲——圣·海丽娜（St. Helena）找到圣十字架而设立的节日。

本文作者（中）

莫斯考广场

2009年9月27日，在埃塞俄比亚首都举行了盛大的莫斯考节庆典仪式。笔者恰逢在埃塞俄比亚学习交流，于是与埃塞人民一起欢度了这一盛大节日。

莫斯考（Meskel）意思是“十字架”，是为纪念君士坦丁大帝的母亲——圣·海丽娜（St. Helena）找到圣十字架而设立的节日。在埃塞俄比亚的东正教传说中，罗马皇帝君士坦丁大帝（272—337年）的母亲是虔诚的基督教徒，一心想要找到钉耶稣的十字架。一日，她点起堆满了乳香的篝火，顺着浓烟的方向找到了耶稣的坟墓，挖出了耶稣流血其上的十字架。这一故事在东正教中流传甚广，后来发展成为重要的宗教节日。

莫斯考节在每年的9月27日（闰年为28日），但节日的高潮是26日晚（闰年为27日晚）在莫斯考广场举行的篝火仪式。

一位热心的信徒告诉我，埃塞俄比亚有一种在这个时节开放的小黄花，名字也叫莫斯考。这种花儿在节日期间被用来装扮用树枝和青草建成的锐角圆柱形篝火台。在篝火被点燃之前，星期日教会学校的学生们举着人工做的莫斯考花表演了节目。

下午3点，人流开始向广场周围的看台聚集。主席台上的大主教鲍罗斯（Abuna Paulos）时而向前来参加仪式的人们表示欢迎，时而宣讲宗教教义。下午

4点许，节目表演依次开始。在连绵不绝的宗教歌曲声中，乐队敲锣打鼓，井然走过。之后，星期日教会学校的学生们用大块布料组成埃塞俄比亚国旗形状。当国旗图像逐渐淡去后，变成一个硕大的象征着教堂的钝角圆锥形。教堂顶上伸出了巨大的具有埃塞俄比亚东正教特色的十字架，与百米外的锐角草柱相对而立。

当十字架被慢慢放下，拉里贝拉石窟教堂的形象生动地呈现出来，缅怀着宗教兴盛的光荣时代。教堂隐入布幕后，一位穿着十来米长白裙的女子被高高举起，她伸出双臂。身旁的信徒告诉我，这象征着埃塞俄比亚将手伸向上帝。

广场看台上的数万人被广场中央精彩的表演感染，不时发出尖叫声和鼓掌声。有些观众站了起来，马上引来身后坐着的人扔来的小石子和小土块，表示抗议。警察相当地恪尽职守，很有礼貌地指挥观众坐着看表演。天色转暗，观众愈发激动了。小孩子们迫不及待地点燃了手上的蜡烛。这时，主席台上的大主教和亚的斯的市长走下台，点燃草柱。人群也纷纷点燃蜡炬，整个广场一片明亮。

当市长从主教手中接过火把，点燃草柱之时，礼花齐放，更多的人加入到歌咏和尖叫中去。男人也好，女人也罢，都陷入极度的狂喜。就连我这位在异国他乡的游客，也开始为埃塞如此丰富多彩的文化和虔诚的宗教信仰而深深地折服。

草柱快要烧完的时候，我身旁的信徒说，如果草柱的支架向东倒去，那就象征着吉祥、天堂、圣母玛利亚和耶稣基督。另一位年轻人笑着解释道，很多时候人们会去把支架推向东方。他们会等着草柱烧完后，再用灰在脸上画十字架，以求上帝的祝福和庇佑。

广场上秉蜡烛的人群

问“道”埃塞——亚的斯亚贝巴调研散记

张晓楠

时为浙江师范大学非洲研究院“非洲学”专业硕士研究生，师从陈明昆教授。2017 年 5 月 1—23 日受研究院“赴非调研专项”资助赴埃塞俄比亚开展调研。

“没去非洲怕非洲，去了非洲爱非洲！”

2017 年 5 月，我因学位论文写作的需要，在浙江师范大学非洲研究院专项经费资助下，只身一人来到了埃塞俄比亚的首都亚的斯亚贝巴，开始了为期二十余天的调研活动，主题是关于“中国在非企业开展技能培训及促进当地就业情况”。一路的所见所闻使我对埃塞这个国家和人民有了更加直观的印象，同时也有了更加深刻的感受。感触良多，遂以拙笔略记一二。

选择交通出行之“道”

亚的斯亚贝巴机场的出租车

埃航是非洲最大的航空公司之一，每年载客量超过 200 万人，安全系数、管理水平和经济效益在非洲各航空公司名列前茅。很多去往非洲的中国乘客都会选择乘坐埃航并经亚的斯亚贝巴机场转机。在上海至亚的斯亚贝巴的航班上，超过一半的乘客都是中国人，让原本有些忐忑的我倍感踏实。出机场后，原以为会见到尘土飞扬、脏乱不堪的街道，没想到映入眼帘的却是蓝蓝的天空与井然有序的机场交通。坐上靓丽的“力帆”出租车，令我这个初次踏上非洲大陆的外来客大开眼界。

与国内相比，亚的斯亚贝巴的交通并不是很发达，车道狭窄，每逢上下班时间便会堵成一条长龙。公共交通也比较滞后，公交线路较少，未能覆盖整个市区。好在由中国承建的亚的斯亚贝巴城市轻轨已经开通运营，这在一定程度上缓解了首都的交通拥挤现象。

在亚的斯亚贝巴，最便捷的交通工具当数随处可遇见的小公交(Minibus) 了，虽然大都比较破旧，却十分便利，在市区可谓畅通无阻。当然，若是你钱包充裕，也可以选择乘坐中国力帆公司出品的黄蓝相间的出租车。对于大多数人而言，乘坐出租应该是一种比较奢侈的行为，因为出租车费是小公交的 20—50 倍。

亚的斯亚贝巴的轻轨

品尝咖啡源头之“道”

到了埃塞，总也绕不开它的美食佳肴，首当其冲的当是素有“国食”之美誉的英吉拉和“国饮”咖啡。没去之前，我就多次听国人说过英吉拉如何美味、如何具有非洲美食的特点。这种用苔麸制成的海绵状大饼，带着微酸口感，蘸着浓稠的酱汁或卷着外焦里嫩的烤牛肉，分分钟触动着食客的味蕾，滋味绝妙无比。我到埃塞后第一次和当地朋友用餐时，他亲自为我挑选了一种混着黄油和鸡肉的英吉拉，我品尝过后向他竖起大拇指，他非常自豪，笑得十分灿烂。

传统美食英吉拉

埃塞是咖啡的故乡。埃塞人的生活离不开咖啡，无论是平民还是政府官员，抑或知识精英，每天若能喝上一杯或几杯浓香的咖啡，无疑是一种生活上的最大享受。走在亚的斯亚贝巴的大街小巷，时不时飘来阵阵咖啡香味，很自然地会撩起你的味觉。走进路边小店，叫上一杯热气腾腾的咖啡，轻轻地抿上一口，就能够感受到那种经过烘烤的咖啡香气、那种浓浓的味道由唇齿间滑落至胃里，暖意袭来，疲惫顿消，十分惬意。在埃塞，哪怕是停在街边等待乘客的出租车司机，也会忙里偷闲进到路边小店喝上一杯咖啡；公务人员、白领阶层或企业员工，下班之后，要么跟同事或朋友一起走进附近的咖啡吧喝上一杯浓香热烈的咖啡；要么回家之后亲自煮上一壶黑咖啡，一家人围在一起，其乐融融。

焦糖玛奇朵咖啡

当然，除了英吉拉和咖啡之外，埃塞的果汁也非常地道、可口，有牛油果的、芒果的、木瓜的，口感浓稠绵密，纯天然、货真价实，毫无掺杂之虑。此外还有爽口的“AMBO”苏打水、清香不涩的啤酒和甘甜美味的红酒等，也都颇受欢迎。

追寻人类起源之“道”

来埃塞之前，就听老师讲过露西（Lucy）的故事。据说露西生活在320万年之前，被认为是世界上第一个直立行走的人，因此享有“人类始祖”的美称。来到埃塞之后，就很想拜望一下这位人类的祖先。在埃塞朋友亚伯拉罕（Abrhame）的带领下，一个周四的上午，我来到了埃塞国家博物馆。博物馆虽然位于亚的斯亚贝巴市中心，但建筑面积很小，从外观看只是一座普通且陈旧的三层楼房，但里面却承载着埃塞数千年的历史沧桑。

参观完一楼的藏品，我们就来到了地下一层，因为这里呈现的是最古老的埃塞。看过数十万年前的犀牛、河马等动物化石，便来到了露西的身边。她的身高只有1.1米，非常矮小，看到那由一块块残缺不全的骨骼化石拼接起来的、静静地躺在那里的露西，我仿佛穿越到了远古的时代——露西长得漂亮吗？她穿什么、吃什么呢？露西生命停留的最后一刻是痛苦的挣扎还是幸福的微笑？我仿佛看到露西在微笑，因为她坚信人类将战胜一切艰难和险阻而屹立于世界之上。我又仿佛看出她微笑的背后也深藏着无尽的痛苦，因为人类所遭受的种种苦难总是与无尽的幸福相伴而生！

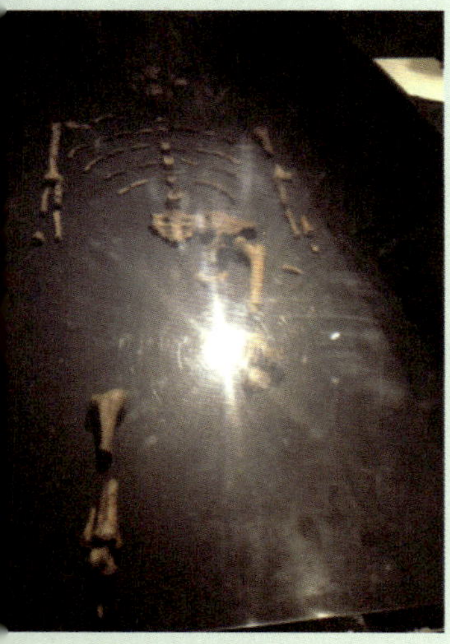
“人类始祖”露西

感受埃塞民情之“道”

来到埃塞，才真切地感受到埃塞人民的虔诚、善良和朴实。无论穷人富人，只要是基督信徒，在路上遇到教堂便会充满敬意地行十字礼；只要是伊斯兰信仰者，哪怕是街边兜售手工艺品的小商小贩，空闲时便会挂上帘布、拿出地毯，进行虔诚的跪拜式祷告。无论是基督教还是伊斯兰教乃至本土宗教的教义，都是教导人们要善良、真诚。在埃塞，你可以看到司机开车遇到行人时纷纷摆手，让行人先行；当家养的动物或家畜生病时，如果没有钱救治，主人便会将其放生，任其生命自然终结而不是将其杀掉，剥其皮、啖其肉。宗教还教人不要羡慕处于高处的人，而是要眷顾比你还不如的人。因此，埃塞的普通百姓，不论富足与否，其幸福指数都很高。当然，这种有点“安于现状”的思想是否有碍于国家的现代化发展，未敢妄断。

调研期间，我时常独自穿梭于亚的斯亚贝巴的大街小巷，由于人生地不熟，得到过很多当地人的帮助。几乎每天出门在路上，我都会不时听到来自当地人的问候，“Hello China!”，“Salamino!”（阿姆哈拉语“你好”），“Ni Hao!”打完招呼后，他们还会把左手放在右肩上，充满敬意地向我弯腰行礼，以示友好。还有帮我查资料和借书的大学生、帮忙打车的超市经理、热情服务的出租车司机……每天我都会接受很多热心的帮助。有一次，我乘小公交回家，同车相识的初中生因为担心我的安全，原本要在中转站下车的他陪我周转许久，将我送回了家。我感动之余，无以为报，便将手中的中国结赠予他，以做友好的纪念。

本文作者（右）与热心善良的大学生 Maybe

体会中国影响之“道”

当地朋友说，在亚的斯亚贝巴，中国人与埃塞人一样多。虽然这个说法夸大其词，但华人之多却是不争的事实。这些在埃塞或非洲其他国家生活多年的国人，在为自身利益打拼的同时，必然也为当地人带来了实惠和机会，比如到中国企业就业的机会、向中国人学习技术的机会，等等。笔者仅从具体处写起，以示国人对埃塞的影响。

本文作者与一群活泼可爱的小朋友

埃塞是非洲第二大人口国，青少年人口基数大，因此就业问题比较突出。我走访了多家中资企业，这些企业不仅为当地员工提供诸多就业机会，还对他们进行岗位培训，以提升他们的就业能力。例如华坚集团，雇用当地员工 6000 多人，在上岗前企业坚持对新员工进行企业文化、劳动纪律及工作技能方面的培训，在当地产生很大的影响。每当我行走在大街上，经常会听到“China！ Good！”等赞美之词。当然，除了华坚，还有华为、中兴、中铁等诸多中资企业，他们在带动当地劳动就业和技术进步方面都产生了广泛的影响。

除了中国企业的影响，居住在埃塞的普通中国人对当地人的影响也是看得见、摸得着的。这里就不得不提一提“卢旺达”菜市场了。在亚的斯亚贝巴的一隅，有一家不算大的菜市场，名叫“卢旺达”。之所以起这个名称，是因为这里

“卢旺达”菜市场

很多菜市场的经营者都是卢旺达人。但这个菜市场周边居住的中国人比较多，久而久之，前来买菜的顾客当中中国人占了多数。为了拉拢中国人的生意，这些卖菜的非洲人大都能说上几句常用的“专业”汉语，譬如“这个”“那个”“韭菜”“白菜”“大头菜”“一百块”“两百块”“最便宜了”“不讲价”……真可谓“随处可闻中国声，异国他乡倍感亲”。

回国之后，有同学问我埃塞之行的最大感受、最多收获是什么？我不禁要说出国内“老非洲们”常说的一句话：“没去非洲怕非洲，去了非洲爱非洲！”我不但亲身感知到了真实的非洲，还看到了与书本上写的或媒体报道的不一样的非洲！

非洲，我一定还会再来！

• 肯尼亚 •

中国正在援建的蒙内铁路（刘鸿武提供，2016.08）

记“东非之珠”蒙巴萨

杨广生

时为云南大学非洲研究中心博士研究生，师从刘鸿武教授。2010年上半年赴赞比亚大学留学半年。现为浙江农林大学非洲林业研究院讲师。

来自阿拉伯、印度、欧洲甚至遥远中国的文化在非洲这片神奇的土地上孕育出独特的融合文化——斯瓦希里文化，它就像老城的房子一样坚固，一直向世人展示着它独特的魅力。

多年前我看过一部电影《去往蒙巴萨的单程票》，一直以来对蒙巴萨这个被誉为“东非之珠”的城市怀有特殊的感情。

蒙巴萨是肯尼亚第二大城市，滨海省省会，位于东南沿海，临印度洋。蒙巴萨很美，她的美不全来自自然风光，还有历史积淀。乘坐火车从内罗毕去往蒙巴萨是一段让人浮想联翩的旅程。电影《走出非洲》中的情景历历在目，广袤无际的非洲草原从眼前层层掠过，心也会随着火车奔跑起来；夜晚就像回到了梦幻的童年，看着闪烁的银河，心灵脱去了所有疲倦和防备，毫无尘世的牵挂，可以自由地放纵思绪，这里的夜空永不孤寂。

趁着在非洲留学的机会，我有幸亲临这块向往已久的土地，一睹她的”庐山真面目“。到达蒙巴萨已是清晨，天气虽有些闷热，但探寻的欲望丝毫不会减退。我到住处放下行囊，就赶往古城寻觅历史的足迹。蒙巴萨的老城有点像桑给巴尔的石头城，多元文化融合的气息显著地体现在老城的建筑风格上，既有欧洲气息的西式阁楼，又有洁净明朗的阿拉伯式房屋，还有印度风格的建筑，当然也夹杂着当地人特有的房屋。房屋的主体由砖石砌成，不同房子的墙体颜色也不尽相同，主色调有白色、黄色、淡绿色、红色等。最具特色的是楔在墙上的木质阳台，雕工精美，就像挂在墙上的花篮子，与石屋融为一体，彰显着活力。有的建筑更为

融合多种文化风格的房子

石屋木阳台的房子

稀奇，几种风格的建筑特质融合在一座房子上，让人不禁感叹，来自阿拉伯、印度、欧洲甚至遥远中国的文化在这片神奇的土地上孕育出独特的融合文化——斯瓦希里文化，它就像老城的房子一样坚固，一直向世人展示着它特有的魅力。

老城的道路纵横交错，在这里不需要方向，只需沿着小巷穿梭就可以了，脚下踩的光滑的青石板见证了岁月的沧桑。很多房子都长有青苔或者已经有部分涂料脱落，这是历史之风、历史之潮磨砺下来的，如同泛黄的书页，不是老化，而是厚重。老城巷子里有卖工艺品的商铺，也有路边卖瓜果蔬菜和衣服的小摊，熙熙攘攘的人流、此起彼伏的叫卖声让人从历史的尘封中回归现实，这座古城并没有停滞，蒙巴萨依然忙碌着，至今仍是肯尼亚最具活力的城市之一。

耶稣城堡

随后我来到了蒙巴萨老城东南角的标志性景物——耶稣城堡，这座红色的城堡已经被印度洋海风吹蚀了400多年。它是由葡萄牙殖民者于1593—1596年修建的，长100多米，宽约80米，原来城堡的北面和西面有一道宽3—12米、深13米的护城河，将城堡同陆地隔开，南面和东面面向大海，有天然的珊瑚岩削凿的石墙作屏障，是个易守难攻的军事要塞，扼守着蒙巴萨港。1698年被阿拉伯人占领，1895年成为当时英国政府的监狱，在1960年成立博物馆。耶稣城堡是一座军事建筑，城墙牢固厚实，入口处依然摆放着两门古炮。进入堡内，感觉大了许多，分为几大区域，最完善的是瞭望和防御区，面向大海，城墙上一排窄孔，用于士兵放置枪支射击，视域广阔，可谓一览无余。军火库深约五米，有专门通道，进退自如。还有审判区、会议区、宿舍、牢房等，各种设施一应俱全，宛如一个城中之国。从耶稣城堡的建筑可以窥见蒙巴萨在历史上的重要性，蒙巴萨当时是外界进入非洲腹地的最佳入口，所以它的控制权也几经易手。在堡内看到的不仅是一个遗址，而是一部蒙巴萨、肯尼亚乃至非洲的辛酸史、奋斗史。

堡内最新的建筑是一座红顶房子，门前排列着10多门加农炮，走进去我吃了一惊，里面陈列的物件基本都是来自中国的14—16世纪的瓷器，有青花瓷碗、雕龙刻凤的储罐、花瓶、茶壶、双耳托盘等。看着这些陈列品，仿佛看到来自中国的船只靠岸，人们忙着搬卸货物，非洲的长颈鹿——“麒麟”被牵上大船驶向遥远的东方……据史书记载，中国伟大的航海家郑和到过蒙巴萨，“郑和航海图”中标出的“慢八撒”就是今天的蒙巴萨。临走的时候，我看到博物馆外面的墙上挂着一些画作，这些画作很有特点，特别突出人的双脚，有一位老人正在摆画。我前去问询，老人告诉我，他就是这些画的创作者，他说：“突出双脚是因为脚记录着人走过的路，它有深层的抽象意义。”就如同老人这番话，蒙巴萨记录了中非交往的历史，是中非友谊的历史见证。如今在蒙巴萨的中国人也很多，博物馆的讲解员告诉我，他结识一个中国人，是位医生，现在定居在蒙巴萨，他们现在已成了很好的朋友。城堡外面树荫下有一位老人问我是不是中国人，听到我肯定的回答后，他笑着说：“我知道毛泽东！”我在老城里游览时，还碰到一个开艺术品店的当地中年人，他兴奋地跟我讲：“我是中国人，因为我爸爸是中国人，我有中国人的血液。”且不论这位当地人说的是真是假，他能说这样的话就足以说明中国在当地的深远影响。

蒙巴萨厚重的历史与它的地理位置有很大关系。蒙巴萨位于印度洋的西海岸，是非洲大陆平直的海岸线上少有的优良海港，在非洲东岸的中部，而由此向北直到红海几乎再没有大港，向南直到南非只有德班港才能与其媲美，因此它是非洲东岸最大的港口。优良的港口条件使其始终处于海上列强的争夺之中。岛名“蒙巴萨”意为“战争岛”，反映了其辛酸的历史。

蒙巴萨的优良港湾使其成为肯尼亚现代经济链上的重要一环，它不仅是肯尼亚第二大城市，而且是东非第一大港口，每天都有来自欧洲、亚洲等地区的货物从这里进入非洲，大量非洲的出口品也从这里流向世界。蒙巴萨在历史上扮演的角色今天仍在继续。尽管全球经济不振，但是蒙巴萨港近年的吞吐量呈上升趋势，所以目前蒙巴萨正在筹建新的码头。非洲需要这样的窗口与世界交流。只有一条铁路与蒙巴萨直接相连，而且运营速度慢、效率低，且不承运空集装箱，这大大降低了蒙巴萨的货物中转能力。为了更大程度地发挥蒙巴萨的优势，肯尼亚需要修建更多联通蒙巴萨的铁路和公路，构筑更完善的海陆联运网络，便利快捷的通关管理和服务系统也至关重要。

蒙巴萨的历史久远厚重，文化多元融合，经济富含活力，这一切都使蒙巴萨成为东非一颗名副其实的“明珠”。

肯尼亚旅游散记

姚娇娇

时为浙江师范大学非洲研究院2016级“非洲学”专业非洲教育方向硕士研究生。

将来我如何利用自己所学的知识来帮助这些穷人呢？教育！只有让这些穷人的孩子都有书读，都能够接受良好的教育，才有可能把他们从贫困的苦海中解脱出来。

2017年春节刚过，在我的一再“煽动”下，父母、弟弟和我一家四人终于踏上了非洲肯尼亚之旅。之所以选择到肯尼亚旅游，主要是因为我从2016年到非洲研究院读研究生后很多次听到和看到老师和学长从非洲调研回来的见闻与感受，深深地打动了我。于是，趁着春节假期，收拾行装、带上家人，一起去感受非洲的风土及人情。下面是我在肯尼亚期间的点滴记忆，权当作为今后从事非洲研究的积淀吧。

内罗毕第一印象

当清晨的第一缕阳光透过窗户洒进来，我才真真切切地意识到，自己已经来到了一个完全陌生的国度——素有“东非小巴黎”之称的肯尼亚首都内罗毕。

车子缓缓带我们穿过内罗毕的大街小巷，眼前是一排排高楼、一辆辆轿车、整齐的街道，很难想像我们已身处非洲。也许正是这第一印象与没来之前的先入之见的巨大反差，让我对这个国家有了一种莫名的好感。

车子行驶间隙，我跟司机攀谈起来。他说自从2013年的袭击事件发生后，政府开始严厉打击恐怖分子，肯尼亚的社会治安好了很多。加之近年来政府积极

YAYA工业区的“北京饭店”

吸引外资，肯尼亚的经济也得到了较快发展。

目前，在肯尼亚投资做生意的华人也越来越多，在一定程度上也促进了当地经济的发展。内罗毕附近的“YAYA”工业区，就是一个很典型的例子。这里居住的华人大都从事经商活动。比如工业区“北京饭店”的老板告诉我们，他在肯尼亚经营餐厅生意已经有三年时间，饭店生意一直不错，很多华人都会来用餐，尤其是周末，朋友们相聚一起，畅饮的同时也为他们提供了一个聊天交流的活动场所。

和饭店老板道别后，我们来到了华人“一条街”，里面有华人开的各种各样小商店，出售的产品很丰富，不仅可以满足当地华人日常所需，也可以为旅游者提供购物便利。

文化公园入口处

文化公园的一角

领略不同部族文化

为了对肯尼亚本土文化有一个更好的了解，我们来到了肯尼亚文化公园。

走进文化公园，一条条乡间小道，一个个部族村落，错落有致的茅草小屋，仿佛带领我们走进了原始时代。小径两旁，不时会有一些售卖纪念品的小杂货店。店面虽小，但种类繁多，色彩绚丽，从小挂件到面具，从布画到乐器，应有尽有，难免不给我们这些初来乍到的外国人带来视觉上的巨大冲击。

文化公园中的部族村落

各式各样的部族饰品

感受贫富两重天

肯尼亚已经算得上是非洲发展较好的国家，但贫富差距仍然悬殊。没来过肯尼亚的人，也许同样会有这样的认知：贫穷，落后，原始。来过肯尼亚的人，也许会有不一样的感受。

通过朋友介绍，我们有幸拜访了当地一家银行经理的住处。当我们到他家的时候，园丁正在修剪庭院里的草坪。经理对我们的到来很是欢迎，并且用几句简单的中文跟我们打招呼。这位经理曾去过两次广州。谈起到中国的经历，他一下子就变成了话匣子，十分兴奋。让我记忆深刻的是，他十分羡慕中国人的经商头

富人的住宅

贫民居住区

脑，认为在广州的两次经历给了他经商的经验。他一再说还会去中国。同时还打趣地说，如果我们愿意买他的这套房子，他愿意以300万元的价钱卖给我们，因为他有足够的土地。

当我们离开他的家，开车不到十分钟，就见到一片垃圾满地的贫民区。司机一再提醒我们，一定要关好门窗，以防别人抢走手机。

脏乱的街区、简陋的房屋、胡乱搭设的电线，仿佛与头顶上蔚蓝洁净、一尘不染的天空格格不入。作为一个研究非洲教育的学生，我在想：将来我如何利用自己所学的知识来帮助这些穷人呢？教育！只有让这些穷人的孩子都有书读，都能够接受良好的教育，才有可能把他们从贫困的苦海中解脱出来。说起来容易做起来难，权当把我的这个想法当成理想吧！

旅途接近尾声时，司机突然告诉我们，除了当天安排的计划，还应该留一点时间给他。我们本能地认为他是希望自己可以休息一下。碍于面子，我们不好拒绝他。于是当天下午，他带领我们去了他家，在和其家人打过招呼之后，我们参观了他的小院。这时我们才明白，他是希望能和我们感受一下他的家庭生活。当我们准备离开时，只见他大步朝我们走来，手上还拿着什么东西，走近一看，是吃的东西。他微笑着向我们解释道：在肯尼亚的传统文化中，食物是没有生命的东西，它本应该和别人分享！盛情难却，我们只好收下了他的礼物。后来才知道这是肯尼亚当地一种特色的传统食物，名叫“mukimu”，主要原料是香芋和肯尼亚豆，佐以调料，便成为一道可口的佳肴。可见，人与人之间的真诚交往是没有国界的，彼此间的信任、尊重、友善是第一位的，是人之本性、人们之期盼，也是人类一直追求的美好向往。

坦桑尼亚

桑给巴尔海滨（曾立人摄，2011.10）

我在坦桑尼亚聆听胡锦涛主席演讲

陈秋月

时为云南大学非洲研究中心硕士研究生，师从刘鸿武教授。受国家留学基金委资助由研究院选送到坦桑尼亚达累斯萨拉姆大学进行联合培养，现在昆明理工大学工作。

基奎特总统的一句“胡锦涛好棒！”语言虽直白，但极为真诚。

2009年2月16日，正在坦桑尼亚访问的中国国家主席胡锦涛在达累斯萨拉姆发表了题为“共同谱写中非友谊新篇章”的重要演讲。当时，我恰好在达累斯萨拉姆大学留学，有幸近距离聆听了胡主席的演讲。

坦桑尼亚各界为胡锦涛主席举行了隆重的欢迎大会。大会在达累斯萨拉姆钻禧礼堂举行。会场内洋溢着浓郁的节日气氛，鲜花装点的主席台上，中坦两国国旗竖列两侧，蓝色背景板上书写着“Welcome His Excellency Hu Jintao President of the People's Republic of China to the United Republic of Tanzania”“热烈欢迎中华人民共和国主席胡锦涛阁下访问坦桑尼亚”。

当地时间9时15分许，胡锦涛主席在坦桑尼亚总统基奎特陪同下步入会场，全场起立，掌声经久不息。会上，胡锦涛主席动情地说，“这是我第六次踏上非洲土地。每次访问非洲，我都有回家的感觉。每次同非洲朋友进行交流，倾听你们对中国、对中非关系、对世界的看法，都有新的收获和感受。”话音刚落，掌声四起。

胡锦涛主席指出，当今世界正处在大变革大调整之中。世界多极化、经济全球化深入发展，求和平、谋发展、促合作成为时代潮流，国际形势总体保持稳定。同时，世界政治、经济等领域不稳定不确定因素明显增多。国际金融危机对各国经济的影响正在进一步加深。在这场国际金融危机中，发展中国家的处境尤为不利。中国和非洲国家同属发展中国家，双方互为重要战略伙伴。中国十分理解非洲国家的愿望和诉求，全力支持非洲谋求和平稳定、尽早实现联合国千年发展目标。

胡主席说，中非友好的今天是中非几代人共同努力的结果，中非友好的明天要靠中非青年去开创。中非年轻一代不仅是双方发展的希望，也承载着中非友好的未来。为此，胡主席现场宣布，中国政府决定邀请50名坦桑尼亚青年学生年内到中国访问交流。

基奎特总统在会上致感谢辞，高度评价胡锦涛主席就中非关系发表的热情洋溢的讲话。基奎特总统的一句“胡锦涛好棒！”语言虽直白，但极为真诚。这样真情的呼喊鼓舞人心，在场的我从中深深感受到中非之间的友谊是兄弟般的情谊。

达累斯萨拉姆各界人士，包括坦桑尼亚外交官员、各部委领导、专家学者、商界代表及中国在达累斯萨拉姆的留学生等共计1200多人出席了欢迎大会。胡锦涛主席的演讲在与会人士中引起了强烈反响和共鸣。演讲结束时，全场起立并报以长时间的热烈掌声。

作为一名研究中非关系的中国留学生，在这里我深感胡锦涛主席此次来访对进一步密切中非关系、加大中非团结合作的重要作用。中非友谊源远流长，双方合作空间不断拓展。加强对非洲的研究，增强对非洲的了解，是时代赋予我们的光荣使命。

乐见坦桑尼亚新首都多多马

陈秋月

时为云南大学非洲研究中心硕士研究生，师从刘鸿武教授。受国家留学基金委资助由研究院选送到坦桑尼亚达累斯萨拉姆大学进行联合培养，现在昆明理工大学工作。

大家都认为达累斯萨拉姆是坦桑尼亚的首府城市，其实早在1973年坦桑尼亚国家领导人就决议迁都多多马。

2009年3月12日，我从达累斯萨拉姆出发，途经八个小时的车程来到了坦桑尼亚的首都多多马（Dodoma）。一直以来，大家都认为达累斯萨拉姆是坦桑尼亚的首府城市，其实不然。虽然达累斯萨拉姆目前还是该国的政治、经济、文化中心，但基于开发内陆经济和国防安全的考虑，早在1973年坦桑尼亚国家领导人就决议迁都多多马，计划将国家机关分批从达累斯萨拉姆迁入多多马市。在现在的官方地图上，只有多多马的地名上有代表首都的五角星标志。

与玛塞人共舞

说起迁都，不能不提到一位中国领导人——周恩来总理。周恩来是中国第一位访问坦桑尼亚的国家领导人。周总理在1965年1月访问坦桑尼亚时，曾善意提醒坦桑尼亚开国总统尼雷尔，濒临印度洋的达累斯萨拉姆容易遭受来自海上的攻击。此后，坦桑尼亚议会经过反复论证，决定把首都迁往内地城市多多马。由于坦桑尼亚沿海地区经济与内地经济之间发展的不平衡，多多马的基础设施建设一直赶不上达累斯萨拉姆，故而迁都工作进展较慢。坦桑尼亚政府曾于1975年和1990年两次限期完成迁都，但迄今仍未能完成全部迁都工作。到目前为止，除坦桑尼亚国民代表大会也就是议会全部迁往多多马外，20个政府部委中只有一半搬到了多多马。现在除了议会定期在多多马举行会议外，坦桑尼亚政府总理每年有一半时间要在多多马办公，处理日常国务。坦桑尼亚2005年大选后，新

多多马的议会大厦门口

一届政府再次提出要加快完成迁都的进程，但没有给出期限。随着投资力度的加大，多多马城郊已经建起供政府官员和工作人员居住的房舍。另外，多多马正在建设坦桑尼亚最大的大学——多多马大学。建设首都国际机场的计划也已进入政府辟地实施的阶段。

多多马大学

多多马距达累斯萨拉姆市 486 公里，位于南部高地的东端，海拔 1115 米，是中央铁路和内罗毕至开普敦的大北公路（非洲著名国际公路干线）的交会点，交通位置十分重要。多多马占地 2669 平方公里，建成区面积 625 平方公里，人口 324347（2002 年）。中部地区是农、畜产品集散地，有面粉、碾米等小型工厂。近 10 年来，多多马城市建设发展很快，政府办公大楼、商业区、居住区等相继建成。为保证城市供应，周围地区正在打井供水、开荒造田和建设居民点。中国政府也在帮助多多马人民解决人畜安全饮用水问题。

多多马男士扎辫子

多多马傍山而居，山下就是多多马大学，云雾缭绕，空气清新。我的第一站就是多多马大学，它赋予了整座城市浓厚的文化气息。由于政府的重视，达累斯萨拉姆大学的一些教师和管理人员被调往多多马大学，支持它的建设工作，如原达累斯萨拉姆大学的研究生院院长就被调往此地。这所大学于 2007 开始在全国招生，正在快速发展中。值得一提的是，多多马大学已与浙江师范大学非洲研究院签订合作协议。根据协议，双方每年互派 1—2 名科研或管理人员到对方机构进行学术交流、开展合作研究等。双方还商谈将建立网络链接，提供馆际互借和文献传递服务，共享图书资料。

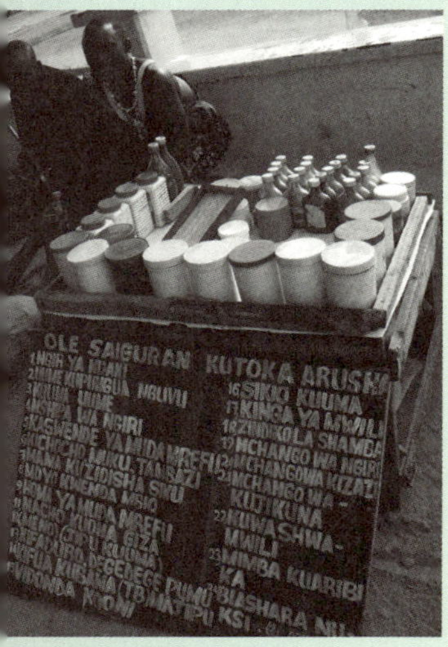
多多马路边医药摊

接下来我去的是议会大厦。一路上，很多地方都在施工。路边还见到了两位马塞人在织“非洲辫”。我一直认为能编出复杂而漂亮辫子的一定是心灵手巧的非洲女性，没想到非洲男士也擅长此活，动作迅速敏捷，让人惊讶。非洲人很注重自己的发型，不论经济条件好坏，都舍得在头发上投资时间和金钱，各式各样的辫子显现了他们丰富的想像力和创造力。

沿途我还看到路边有卖非洲传统医药的，各种小瓶小罐里装有不同功效的药，共 24 种，摊前的广告牌用斯瓦希里语写着不同药的药效。我好奇地跟他们攀谈起来，方知传统医药很受当地居民欢迎，但一般能看得起德高望重传统医生（traditional healers）的人毕竟是少数，所以他们就以路边摆摊的方式出售，满足广大百姓的需求，当然生意也不错。

议会大厦外观设计很有特色。当地人都说议会大厦是中国人建的，但事实上是朝鲜人修的。坦桑尼亚人分不清韩国人、朝鲜人、日本人和中国人，在他们眼中似乎都是中国人，可见中国人已经深入坦桑尼亚人的心中。后来我们还看到了一个较大的纺织品市场，里面所有商品全写着“Made in China”。达累斯萨拉姆卖的服装大部分来自中国。

最后去的是火车站。中央铁路是德国人建的，1929 年全线通车。它东起达累斯萨拉姆，西至坦噶尼喀（Tanganyika）湖畔的基戈马（Kigoma）。与坦赞铁路一样成为坦桑尼亚的两条主要铁路干线。由于年代久远，已有点破旧。

坦桑尼亚政府的重视加快了多多马的建设速度，加之便利的公路和铁路运输、多多马大学的修建、议会大厦的坐镇，多多马这座年轻的城市风华正茂、蓄势待发。

纺织品市场

多多马火车站

坦赞铁路上的三天两夜

方　伟

时为云南大学非洲研究中心博士研究生，师从刘鸿武教授。2010 年上半年赴赞比亚大学留学半年。现为安徽大学教师，安徽大学亚非研究中心副主任。

53 个小时的旅程并没有使我们感到太多的疲惫，我们一路欢歌笑语，窗外不时有羚羊跑过，高山深谷与夕阳西下的美景也使我们对这片神奇的土地有了更加真切的认识与体会。

从读中学开始，历史教科书上总将坦赞铁路作为中非友谊的象征。这条 1860 公里长的铁路如一段传奇，一直萦绕在我脑海之中。这是一条怎样的铁路？为何它被认为是新中国 60 年历程中反映中非友谊的一个重要的里程碑？带着这种种疑问，借着在赞比亚大学留学的机会，我们一行人探访了坦赞铁路并有幸全程经历了火车上的三天两夜。

中国风格的库拉西尼车站

4 月的达累斯萨拉姆虽为雨季，却依然酷热难当。车水马龙的交通加之湿热的天气，我们已无心陶醉于这美丽的和平之港，只想尽快回到那四季如春的卢萨卡。车票上写着候车时间为 12 : 30，故而 10 点左右我们已进入车站的候车大厅。坦赞铁路的起点站——达累斯萨拉姆库拉西尼火车站建得如此富有中国特色，以至于我们这些来自异域他乡的中国人俨然有一种回到故乡的亲切感。火车站分上下两层，有车道直接通向二层，这为携带行李较多的旅客带来很大的便利。车站一层主要用于购票与货物托运。因为车票必须要提前一周购买，故而购票窗口前并没有排起长龙，只有问讯处前有一些零星的非洲朋友。在购票窗口旁的公告牌

库拉西尼火车站大楼

上详细列出了火车要经过的53个车站[1]的站名以及一等车厢、二等车厢和普通车厢的具体价格。此外，在宽大整洁的大厅里，人们正在紧张地搬运货物行李。车站二层主要用于候车，干净整洁的候车室让人很难想像这样一座火车站已经运营了35年之久，在二层正中央的墙壁上悬挂着一幅由中文书写的坦赞铁路全线鸟瞰图，向我们清楚地展示了这条铁路途经的高山深谷、森林草原与沼泽湖泊。

候车大厅内景

步出车站大楼，坦赞铁路运营25周年纪念碑一下子跃入我们的眼帘。这是一座特殊的纪念碑，建于2001年7月19日，底座是一段铁轨上安放着一辆火车头，车身上用中文清楚地写着“东方红”以及“中华人民共和国四方机车车辆工厂1973年造”。这座纪念碑好似在向我们讲述着这条铁路曲折动人的故事及其与中国人民那千丝万缕的联系。

坦赞铁路的铁轨

车站二层大门前逐渐人头攒动，车站的工作人员已开始检票，我们赶紧一路小跑奔向二楼，准备开始这段已经思念很久的历史之旅……

坦赞铁路运营25周年纪念碑

单调但快乐着的三天两夜

终于登上了火车，看到车厢风扇上那中国铁路的标志，看到每一条枕木上均镌刻着“中华人民共和国制”的字样，这让我们一行人在惊讶之余备感亲切。这是在万里之外的坦桑尼亚还是在一座普通的中国小城？似真似幻已无暇考虑，我们赶紧收拾好行李，仔细观察一下这辆异域他乡的中国火车。我们乘坐的是一等车厢，有点像国内的软卧车厢，四个人一个小包间，床铺类似国内硬卧的板床，在非洲颠簸过几个国家的我们，对此已感到非常满意，想着可以安安心心地躺在床上欣赏窗外的森林草原与夕阳西下，是多么惬意与令人神往。

我们包间里一共四人，除我和朋友外，还有一位在坦桑尼亚经商的赞比亚朋友卡通戈（Katongo），热情而又友好。让我们惊讶的是，他带了一百多公斤的行李。他告诉我们，货物托运缓慢而又昂贵，加之时常有行李丢失的情况，他们更

① 坦赞铁路原有93个车站，其中16个中间站于1994年关闭，后陆续关闭了另外24个车站。现火车实际停靠53个车站，其中赞比亚境内有9个车站，坦桑尼亚境内有44个车站。

坦赞铁路夕阳下

候车站台

愿意随身携带，虽然所补行李的费用可以再买一张火车票，但他们还是愿意用这种方式转运自己的货物。很难想像一个人带一百多公斤行李会是怎样一种旅程，更何况他到达新卡皮里姆波西后还得转车去铜带省，以前关于非洲人懒惰的传言一下子在脑海里烟消云散。不一会儿，火车缓缓发动，我们的坦赞铁路旅程正式开始。

由于火车是从中国引进，故而对于火车上的一切我们再熟悉不过，这也为我们火车上的生活提供了不少便利。与国内不同的是，不是在车厢内用餐，而是去专门的餐车用餐，价格与在普通餐馆用餐大体相当，所提供的主要是在东部与南部非洲较为普遍的食物西玛（Nshima），一种用玉米面做成的食物配以蔬菜和肉类。我们在赞比亚已生活近半年，对于这些食物已能欣然接受。不可否认的是，火车由于长期运行加之得不到妥善保养，条件确实较为简陋。没有凉水提供，这意味着这三天我们没办法洗漱，饮用水也只能靠购买矿泉水维持。此外，我们这节车厢两头的车门不能锁紧，且车门上的玻璃早已不翼而飞。当然，这些问题并不能阻挡我们乘坐这趟火车的热情。

每到一个车站或者路过一些村庄的时候，总有许许多多的孩子跑到铁路旁向我们问好。他们纯真的脸庞、灿烂的笑容深深地印在我们每个人心里。53 个小时的旅程并没有使我们感到太多的疲惫，我们一路欢歌笑语，窗外不时有羚羊跑过，高山深谷与夕阳西下的美景也使我们对这片神奇的土地有了更加真切的认识与体会。

旅途结束之后话坦赞

此次坦赞铁路之行确实让人难忘。非洲孩子纯真的笑容，非洲朋友的开朗与真诚，窗外那如童话般的美景，将深深地印在我们每个人的心中。但对于非洲研究学者而言，除欣赏景色外，一些问题更值得我们深思。

首先，坦赞铁路建设的宣传问题。坦赞铁路作为中非友谊的一个重要象征，其功用不应随着时间的推移而日渐褪减。无论是车站还是火车本身，一些与中国相关的信息均应有正确的中文文字表述。以库拉西尼火车站为例，除了二层一张坦赞铁路鸟瞰图用中文书写，其他地方均没有明显的中文标识，很难让来此乘车的人了解这段中非友谊的历史。

其次，坦赞铁路的运营问题。坦赞铁路建设之初的主要目的是以货运为主，随着新南非的诞生和外部经济封锁的结束，赞比亚进出口货物有了多种渠道，这也对坦赞铁路的正常运营造成了一定的压力。如何开发新的货源已成为摆在坦赞铁路管理委员会面前的一项重要课题。

最后，坦赞铁路的管理问题。我们在火车上的三天两夜，基本处于无人问津的状态，车厢两头的车门不是锁死的，到站无人提示，上下车基本处于无管理的状态。良好的管理是一个组织长期存在的必要条件，加强坦赞铁路的管理在当下坦赞铁路运营不善的背景下显得更为迫切而重要。

本文作者在终点站新卡皮里姆波西

“非洲中心”阿鲁沙之美

杨广生

时为云南大学非洲研究中心博士研究生，师从刘鸿武教授。2010 年上半年赴赞比亚大学留学半年。现为浙江农林大学非洲林业研究院讲师。

我环顾四周的山谷，翠绿欲滴，闭上双眼深吸一口气，整个身体都新鲜了，感觉这里就是一个完全与世隔绝的世外桃源。……如今，人早就回来了，心却久久留在那里。

从达累斯萨拉姆乘车到达阿鲁沙需要八个多小时，到达时天已经黑了。一下车就感觉到阿鲁沙的凉爽，这里没有达累斯萨拉姆的闷热和拥挤，整个城镇沉浸在寂静的夜里，远处雄伟的梅鲁山（Mount Meru）轮廓清晰，就像马赛武士一样守护着阿鲁沙。

阿鲁沙（Arusha）是坦桑尼亚最重要的城市之一，也是维多利亚大湖区的重要城市。阿鲁沙城区并不大，依起伏的地势而建，有点像欧洲小镇。历史上在阿鲁沙发生的政治事件并不鲜见。1967 年尼雷尔宣布《阿鲁沙宣言》，表示将以社会主义的方式建设坦桑尼亚，从此阿鲁沙闻名于世。1968 年 7 月 26 日欧洲经济共同体同肯尼亚、乌干达和坦桑尼亚在阿鲁沙签订贸易和经济协定，即《阿鲁沙协定》，四年后被我们熟知的《洛美协定》取代，成为南北合作的佳话。南南合作的代表作——七十七国集团于 1979 年 2 月在阿鲁沙召开第四次会议，通过第二个《阿鲁沙宣言》。1992 年，种族冲突之后的乌干达政府军和爱国阵线在阿鲁沙签订了停火协议。2000 年 8 月 28 日，在阿鲁沙签署的《阿鲁沙布隆迪和平与和解协定》……阿鲁沙在东非地区相当于欧洲的日内瓦，成为非洲国际协调的一个中心，我想这与其凉爽的气候、优美的自然环境、稳定的政治局势是分不开的。

阿鲁沙钟塔

第二天我们游览城镇。走到钟塔（Arusha Clock Tower）的时候，当地导游说：“这个钟塔就是阿鲁沙的中心，也是非洲的中心，它连接着四面八方。”我看了一圈，确实如此，钟塔位于老莫西路（Old Moshi Rd）、索库尼路（Sokoine Rd）、思诺尼路（Sinone Rd）、波玛路（Boma Rd）和乔尔·迈达大街（Joel Maeda St）的交汇点上，也许导游说得有些夸张，但是从侧面反映了阿鲁沙的重要地位。在阿鲁沙城区有很多关于国家独立、国际会议的雕塑和遗址，如《阿鲁沙宣言》博物馆（Arusha Declaration Museum）、自由纪念碑（Uhuru Monument）、阿鲁沙国际会议中心（Arusha International Conference Centre）等，它们都是城镇的标志性建筑，记录着阿鲁沙的历史、非洲的历史、非洲与世界交往的历史。

阿鲁沙有很多故事，但最令世人称赞和向往的是它的自然生态环境。阿鲁沙及其周边汇集了非洲乃至世界最好的自然环境：雄伟的乞力马扎罗山（Mount Kilimanjaro）是登山探险者追逐极限的圣地，壮阔的塞伦盖蒂草原（Serengeti）是生物学家探索生命的课堂，静谧的恩戈罗恩戈罗火山口（Ngorongoro Crater）是野生动物舒适的家园，广阔的曼雅拉湖区（Lake Manyara）是鸟类栖息的天堂，东非大裂谷（Great Rift Valley）的北面就像一道隔绝世俗的屏障，还有大大小小的国家公园。

在有限的时间内领受所有的奇迹只是一种奢望，我选择了恩戈罗恩戈罗火山口。它距离阿鲁沙城区 180 公里，这不是一段难熬的长途，沿途风景美不胜收，从梅鲁火山脚下经过，穿越广阔的草原，身后远处隐约可见雪白的乞力马扎罗峰顶，眼前就是东非大裂谷的北谷，绕山而上，前方左侧就是曼雅拉湖。到达火山口，一从车里出来，眼前的美景就让我窒息。那种美难以用言语形容，我呆站在那里，连照相都忘却了，至今那幅画面还是一片梦幻，说不出来。

恩戈罗恩戈罗火山口

下至谷底，一路走过，近距离看到了各种动物，角马、斑马、狮子、鬣狗、水牛、大象、羚羊、犀牛、河马、野猪，还有很多叫不出名字的。各种花草相伴而生。我环顾四周的山谷，翠绿欲滴，闭上双眼深吸一口气，整个身体都新鲜了，感觉这里就是一个完全与世隔绝的世外桃源。导游说：“恩戈罗恩戈罗火山口是一个完整的生态系统，连降雨都与外界不同，这里雨水充沛，动物数量种类很多，几近灭绝的犀牛就生活在这里。”以前，只有在电视里才能看到这些动物奇观，

悠闲的角马

如今它就在眼前，真实的让你觉得就像在做梦。如今，人早就回来了，心却久久留在那里。我一直在想，世间怎么还会有如此静谧和谐的世外宝地?

这里的自然地理环境无疑是上天的恩赐，但是现今依然如此绝美，与生活在这片土地上的人是分不开的。在恩戈罗恩戈罗火山谷底，我看到两个马赛人（Maasai）驱赶着牛群，与其他野生动物和谐相处。马赛人是这片土地上的原始居民，至今仍生活在严格的部落制度之下，他们以放牧为生，骁勇善猎，年轻的马赛男子可杀死雄狮，但是他们崇尚自然，相信万物有灵，除了节日祭祀之需，从不狩猎，他们的饮食主要来自牲畜的奶和血，他们可以用尖刀刺破牛的脖颈取其鲜血饮用，却不会致牛于死地。马赛人的这种习俗使得他们与大自然共生共荣，大自然赐给他们牛羊和鲜草，他们还大自然平和宁静。即使今天有一些马赛人接受了现代教育，到城里参加工作，但这种习俗仍未改变。

坦桑尼亚独立后，国家没有因为经济开发而毁坏这片自然之地，反而把它作为财富保护起来。而且政府为了既保护自然资源又保护独特的马赛文化，允许马赛人雨季时在恩戈罗恩戈罗的特定区域放牧。50 年前，坦桑尼亚第一任总统朱利叶斯·尼雷尔（Mwalimu Julius K. Nyerere）即意识到野生动物是坦桑尼亚必不可少的一部分。1961 年 9 月，在一个关于自然和自然资源保护的座谈会上，尼雷尔发表讲话，这就是《阿鲁沙宣言》:

> 野生动物的生存问题是我们所有非洲人严重关切的问题。这些栖息在野生环境中的野生动物，不仅是奇迹和灵感的重要来源，更是我们自然资源和未来生活与幸福的重要组成部分。在我们接受野生动物托管权之时，我们郑重宣告，我们将尽自己最大之所能确保我们的子孙后代也能够享受到这一丰富的宝贵遗产。对野生动物和野生环境的保护需要专业的知识、经过培训的人才以及资金，我们期望其他国家能够与我们携手合作，共同完成这一重要使命，其成功与否不仅会影响到非洲大陆，更会对世界其他地区造成影响。

政府对自然生态环境的保护管理非常细致。比如：每天进入恩戈罗恩戈罗国家公园的人数和机动车辆有上限；公园内部有专门的游览路线，既能让游客看到大部分动物，又不会过多地惊扰它们；旅游公司和导游都有专门的许可证或资格证件，导游的素质都比较高，从他们介绍动物的言语中就能感觉到他们对这片宝地的爱惜之情。

坦桑尼亚的旅游业对其国家的发展贡献很大，这也得益于坦桑尼亚政府和人民对其宝贵的自然资源的保护。阿鲁沙作为一个中心点的作用也尤为重要，它的旅游运作和管理模式在非洲算是比较成熟的，这种“无烟产业”对非洲现代化的发展具有重要意义。但这也是一个涉及领域很广、对专业知识要求很高的产业，并不是简单地把游客吸引来就万事大吉了，它的良性发展需要各个部门和专家的共同协作，就如尼雷尔总统所说：

> 对野生动物和野生环境的保护需要专业的知识、经过培训的人才以及资金，我们期望其他国家能够与我们携手合作。

大选之后看坦桑

薛陈炎

时为浙江师范大学非洲研究院 2014 级研究生。2016 年 5—8 月受非洲研究院资助赴坦桑尼亚进行了为期三个月的调研，这期间先后奔赴达累斯萨拉姆、阿鲁沙和桑给巴尔调研、访谈。

如何解释洛瓦萨的叛党之举？如何理解桑给巴尔选举委员会的举措？桑给巴尔未来的政治走向如何？

达累斯萨拉姆省某村口悬挂的竞选旗帜（左为反对党民主发展党党旗，右为执政党革命党党旗）

坦噶省某农村前的革命党石碑

2015 年 10 月坦桑尼亚大选期间发生了两件不同寻常的事，引得国内民众与国际社会一片愕然。一件是坦桑尼亚前总理、执政党革命党（CCM）资深成员爱德华·洛瓦萨（Edward Ngoyayi Lowassa）宣布加入反对党民主发展党（CHADEMA），并成为反对党联盟乌卡瓦（UKAWA）提名的总统候选人，与革命党总统候选人约翰·马古富力（John Pombe Magufuli ）展开总统角逐；另一件是桑给巴尔选举委员会（ZEC）主席耶哈·萨利姆·耶哈（Jecha Salim Jecha）以选举违规为由，在即将公布选举结果之前，单方面宣布桑给巴尔总统选举结果作废，招致桑给巴尔反对党公民联合阵线（CUF）的严重抗议，引发桑给巴尔岛内一阵冲突与骚乱。如何解释洛瓦萨的叛党之举？如何理解桑给巴尔选举委员会的举措？桑给巴尔未来的政治走向如何？这些都是盘旋在人们脑海中的疑问。怀揣着对这些事件的兴趣，期待着获得这些问题的答案，我先后前往达累斯萨拉姆、阿鲁沙和桑给巴尔恩古迦岛（Unguja），走访当地民众，以期借助民众的回忆还原事件，窥得其中原委一二。

虽然距 2015 年大选已过去近一年，走在坦桑尼亚的街头仍能感受到当时的紧张气氛。街头巷尾随处可见残留的候选人竞选海报和依旧挺立的各竞选党派旗帜。凝望着这些大选的痕迹，我脑海中不禁浮现出一幅幅画面：台上候选人激情澎湃，台下民众人声鼎沸……

洛瓦萨叛党之举：谴责还是同情?

原以为当地民众对于大选中洛瓦萨的叛党之举会嗤之以鼻、骂爹骂娘，不曾想民众对于洛瓦萨的行为更多的是予以同情，甚至有民众表示理解，认为洛瓦萨实属被逼无奈。大选之前，在革命党内的总统候选人竞争中，洛瓦萨备受瞩目、极具人气，成为广泛预测的总统人选，但最终结果让人大跌眼镜，坦桑尼亚工程部长马古富力意外胜出，洛瓦萨自然是大受刺激。我跟当地民众聊及为何洛瓦萨广受支持，多数人表示，洛瓦萨在担任坦桑尼亚总理期间为民众办了许多切实好事，让民众获益，获得了民众的喜爱。此外，据当地民众的说法，洛瓦萨和基奎特是很好的朋友，基奎特曾向洛瓦萨表示，他成功当选总统后会提名洛瓦萨为总理。2005 年基奎特成功当选坦桑尼亚总统，洛瓦萨也同时担任了坦桑尼亚总理。2008 年，洛瓦萨辞去总理职务，为竞选总统而筹备，但不知为何原本被普遍看好的洛瓦萨在革命党内部总统候选人选举中落选，马古富力的胜出令很多人感到意外。同时也有消息指出，在那届革命党内总统候选人竞争中，基奎特推荐的并非好友洛瓦萨，而是时任外交部部长伯纳德·蒙贝（Bernard Membe）。其中的细节原委不得而知，但多数人的观点认为革命党内部派系斗争厉害，洛瓦萨只是革命党内部权力斗争的牺牲品。

学生詹姆斯（James）认为，新闻媒体上马古富力与基奎特握手交好，相拥而抱，只是在民众面前塑造革命党和谐的假象。事实上，二者之间的权力斗争、派系斗争持续进行，基奎特当时是革命党主席，因此马古富力受到其很大掣肘。在谈到自己支持哪个政党时，詹姆斯表示不支持任何政党，他在大选前是民主发展党成员，但大选后便退出了。选择退出民主发展党有两方面原因，一是现行法律根本不利于反对党，不会给反对党机会；二是对洛瓦萨感到失望。他表示，洛瓦萨在革命党阵营时人气很高，一度被认为是下一届总统人选，因为他在 2008 年之前做了很多好事，为民众权利说话，广受民众好评，但是自从在革命党内落选并加入反对党民主发展党之后，洛瓦萨的态度就改变了很多，他的政治主张与

阿鲁沙莱乡村餐馆悬挂的民主发展党党旗

阿鲁沙某社区街角树立的民主发展党党旗

口号不再如以前那般敢为民众权利发声。

洛瓦萨在革命党中受到打压，一怒之下宣布加入反对党阵营。洛瓦萨的加入无疑给反对党联盟乌卡瓦一剂强心剂，洛瓦萨民意基础广泛，本党联盟候选人中也是找不出这么具有人气的政治人物，因此，洛瓦萨很快成为反对党联盟的总统候选人。多党联盟加上洛瓦萨深厚的民意基础，使得反对党在大选中气势恢宏，革命党备感压力，再三呼吁党内各派搁置争议，共同御外。虽然洛瓦萨最终的得票只有 39.97%，但已给予革命党重击。大选过后，反对党联盟对马古富力政府态度并不友好，拒绝马古富力的党派合作呼吁，转而支持公民联合阵线，以桑给巴尔选举事件为由持续给马古富力当局施压。反对党民主发展党则持续抨击马古富力独断、专制的执政方式，称其正将坦桑尼亚变成一个警察国家。2016 年 6 月，针对反对派的持续抗议和示威活动，坦桑尼亚政府宣布禁止民主发展党集会活动，此举再次引发反对党的强烈抗议。8 月，民主发展党宣布要于 9 月 1 日在全国进行大规模的示威游行，但预定日期临近之际又宣布推迟至 10 月 1 日，至于 10 月 1 日能否顺利进行，至少就笔者看来恐怕是要无限期延迟，不了了之。

桑岛大选结果作废：意料之中？

桑给巴尔一度被誉为“非洲的马尔代夫”，然而，美景之下难逃选举暴力的宿命。2015 年 10 月 28 日，桑给巴尔选举委员会（ZEC）主席耶哈·萨利姆·耶哈（Jecha Salim Jecha）以选举过程中存在恐吓选民、更改结果等违法行为为由，单方面宣布桑给巴尔总统选举结果无效，此举引发桑给巴尔国际选举观察团和公民社会组织的担忧。公民联合阵线总统候选人赛义夫·谢里夫·哈马德（Seif Sharif Hamad）强烈谴责选举委员会的行为。据公民联合阵线统计，哈马德当时已经获得了 52.8% 的选票。事后，公民联合阵线公开抗议与示威，要求坦桑尼亚政府做出解释，虽然革命党与公民联合阵线之间进行了多次对话谈判，但未取得任何进展，新任总统并未参与双方直接对话，桑岛政治局势一度陷入僵局。虽然桑给巴尔岛于 2016 年 3 月 20 日举行了重新选举，革命党候选人阿里·穆罕默德·谢因（Ali Mohamed Shein）成功连任，但公民联合阵线一直拒绝承认和参与

桑给巴尔恩古迦岛

新的总统选举，一直不承认新组政府，目前第一副总统职位仍然空缺。

事实上，这并非桑给巴尔第一次发生选举危机。在 1995 年、2000 年、2005 年的桑给巴尔总统大选中，公民联合阵线也曾因革命党干预大选而拒绝承认官方公布的选举结果。1995 年，国际选举观察员发现有证据显示，桑给巴尔选举委员会操控选举，使得公民联合阵线领导人赛义夫·谢里夫·哈马德与胜利无缘。而 2000 年选举争议后发生的抗议事件最为严重，据说军队和警察杀害了 35 名抗议者，另有 600 人在冲突中受伤。革命党官员和民兵组织挨家挨户搜查登记，逮捕并虐待具有嫌疑的反对派支持者，导致有 2000 多人逃往肯尼亚。2005 年桑给巴尔选举暴力冲突爆发后，革命党与公民联合阵线经过持久谈判，于 2010 年进行全民公投，随后通过桑给巴尔宪法修正案，允许两党共同组建联合政府。2010 年选举后，两党正式组建民族团结政府，革命党的谢因担任总统，公民联合阵线的赛义夫·哈马德在谢因政府任第一副总统。此举虽缓和了桑给巴尔岛内的政治紧张局势，但并未能解决根本分歧。2016 年桑给巴尔选举危机的再次爆发，使得坦桑尼亚政治稳定局面再次动摇，威胁坦桑尼亚联合关系。桑给巴尔选举危机已然成为一种周期性现象。

寻找桑给巴尔周期性选举危机的症结，是我此行的主要任务。在桑给巴尔岛期间，我先后走访了石头城（Stone Town）、北部的农圭（Nungwi）和南部的基济姆卡济（Kizimkazi），原以为反对党公民联合阵线的支持力量只是集中在北部的奔巴岛（Pemba），实际看来，公民联合阵线在恩古迦岛上的势力也很强大，整个石头城几乎属于公民联合阵线的天下，甚至在恩古迦岛的内陆农村支持公民联合阵线的民众也不在少数。

石头城墙上的公民联合阵线总统及议员候选人竞选海报

据石头城居民的说法，公民联合阵线事实上从 1995 年首次多党大选以来一直都是大选中获胜的一方，但革命党一方一直不愿意让出权力。一方面，革命党害怕权力交出后公民联合阵线的首要工作便是展开政党清洗，革命党 50 多年的根基将会被推翻；另一方面，革命党担心公民联合阵线掌权后桑给巴尔岛会重新回到阿拉伯人的控制之下。谈到公民联合阵线总书记赛义夫·哈马德，当地居民表示他其实最早也是革命党成员，只是后来脱离了革命党、另立旗帜。对于革命党，像洛瓦萨、赛义夫这些人其实都很了解，也掌握着党内很多秘密。

石头城内的当地市场

石头城内“鲨鱼角”

反对党势力壮大，对革命党多年来的执政地位形成强烈威慑，尤其是桑给巴尔危机的再次发生与升级，使得坦桑尼亚大陆与桑给巴尔岛 52 年的联合事业陷入僵局，危及坦桑尼亚政治稳定。马古富力上台后不久便政治举措频繁，铁腕反腐、重拳治懒、全面问责、亲民惠民，旨在扭转革命党政府多年来的负面形象，强化革命党自身建设，提升本党民意支持率。在桑给巴尔岛问题上，新一届革命党政府始终未能给出明确的解决方案，双方谈判进程一度失速、停滞。公民联合阵线拒绝承认革命党的强硬态度一以贯之，使得再次组建民族团结政府的希望渺茫，桑给巴尔岛危机可能呈现持续恶化的趋势。自 1995 年多党大选以来，革命党与公民联合阵线之间的冲突不断，并伴随着总统大选集中爆发，双方多年的冲突源于对桑给巴尔岛自治权程度的争执，如果本届政府无法妥善处置，将问题延续到下届大选，桑给巴尔岛的政治动荡将会继续延续。从长远看来，联合事业不容乐观。除了加强本党自身建设、妥善处理桑给巴尔岛问题外，改善经济也是革命党挽回民意的重要一环，而加强基础发展则成为经济改善的关键，包括医疗、教育、水利、电力等。如果革命党政府做出的这些承诺得不到快速实施并兑现，革命党在下届大选中必然受到重创，遭到选民的惩罚，毕竟选民已经受够了革命党反复的政治失信与欺骗。此外，青年群体的不满与较低的就业率也对坦桑尼亚政治稳定构成挑战，从当前反对党民主发展党的民意支持来看，民主发展党颇受青年群体推崇与支持。

坦桑尼亚调研散记

李鹏涛

浙江师范大学非洲研究院副教授，历史学博士。2016年7—8月到坦桑尼亚桑给巴尔进行为期一个月的学术交流。

达累斯萨拉姆大学历史悠久，该校历史系在非洲史学史上也有着极为重要的地位。

一

2016年7月10日下午，经过漫长的飞行，我们终于抵达坦桑尼亚的桑给巴尔岛，主要任务是查阅相关档案和开展实地调研。

档案资料是史学研究的基本素材，而耙梳史料是史学研究者的一项基本功。我此行主要计划到桑给巴尔国立档案馆、坦桑尼亚国立档案馆及达累斯萨拉姆大学图书馆等查阅论文写作有关资料。在出行前夕我从一位美国学者处得知，在坦桑尼亚（包括桑给巴尔）查阅档案资料需要事先获得政府许可，否则无法进入档案馆查阅资料。由于缺少经验，我没能及时得到政府的许可，当我怀着忐忑的心情来到各个档案馆和图书馆时，却都能顺利进入并且颇有收获。在感到幸运之余，更要感谢工作人员的热情帮助。

本文作者在桑给巴尔国家档案馆

桑给巴尔国家档案馆的资料编目整理较为完善正规。当地人一般知道桑给巴尔国家档案馆的斯瓦希里语名称“Nyaraka wa Taifa”，而不知道它的英文名称，所以当时找这个档案馆颇费了一番周折，最后在城外数公里的地方找到。档案馆在一处幽静的院落之中，阅览室干净明亮。桑给巴尔国家档案馆的整理编目工作是在当地著名学者阿卜杜尔·谢里夫（Abdul Sheriff）教授主持下完成的，保存了19世纪以来桑给巴尔岛和东非地区的大量档案材料，包括阿拉伯语、斯瓦希

“鲨鱼角”标志

桑给巴尔城内有名的集会和活动中心“鲨鱼角”

里语和英语的文献，堪称研究东非近现代历史的宝库。相比之下，坦桑尼亚国家档案馆档案编目整理并不完备，文献查阅相对并不方便，不过那里的档案文献也十分丰富。而达累斯萨拉姆大学图书馆东非分部收藏了大量的图书资料，多以研究论著为主，也有部分的档案文献材料，这些都是开架阅览的，对于阅读者来说比较便利。

我在档案馆查阅工作的一个意外收获是，顺便能够结识前来查阅资料的同行，彼此交流查阅的经验体会和研究进展情况。在这次坦桑尼亚调研期间，我遇到了多位西方学者，他们的研究内容包括奴隶贸易、医疗史、城镇史和宗教史等，时间涵盖 19 世纪到 20 世纪。通过与他们的交流，我更加感觉到中国的非洲史研究与欧美同行之间的差距。西方的非洲史研究已经比较少以整个大陆或者次区域为研究单位，研究对象更多是在国别史层面，甚至是国家下属的某个地区。欧美研究者大多通晓当地语言，并且熟悉当地社会的历史与现状。我在档案馆遇到的西方学者对于当地的档案文献资料情况较为熟悉，很多是那里的常客。此外，他们不仅多次在这些国家档案馆查阅资料，还会深入各地区档案馆。他们的研究对象通常不是以整个国家作为研究对象，而是以其中某个地区或者某个社会群体作为研究对象。这种地方史研究对于研究者的要求较高，不仅需要对于国家整体的发展脉络有较为清晰的认知，而且对于单个地区发展轨迹的特殊性和普遍性也要有较为深入的了解。

二

这次坦桑尼亚之行的另一项内容是与当地学术机构和学者进行交流。坦桑尼亚的主要学术机构包括达累斯萨拉姆大学和桑给巴尔国立大学。在此期间，我遇到了多名坦桑尼亚学者。给我印象较为深刻的是阿卜杜尔·谢里夫教授和优素福·拉威（Yusuf Lawi）教授。阿卜杜尔·谢里夫教授年近八旬，身体健朗。他从 20 世纪 60 年代就开始在达累斯萨拉姆大学历史系工作，直到 20 世纪 90 年代退休。退休后他一直在桑给巴尔岛居住，继续从事写作。谢里夫教授主要从事斯瓦希里文明史和桑给巴尔岛历史研究，著述颇丰。谢里夫教授主持了桑给巴尔国家博物馆修复和桑给巴尔国家档案馆档案编纂工作，并且在桑给巴尔岛石头城保护工作方面作出过重要贡献。我有幸到谢里夫教授在石头城的家中拜访，并与谢里夫教授长谈。谢里夫教授十分谦和，待人热情。谢里夫教授谈起桑给巴尔岛历史如数家珍，他尤其擅长于将桑给巴尔岛历史置于整个印度洋文明圈的历史变迁之中进行思考，并且将石头城的历史和保护与桑给巴尔岛的社会变迁结合起来进行分析。在交谈过程中，我能够深切感受到他对于桑给巴尔岛历史的熟知与热爱。优素福·拉威现任达累斯萨拉姆大学历史系教授，早年在美国取得博士学位，主要从事东非环境史研究。两位教授是坦桑尼亚本土历史学者的杰出代表，也见证了坦桑尼亚史学的发展历程。

漫步达累斯萨拉姆大学校园里，我更加深刻体会到时代的变迁。达累斯萨拉姆大学历史悠久，该校历史系在非洲史学史上也有着极为重要的地位。20 世纪 60 年代，在当时非洲民族国家纷纷独立的背景下，非洲史作为一门学科诞生了。在此之前，所谓的非洲历史是由欧洲人书写的，基本上就是白人在非洲活动的历史。在非洲去殖民化的同时，非洲史也经历了一场“去殖民化”。证明非洲民族国家的合法性，成为当时非洲史研究的主要使命之一。在当时的非洲大陆，西非地区出现了“伊巴丹学派”，而东非地区则有“达累斯萨拉姆学派”。在英国史学家特伦斯·兰杰主持下，来自非洲本土、欧洲和美洲的学者齐聚达累斯萨拉姆大学历史系，共同研究非洲人的历史与文化，证明非洲人是自身历史和命运的主宰者。当时的达累斯萨拉姆大学历史系堪称非洲历史研究的“梦之队”，除了坦桑尼亚本土学者伊萨里亚·基曼博（Isaria Kimambo）和吉尔伯特·瓦萨（Gilbert Gwassa）外，还有来自英国的约翰·朗斯代尔（John Lonsdale）、约翰·艾利夫（John Iliffe）、约翰·麦克拉肯（John MacCracken）和安德鲁·罗伯茨（Andrew D. Roberts），以及来自美洲的沃尔特·罗德尼（Walter Rodney）。这些学者在半个多世纪里一直活跃在国际非洲史学界，他们的著述对非洲史学科发展起到极为重要的推动作用。

桑岛的香料种植，当地农民在向游客展示树枝上的丁香

三

我这次到坦桑尼亚调研，除了收集资料和学术交流外，还有幸实地感受桑给巴尔石头城和达市的风土人情。在桑给巴尔期间，我们居住在石头城内，随时可以在老城堡、皇宫附近走动，每天都穿梭在迷宫般的石头城内，和当地人攀谈交流，了解当地人的生活习惯和饮食起居。这里与印象中混乱、危险的非洲城市截然不同。在达累斯萨拉姆期间，我们居住在印度人居住区内，并且通过乘坐公共交通和步行的方式走访，了解城镇格局和城镇规划，更加深了对于城镇变迁的认识。

短短的一个月时间很快就过去了。给我留下印象最为深刻的，是当地民众的朴实与善良。每次我们在石头城中迷路的时候，当地人都会给我们指路，有时会亲自把我们带到目的地。前几日，我收到了桑给巴尔国家档案馆管理员福阿德先生的邮件，他在信中感谢我发给他我们的合影，并且欢迎我再访坦桑尼亚。

我期待着再次回到坦桑尼亚，这个令人难忘的国度。

初见坦桑尼亚

陈嘉雷

时为浙江师范大学非洲研究院 2014 级“非洲学”专业非洲历史方向硕士研究生。2016 年受研究院资助到坦桑尼亚进行为期两个月的学习调研，现在非洲研究院师从刘鸿武教授继续攻读“非洲教育与社会发展”专业博士学位。

非洲研究对现在的我而言不仅仅是一门学问，更是满足自己好奇心和探索未知的一次旅程。

2016 年 7 月，我终于第一次踏上了非洲大陆，来到了坦桑尼亚。我于 7 月 25 日抵达达累斯萨拉姆，机场虽相较于国内的许多机场要简陋许多，但也热闹忙碌。

从尼雷尔国际机场一路向北进入达累斯萨拉姆市区。这个拥有将近 400 万人口的城市，在东非地区乃至整个非洲都具有一定的影响力。城市中高楼的数量也超过了绝大多数非洲国家首都，而且还在不断增多。由于道路较窄，堵车便成了家常便饭。而堵车时纷纷上前兜售的小贩便成了一道独特的城市风景。这些十几二十几岁的青年人，多半由于受教育少或家庭贫困等原因，不得不通过售卖小商品以补贴家用或聊以谋生。从他们手中你不仅能买到当地的零食干果、手工制品，还有不少廉价的进口商品如手机数据线、牛仔裤等。

青少年人口基数大，不仅意味着国家发展将拥有人力资源的巨大潜力，同时也给就业和社会治安带来巨大压力。在达累斯萨拉姆街道上，行驶的大多数车辆都会和我们一样车窗紧闭，以防路边不良少年的偷窃和抢劫。晚上我们一般只待在旅馆里，尽量不出门。后来听说，就在我们离开坦桑尼亚前一周又有一名中国留学生遭遇抢劫。青年人口不断涌入城市使得达累斯萨拉姆的治安状况越来越差，世风日下，政府正试图将一些国家行政部门迁往首都多多马，以减轻达累斯

本文作者与圣·奥古斯汀大学教授巴达库法（Bodokufa）及其家人

本文作者与圣·奥古斯汀大学学校牧师

本文作者与圣·奥古斯汀大学研究生院院长姆卡姆瓦教授（Thadeus Mkamwa）

萨拉姆负担，但因为国家财政捉襟见肘，一切进行得并不顺利。

姆万扎作为坦桑尼亚第二大城市和坦桑尼亚第一大族群苏库马人的主要聚集区，与达累斯萨拉姆、首都多多马以及作为非盟办公地之一的阿鲁沙相比并不那么出名，但由于它毗邻维多利亚湖和赛伦盖蒂大草原，相信到过坦桑尼亚的外国人一定不陌生。

我访学的目的地便是位于姆万扎南郊的圣·奥古斯汀大学。这所成立于1998年的教会学校，前身是1960年成立的当地教会的一所技术学院。20世纪60年代早期学校培养了大量管理学、经济学人才，推动了东部和中部非洲的解放运动，许多学生之后成为官员。作为目前坦桑尼亚规模较大的私立高校之一，奥古斯汀大学有超过10000名学生，他们分别来自坦桑尼亚以及肯尼亚、乌干达、埃塞俄比亚、苏丹、马拉维、赞比亚等周边国家。学校位于苏库马地区，因此，我们将“苏库马人的社会变迁”作为调研主题。

苏库马人是班图人中的一支，是坦桑尼亚最大的一个部族，目前人口超过500万，占全国总人口的10%左右。他们主要分布于维多利亚湖南部沿岸，这里也是坦桑尼亚经济较为发达的地区。受益于温和适宜的自然条件，这个地区大量种植棉花、甘蔗、木薯，渔业和畜牧业也较为发达。我在姆万扎南部的基塞萨苏库马人村落进行了为期五天的田野调查，并两次参观位于姆万扎市郊的苏库马博物馆，被古老而又神圣的苏库马文化深深震撼。现在的苏库马人虽大多已搬离传统的茅草小屋，住进了砖瓦结构的房子，但依旧保持着他们的传统习俗和礼仪。年轻的苏库马人大多在家乡从事种植业或到大城市打工，到丰收季节他们还是会像祖先那样聚集在村落前的大广场上载歌载舞。

今天的姆万扎是传统与现代交织影响下坦桑尼亚的一个缩影。长达数世纪的班图人大迁徙奠定了今天坦桑尼亚的基本民族构成，包括苏库马人在内的数个族群都是班图人的分支。另一方面，印度洋沿岸的东部地区从公元前就频繁和外部世界交流，与阿拉伯、波斯、印度等均有贸易往来，成为西印度洋贸易区的重要组成部分。非洲大陆以外的居民从那时起就开始迁往东非沿岸，塑造了今天坦桑尼亚的斯瓦希里文化和语言。

桑给巴尔岛是我在坦桑尼亚走访的第三站，也是最后一站。住在石头城的小巷中，每天清晨会听到穆斯林的虔诚祷告声。在这个人口逾百万的岛上，95% 以上的居民信奉伊斯兰教，浓厚的宗教氛围造就了祥和安宁的桑给巴尔。

特殊的地理位置和波折的历史遭遇，使得这个处在亚非之间的印度洋小岛成为“亚非欧文化融合之奇葩”。桑给巴尔文化最集中体现了东非斯瓦希里文化，同时又融合有亚非欧诸多文化的些许特质。桑给巴尔岛的经济发展也不同于大陆地区，历史上的桑给巴尔岛依靠贸易起家，阿拉伯人和印度人的到来又使这个小岛被冠以“香料之岛”的美誉。今天的桑给巴尔，除了农业，丰富的旅游资源也得到了充分开发。络绎不绝的亚洲和欧洲游客，不仅给桑给巴尔岛带来了巨大财富，同时促进了其现代化发展和时尚元素的产生。独特的文化和艺术不仅丰富了坦桑尼亚的文化内涵，同时也是世界文化的瑰宝。

在坦桑尼亚访学的两个月，我对这个国家从陌生渐渐产生某种情感，也更加深了我对这个国家以及非洲这片神奇土地的好奇之心。非洲研究对现在的我而言不仅仅是一门学问，更是满足自己好奇心和探索未知的一次旅程。唯一的遗憾是时间太短，还来不及真正地认识这块土地就匆匆离开。

非洲，我期待再次与你相逢！

坦桑尼亚游学见闻

郝子怡

时为浙江师范大学非洲研究院2014级硕士研究生。2016年7—10月受研究院资助到坦桑尼亚进行了为期三个月的实践调研，2017年年初赴坦桑尼亚孔子学院做志愿者。

桑给巴尔岛的海滩美得令人沉醉。当我亲眼看到那碧绿的海水，终于明白为什么桑给巴尔岛会被誉为“印度洋上的绿松石”了。

快速发展的达累斯萨拉姆

达累斯萨拉姆街景

尼雷尔大桥

达累斯萨拉姆被誉为“和平之港”，是坦桑尼亚第一大城市，全国经济、文化和实际的政治中心。在达累斯萨拉姆，能够切身体会到这个城市正在经历着变化与发展，可以看到一派繁忙的景象，随处可见在建的高楼大厦和公路。许多中国人会认为非洲人懒散、懈怠，但当你身处达累斯萨拉姆市时也许会颠覆这样的认知。在达累斯萨拉姆街头，不论是穿着职业正装的政府职员或白领阶层，还是穿梭于马路间的街头小贩，都步履匆忙。哪怕在早上的五六点钟，天还未亮，马路上就有了陆陆续续的上班族和背着书包上学的孩童。在达累斯萨拉姆，有些公交车是24小时运营，即使在凌晨两三点依然能看到当地人搭乘夜间公交。有这样勤劳的人们，相信达累斯萨拉姆会在不久的将来发展得更快、更好。

达累斯萨拉姆给人的另一个印象是中国的影响力。听说在坦桑尼亚的中国人至少有3万，在达累斯萨拉姆最多，主要从事纺织、家电、贸易、建筑、基建等行业。非洲民调组织“非洲晴雨表”2015年最新调查报告显示，中国在坦桑尼亚的影响力超过了南非、印度等与坦桑尼亚渊源深厚的区域大国，也超过了英国、美国等西方国家。中国的发展模式、影响力、经济实力、对坦桑尼亚的援助效果等指标均位居前列。在达累斯萨拉姆，在建的很多工程都由中国公司承建。2016 年 4 月刚刚开通的尼雷尔大桥，就由中国中铁建工集团和中国中铁大桥局组成联合体承建。这座桥的建成又给坦桑尼亚贴上了一张“中国制造”的标签。其实，“中国制造”在达累斯萨拉姆随处可见，小到穿梭于车流间的小贩兜售的玩具、配件，大到中国公司承建的高楼、大桥。

和其他非洲国家一样，坦桑尼亚人民很早就已经实行双休日了，在劳动态度上与我们迥然不同，周末会充分享受法律赋予他们的休闲权利。由于大部分非洲人都有宗教信仰，所以每到周末当地人都会去教堂做礼拜，其余闲暇时间也会在休闲中度过。在中国，诸如商场类的服务业通常在周末或节假日会迎来客流高峰。但在达累斯萨拉姆，如果你周末想去商场闲逛，会发现大部分门店都闭门谢客。

周末在海滩漫步的当地人

虽然坦桑尼亚整体治安状况良好，安全性较高，但在达累斯萨拉姆生活还是要时时注意自身安全。和大多数发展中国家一样，当城市快速发展，流动人口越来越多时，犯罪率也许会随之上升。

安静迷人的桑给巴尔

石头城内的小巷

去非洲之前，只是听说桑给巴尔岛是个极美的岛屿，但它的美究竟如何未曾亲身体验，终是无从想像。经不住诱惑，我最终还是踏上了那片美丽的海岛。

桑给巴尔岛给人的感觉与达累斯萨拉姆截然不同，尤其是当你踏入石头城，厚重的石头建筑阻隔了城外的喧哗，使人感觉安静、悠然。漫步于石头城中宛如迷宫一般弯弯绕绕的小巷，走在古老的石板路上，偶尔会看到与街头小贩讨价还价的妇女，或是在门口玩耍的孩童，抑或是在街头静坐闲聊的老者，有时还会碰到热情的当地人交替着用韩语、日语和中文跟你打招呼，让人备感亲切。在石头城内闲逛，还可以发现很多出售工艺品的商店，绘画、古玩、手工艺品等应有尽有。信步走进一家古玩店，你会发现有各种阿拉伯风格的小工艺品，指南针、酒壶、挂饰、钟表、帆船模型……琳琅满目，令人目不暇接。

桑给巴尔木门

在石头城，最为独特的当属桑给巴尔木门了。这些木门由非洲传统的乌木制作，融合着阿拉伯、印度和非洲本土风格的雕刻艺术，记录着桑给巴尔多元文化

石头城的古代城堡

桑给巴尔岛码头的黄昏

桑给巴尔岛的南海岸

阿鲁沙街景

阿鲁沙街头的蓝花楹

交融的独特历史。

出了石头城，正对大海的就是著名的珍奇宫和王宫博物馆。巍峨耸立的珍奇宫是原苏丹赛义德的王宫，这座钟楼似的建筑有40根粗壮的圆柱，据说每一根圆柱下都活埋着60名黑人奴隶，记录着奴隶贸易时期殖民者的罪恶行径。沿岸的古城墙主要由珊瑚石搭建，古老的城墙历经海风和岁月的侵蚀现在已经变得有些斑驳破败，但正是这些历史的痕迹记录着石头城曾经繁华了千百年的历史。

古堡前面是一个码头。最惬意的便是在傍晚时分坐在码头静看海上云卷云舒，潮涨潮落。

桑给巴尔岛的海滩美得令人沉醉。当我亲眼看到那碧绿的海水，终于明白为什么桑给巴尔岛会被誉为“印度洋上的绿松石”了。据说那里海的颜色异于整个非洲，奶白色的沙滩衬着碧绿的海水，绿得醉人、绿得空灵。如果能从船上跳下，潜入桑给巴尔周围清澈湛蓝的海洋之中，去看摇曳的水草、美丽的珊瑚和交织游弋的鱼群，应该是最令人兴奋的事情吧！

朴实安逸的阿鲁沙

阿鲁沙是坦桑尼亚的第三大城市，因其靠近乞力马扎罗山和塞伦盖蒂等野生动物保护区，所以也是坦桑尼亚著名的旅游城市。阿鲁沙以其安静、舒适而闻名，由此也吸引了众多的国际组织来此扎根。这座城市人口不多，也没有众多的高楼大厦，但却不乏热闹的现代生活需要的一切。大部分去登乞力马扎罗山和塞伦盖蒂草原的游客都会在那里停留，外国旅人和当地居民相处融洽，一切井然有序。大抵旅游城市的人性情都更为友善，和桑给巴尔岛一样，即使一个人在街头行走，也不用担心被偷被抢的风险。路上还经常会有当地人用斯瓦希里语和你打招呼，虽不相识，却让人备感温暖。

9月底，阿鲁沙街头的蓝花楹开始陆陆续续地开花，漫步于紫色花树下面，你一定会被枝头那柔美雅致的花朵所惊艳。一串串紫色的花朵悬挂枝头，一团团、一簇簇，花枝摇曳，顾盼生姿，如同多情的少女，给阿鲁沙增添了一种别样的柔情。

到阿鲁沙，不得不体验的应该就是乘坐越野车看野生动物了。在阿鲁沙期间，我有幸去了一趟坦桑尼亚著名的恩戈罗恩戈罗自然保护区。恩戈罗恩戈罗火山的海拔高度为 2286 米，是世界上最大的、最完整的火山口，直径 18 公里，底部面积 310 平方公里。它的周围都是从火山口底部向上延伸的、陡峭的、高达 610 米的绝壁，天然形成了一个巨大的圆形场所，成了 25000 多头动物的安逸居家。火山口三面是峭壁，只有一个出口，比较封闭，盆地内生态环境优越，自成一个生态链，动物不用迁徙就能满足生存繁衍的需求，被称为非洲动物的“伊甸园”。我们开车一路行走在坦桑尼亚北部的高原上，路边都是长着灌木为主的半荒漠草原，衣着鲜艳的马赛人就在路旁放牧，成为旅途上的一道道风景线。从阿鲁沙出发，经过两个多小时的车程就可以抵达保护区。

阿鲁沙通往恩戈罗恩戈罗保护区的公路

由于海拔较高，山顶的早晨稍有寒意，但格外静谧。沿着山路直下谷底草原，平坦辽阔的草原一望无垠，形形色色的动物散布在草原上、树丛里和水边，以角马、羚羊、斑马和野牛居多。汽车沿着既定的小路走走停停，远处的咸水湖边有几只鸵鸟和火烈鸟在觅食，池塘里栖息着一群群挤在一起的河马，水塘边是两只伸着长鼻子喝水的大象。所有的动物都在安静地吃草、喝水、移动，看上去各行其是，互不干扰，整个山谷一派祥和。

安静吃草的角马

其实，丛林生活并不总是祥和。恩戈罗恩戈罗火山口生活着几个家族的狮群，还有鬣狗、豹子等高端食肉动物，惊心动魄的追逐打斗每天都在上演，草原上经常可以看到动物的残骸和白骨。每个狮群都有自己明确的规则和分工，我们就亲眼看到一头狮子正在守着一头吃剩的水牛，其他几头狮子则躺在不远处的草地上睡大觉。离值班的那头狮子不远处有一只鬣狗在徘徊，似乎也想从狮子口中分享一杯残羹。

树下小憩的狮子

坦桑尼亚这个国度实在让人眷恋，期待与它能够再度重逢！

我在桑给巴尔国家档案馆查阅资料

徐 鑫

时为浙江师范大学非洲研究院 2015 级研究生。2016 年受非洲研究院资助到坦桑尼亚调研三个月。

用“淳朴”“善良”“认真”“知进退”来概况这些人也许是比较恰当的。

桑给巴尔西海岸

本文作者在桑给巴尔国家档案馆前

桑给巴尔（Zanzibar）是坦桑尼亚的一部分。由温古贾岛（Unguja，又名桑给巴尔岛）、奔巴岛（Pemba）及其附近小岛组成，面积 2657 平方千米，位于印度洋西部。桑给巴尔与阿拉伯世界有着悠久的贸易往来，位置十分重要，1964 年它与坦噶尼喀合并组成坦桑尼亚联邦，但仍享有高度自治。

桑给巴尔的首府位于温古贾岛上的桑给巴尔市，它的老区就是著名的石头城，因其独特的历史文化价值被列为世界遗产。我这次调研和资料查阅主要是在桑给巴尔，因此对这边的风俗人情等都有了一个直观的了解。

在桑给巴尔停留期间，每天看着红火的太阳沉入海底，震撼自不消说，有时晚饭后伴着习习海风，踩着柔软的沙滩，踏着清澈的海水，一天中最幸福的时光莫过于此时了。这个岛上的居民友好，加之生活节奏较慢，沉浸到这种氛围中，再多的烦恼也不值一提了。

享受美丽的自然风光和淳朴的风俗人情的同时，调研工作也不能放松。每天白天的生活基本是早上 9 点到下午 3 点在石头城附近的桑给巴尔国家档案馆，回到石头城吃完晚饭洗完澡之后，去到石头城与当地的居民做些访谈。他们的生活很简单，与其说是访谈，倒不如说是聊天，多数人都很健谈，只消引入一个话题，就能获得很多想要的信息。

我这次主要查阅独立后坦桑尼亚的相关资料。桑给巴尔国家档案馆收集的资料多与桑给巴尔岛相关，与合并前的坦噶尼喀及坦桑尼亚相关的资料有两卷，分别是 BC 及 BD。BC 卷时间范围是 20 世纪初至 1964 年，BD 卷时间范围是 1964 年至 20 世纪 80 年代。BD 卷涉及内容大体覆盖国土概况、政治概况、经济概况、农业发展、城市发展、教育发展、农村建设、政府公报、人口概况、法律法规、学术论文等方面，其中篇幅较大的是经济概况、农业发展（涉及整体概况和某几种主要作物）、教育发展、农村建设等内容。涉及内容虽然广泛，但各个类别的文件不是很完整，时间断层较大。

因时间限制，根据选题需要，本人重点对 BD 卷进行查阅。BD 卷共有 50 余小卷，各小卷又由多个文件组成。由于坦噶尼喀与桑给巴尔合并后政府在全境推行斯瓦希里语，由文件的时间可以得知斯瓦希里语应用范围和影响力的不断扩大，时间越往后，斯瓦希里语书写的文件越多。其中体现最为明显的是第 51 卷，这一卷是尼雷尔的演讲稿汇总，共有 54 份文档，其中有 30 余份用斯瓦希里语书写。

桑给巴尔石头城“鲨鱼角”

我这次查阅的内容主要包括以下几个方面：

人口、族群概况：人口及族群概况自不消说，是论证这一主题的基本资料。资料受限，主要集中于 1967 年人口普查，1978 年人口普查有所涉及，1988 年资料用斯瓦希里语书写，难以阅读。要对坦桑尼亚族群关系保持平稳状态的原因进行探讨，从论证严谨性来说，对坦桑尼亚最近的族群状况作出书写是必不可少的，但碍于资料所限。我个人认为，造成限制的原因，一是坦桑尼亚政府为了国家建构、减少族群意识强化有意忽视这种族群统计；二是查阅的档案自 1978 年之后的人口统计数据上并没有体现这一分类。自是无可查证。虽说坦桑尼亚族群关系平和是公认的事实，但难以有跃然于纸面之上的数据文字支撑却是一大憾事。退而求其次，只论历史和缘由，把握独立前后的资料进行论证。

城市发展概况：城市作为连接整个国家的关节点，城市数量和规模的发展对各族群关系的加强产生的作用不用言说，当政者对城市的规划也在一定程度上体现了当时的族群政策。

教育概况：斯瓦希里语是加强国家建构、减少各族群差异、促进各族群团结和谐的重要工具，教育在其普及过程中发挥着重要作用，这是其一；教育体系的完善和教育工作的开展，促进了坦桑尼亚民众的综合素质和生存技能，各族群民众不会将视野和事业一味地局限于原有的族群环境，生活范围的扩张有利于各族群间的了解和融合，这是其二。

农业发展概况：坦桑尼亚是农业大国，农业的发展状况展现的是整个国家的经济现状和民众的生活状况，农业发展进程直接影响着各个族群的生活水准，进而影响国家建构进程。通过对当时农业发展的梳理，可以在一定程度上探析各族群能够完成较好融合的原因。

法律文件：族群融合、国家建构需要一个良好的国内环境，这种环境的形成虽然有赖于历史性因素的奠基，但政府意志上升为国家行为带来的影响更值得关注，通过对那一时代法律文件的查阅，可以在一定程度上窥探政府为族群融合所作的努力。

档案馆中与族群相关的直接资料较少，所以在这三个月中有一部分时间是用于查漏，尽可能详细地收集个人认为有助于论述坦桑尼亚族群关系的资料。

查阅感想：虽然在桑给巴尔岛待的时间不长，接触的人也不是很多，若对整个桑给巴尔岛的人做出评价难免有失客观，但仅就档案馆查阅资料过程中所接触到的人做出一些公允的评价却是可行的，用“淳朴”“善良”“认真”“知进退”来概况这些人也许是比较恰当的。

桑给巴尔国家档案馆位于距石头城大概 30 分钟步行路程的郊区。我第一次去时，沿途问路于交通警察、大学教授、普通民众、武装军警。不论他们是何种身份，表现出的精神状态都是轻松淡然，对我们的态度都是亲近友善，在指路过程中也都尽可能清楚地向我们表达出他们的意见。到达最后一站时，我们问的是某军管地区的一位军警，他很友好，友好到手持冲锋枪为我们带路，当然，还附带了一句发音很标准的中文“你好”。他们很善良淳朴。白天出门，不用过多防范手无寸铁的平民，也不用畏惧手持 AK47 的军警。

桑给巴尔国家档案馆由一栋二层小楼和一个独立的小院构成。虽然略显陈旧，却有一种宁静的感觉，和满屋子的档案相得益彰。上到二楼，工作人员和我们简单交流后，告知需先与馆长协商。协商由李老师进行，简单交流后，馆长的意思是我们先交申请，14 天后再来。幸好有李鹏涛老师在，经软磨硬泡、几番交涉后，终于得到许可，条件就是交纳 50 美金。

原先以为这里的档案会杂乱无章，当拿到档案目录后，所有的担心都打消了。层层分级，档案馆现有资料一目了然。在我们请求调阅资料时，工作人员尽可能帮我们找到，实在找寻不得，也会过来告知我们。每天调阅好几次资料，却也没见他们露出厌烦的表情。这认真的职业精神也是值得我们学习的。

资料太多，完全手抄是不大可能的，于是我们就用相机或手机拍照，一张 1000 先令，我们每人每天大约需要支付馆方 1 万先令（约合 3 元人民币），但实际上拍照的数量远超过这个数。所以，付点钱给他们某种意义也只是一种象征性。

漂洋过海，只为遇见你们

黄佳静

时为浙江师范大学非洲研究院 2014 级非洲学非洲教育专业硕士研究生。2016 年通过国家汉办选拔和培训后到坦桑尼亚担任孔子学院志愿者教师一年，这期间与非洲学生结下深厚友谊。2017 年毕业后决定继续到坦桑尼亚任教一年。

一定是特别的缘分让我来到坦桑尼亚，与这帮孩子相遇、相知、相亲相爱。我们是师生，亦是朋友，更是家人。

有着百余年树龄的猴面包树

女生班上课进行时

从到非洲研究院读非洲学专业的硕士研究生开始，我就暗暗准备有机会一定到非洲大陆去看看。随着时间的推移，随着对非洲知识了解得更多，我越来越能感知到我的机会来了。2016 年，经过考试选拔和行前培训等一系列准备工作之后，我终于踏上了坦桑尼亚这个友好国度，来到了孔子学院，开始了我的汉语教师生涯。

相识之初是师生

2016 年 10 月，我正式抵达所在教学点——坦桑尼亚达累斯萨拉姆大学孔子学院宝宝中学教学点。宝宝中学是一所全日制私立中学，有男女两个校区。“宝宝”由音译“Baobab”——猴面包树一词而来。几棵巨大而古老的猴面包树是镇校之宝。

我所教的学生是男女校五年级（相当于国内的高中生）的两个班。人生中的第一堂汉语课依然记忆犹新，仿佛就在昨天。我与学生们相互自我介绍，介绍中国，询问他们为何学习汉语，对他们感兴趣的中国问题答疑解惑。大家都以好奇的眼光审视我这个小小的中文老师。整堂课虽然互动频繁，欢笑不断，但是显然双方都有些许拘谨。不久，大家都有了中文名字，同学之间都逐渐开始用中文名称呼打趣，会互相说“你好”“谢谢”“再见”。交往多了，互动更加频繁了，学生们也开始打趣起老师来了。

熟络之后成朋友

一个多月之后，学生们和我都熟络起来了，我们的交流也不仅仅局限于汉语知识了，还有一些课下的闲谈，聊聊中国、谈谈坦桑尼亚，问问你家，说说我家。好不惬意！渐渐地，我们从师生变成了朋友。他们了解我的性格脾气，我也能很好地应对他们的“小伎俩”。课堂上，我们是师生，我会因为他们的迟到、不讲课堂纪律而表现得很严肃、生气。他们也会承认课上的调皮而下课来和我说“对不起”。而课下，我们是朋友。学生每周都有固定的运动时间，每次他们都会热情地邀我参加他们的活动。男孩们会教我踢球、陪我投篮。他们会因为出去参加足球比赛和校领导沟通交涉好久，只为能为我争取到一个座位，与他们一同前去。他们还会教我打鼓，随着鼓点动起来。女孩们喜欢牵着我的手一起走，大方地表达对我的喜爱和思念。她们会牺牲周日早上洗漱收拾的时间，早早地来为我编非洲小辫。十七八岁的他们，男生都长得高大，女生也很高挑。走在校园里，他们就像牵着自己的妹妹，而不是老师。最开心的时候，莫过于借了我的手机一起自拍凹造型。下了课，手机经常会因为他们的疯狂自拍而没了存储空间。在生活中，他们对我也很关心，会向我推荐坦桑尼亚好玩的地方，并建议我一定要去看看；他们会嫌弃我买贵了当地的衣服或物品，告诉我下次要买一定要叫上他们（可是他们每学期才有那么少得可怜的假期）。假期的时候，他们更是每天在“what's”APP上问候我，找我聊天，给我分享好听的歌曲……回忆起这些点点滴滴，虽然细小，却很温馨，满满爱意。

爱自拍的男生

爱自拍的女生

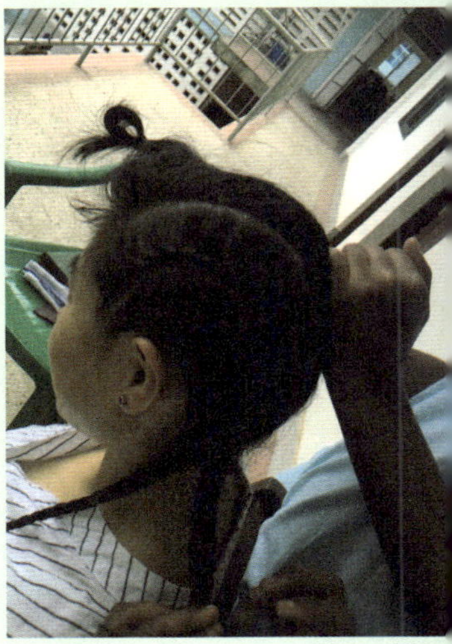

感受非洲小辫的神奇

离别之际似亲人

时间在不知不觉中溜走，美好时光总是短暂。离别之际总会来临，我们总要面对。虽说离别是为了更好地相遇，可是有时候明明知道离别后注定无法再次相遇。将近九个月的相处，我和学生们已经像是家人一般了。吃饭席间，总会自然地想向同事讲讲今天课上或课下与他们发生的趣事。而学生们也总会想见见我，聊聊他们最近的学习生活。有时候，考试周没有课，他们还会抱怨我为什么不去看他们，为什么不来说声“你好”。但当我真正去的时候，他们早就忘记了小小的抱怨，拉着我聊这聊那。

女生们准备的惊喜欢送会

从得知我要回国的那天起，基本上他们每天都要问我一遍什么时候回国，生怕错过或记错日期。而当我订好机票，告诉他们确切的归国日期时，才真正感受到了他们的不淡定和忧伤。期末结课的时候，我每一次去教室他们都会很紧张地问一次什么时候会再来看他们，什么时候回国，生怕我会不辞而别。终于，他们坐不住了，一次次地悄悄“谋划”着什么，一次次地给我惊喜。

归国前的某天晚上，女孩们在观看电影之后，一边让我别走，一边却“撵”我出了教室，还找两名女生专程“看”着我。等再次进教室时，漆黑一片，开了灯才发现，她们在桌子上用花生糖摆成了一个爱心，还有饮料。她们说这是月末，要是月初，就有钱喝香槟（看来各国的学生们都是一样的——月初“小开”、月末“瘪三”）。她们为我献上了一张超极大贺卡，贺卡里有她们写给我的信和她们全体的签名。打开贺卡，念着信便开始伤感泪流，于我于她们都一样，有的学生泣不成声。抱着她的时候，我自己也忍不住泪水，就随它吧。她们高唱《SURA YAKO》(《你的脸庞》)，说最喜欢我开心大笑的脸。大家吃着、喝着，美好的夜晚在任性自拍与《和你一样》的大合唱中归于甜蜜梦乡。

学生们预定的送别蛋糕

与男生的小小欢送会也是在小零食与凹造型中欢乐结束。然而不期而遇的是男女生共同为我准备的巨大惊喜。“老师，闭上眼睛跟我走。”“干什么？”“相信我就对了。”睁开眼的那一刹那，一个蛋糕映入眼帘。都不知道这些熊孩子什么时候又偷偷筹划着。激动惊喜之余，看到蛋糕上的字——“Hannah，再见。我们会非常想念你的”，我又不免伤感起来。大家开开心心地吃着蛋糕，大喊“我爱你！老师！”

我相信，一定是特别的缘分让我来到坦桑尼亚，与这帮孩子相遇、相知、相亲相爱。我们是师生，亦是朋友，更是家人。我也相信，我们都还年轻，未来我们必定会重逢的。

就像非洲研究院一样，我相信，也一定是特别的缘分我才能来到非洲研究院，成为非洲研究院的一分子，与这么多的老师、同学相遇、相知、相亲相爱！值此非洲研究院十周年院庆之际，祝福非洲研究院再创辉煌！

乌干达

巨大的波巴树（刘鸿武摄，2011.03）

尼罗河源头游记

王　涛

时为云南大学非洲研究中心博士研究生，师从刘鸿武教授。2009年在国家留学基金委支持下到赞比亚大学留学一年，此后曾赴乌干达、肯尼亚、坦桑尼亚、纳米比亚、尼日利亚、埃塞俄比亚等国访学或调研。现为云南大学非洲研究中心副教授。

尼罗河源头在赤道附近，所以河水流向既不向左也不向右，而是从下往上。

2009年2月初，我们来到了乌干达，迫不及待地想去尼罗河源头看看，感受一下这条世界最长之河的诞生地。

乌干达的第二大城市金贾就位于尼罗河的源头处，市区在尼罗河的东岸，从市区向南走十几公里就是尼罗河的源头——维多利亚湖。因此，要看尼罗河河源，就必须先到金贾。从乌干达首都坎帕拉到金贾的一日游小型旅团，在坎帕拉市中心的旅行社到处都可联系到。我们问了几家，比较之后选择一家最便宜的，每人只需要60美元，就可以去尼罗河源一日游了。于是，第二天就动身前往金贾。路程不长，一路顺遂的话，大约两个小时就能到达。

泛舟尼罗河源头

穿越市区后就可以远远看见宽阔的河流。待到了岸边，我们都激动得忍不住叫了起来。手里的相机闪个不停，哪里都是美景，照也照不够。照了景再照人，忙得不亦乐乎。

导游领我们上船，逆着河流向维多利亚湖开去。因为河面很宽，与湖面连成一片，我们开始找不到源头的位置。急着问导游，他笑笑，用手指向前方。远处都是水，到底是哪里？我们满腹狐疑。

小船慢慢地逆河而上，在快到湖的地方，尼罗河被几个小岛分成两支。导游就让我们在其中一个小岛上登陆。这里就是尼罗河的源头么？平淡无奇，简直有点失望了。导游似乎看出了我的心思，拉着我到河边，说："你知道吗？北半球因为地转偏向力，风向和河流流向都是向右的，南半球则是向左。尼罗河源头在赤道附近，所以河水流向既不向左也不向右，而是从下往上！"他一指河水，让我仔细观察。看到了！在维多利亚湖和尼罗河的边界处，水像是烧开了一样，咕咕的向上涌呢！导游笑着说："这里就是从湖水变成河水的分界线了。"

心中疑团顿开。虽然从远处看好像所有的水都连成一片，但从近处看湖水和河水真是截然两分呢！在分界处还有一块界石，算是尼罗河源头的标志吧。导游领着我们爬到界石最高处——石头很陡，自己爬还真怕掉水里呢，赶紧留影纪念吧！

之后我们坐船进入维多利亚湖。随着船行渐远，水面慢慢开阔起来，湖岸上的树木向水的一边倾斜生长，枝条都浸在水中，水波摇曳，心绪飞翔，微风吹来，如入仙境。导游说他小时候就在这里长大，随时在湖中玩水。他说这话的时候一脸自豪感，我们都快被他感染了。湖岸上有一排平房，导游说以前是监狱，我们忍不住笑起来，在这里坐牢，每天看着维多利亚湖，与优美的环境为伴，这些囚犯真是幸福啊！

维多利亚湖是非洲最大的湖泊，和内海一样，我们无福看其全景，简单在湖里绕了一下，船就又开回尼罗河喽。

突然，我发现岸边有一个铜像，问导游那是谁，导游说那是甘地的铜像。我又奇怪了，甘地似乎与乌干达没什么瓜葛啊。就向他确认，是印度的那个甘地吗？导游笑着说："是啊，就是印度的甘地。"我问他："为什么在这里竖起甘地的头像呢？"他说："甘地以前在南非生活和斗争过，他有一个梦想就是有生之年能看看尼罗河的源头。但是很遗憾，直到被暗杀他都没有来过这里。而他的愿望就是能把骨灰撒到这里。乌干达人为了纪念他，就立了他的像，面朝尼罗河源。"听到此，我心里有些暖暖的感动。

参观欧文水电站

尼罗河从维多利亚湖流出后，因为地势陡峭，形成了很多瀑布，其中最著名的就包括里彭瀑布。殖民时期，英国政府在这里修建了欧文水电站，为乌干达全国提供电力供应。1954 年水电站完工，并形成一个横跨尼罗河的欧文大坝，连接尼罗河东西两岸，使得“天堑变通途”，大坝从此也成为交通要道。当时还是大英帝国公主的伊丽莎白二世和她的丈夫还亲自前来为水电站完工揭幕，成为一时佳话。

乌干达全国电力供应的绝大部分都依靠欧文水电站，加之水电站大坝的交通枢纽功能，这里自然成为乌干达政府重点管控的禁区。导游很严肃地告诉我们，所有经过者都不得拍照、摄像。这里有专门的巡逻人员，发现谁拍照，就会把相机拿走。涉及国家安全，马虎不得。我们只好在经过大坝的时候，使劲盯着看，生怕漏掉一点。

据说欧文大坝还发生过一个故事。1979 年，乌干达暴君阿明垮台后，从首都逃到这里，本来他打算鱼死网破，把欧文大坝炸了，让乌干达陪葬。传闻当时炸弹都安置好了，但到最后还是没有炸掉大坝。究竟是他良心发现，还是一时操作上的失误？不得而知。也可能正是因为他没有炸毁大坝，乌干达民众对他执政时的行为多少有些原谅了。导游也说，阿明做的不全是坏事，从坎帕拉到金贾的道路，就是阿明时期修起来的。可能乌干达人还记得，在阿明时期，虽然国家落后，但阿明把亚洲人的财产都没收了，分给了乌干达人。时过境迁，人们总是容易忘记过去的种种不幸，剩下的记忆多是当时的“荣光”了，具有乐天精神的非洲人尤其如此。当我问到一些关于阿明制造的大屠杀时，导游激动地说：“你并不真正理解我们乌干达人的历史！”是啊，一个国家的伤疤，我怎么这么不小心就揭开了呢！抱歉，导游兄弟！

尼罗河上动人的爱情故事

尼罗河发源于乌干达境内的维多利亚湖。从维多利亚湖流出的尼罗河叫维多利亚尼罗河（Victoria Nile），流过艾伯特湖后改称艾伯特尼罗河（Albert Nile），待尼罗河从乌干达流入苏丹境内就称为白尼罗河（White Nile）。在苏丹首都喀土穆，白尼罗河与青尼罗河交汇，之后才正式称为“尼罗河”。如果只讲尼罗河干流的话，它流经三个国家——乌干达、苏丹和埃及。在埃及北部，尼罗河注入地中海。尼罗河是世界上最长的河流，全长6600多公里。

尼罗河曾孕育出埃及、库施等众多辉煌的非洲文明。古希腊史学家希罗多德就把埃及称为“尼罗河的赠礼”。但是长期以来，人们并不清楚尼罗河发源自哪里。欧洲探险家们一度认为尼罗河的支流青尼罗河就是其干流，埃塞俄比亚的塔纳湖就是尼罗河的源头。19世纪60年代，英国探险家斯皮克（J. H. Speke）和他的同伴格兰特（J. Grant）最终确定维多利亚湖才是尼罗河的源头，从此解开了尼罗河源之谜。而斯皮克写的《发现尼罗河源的日记》也成为最早记录乌干达历史和人文的书面资料。

在乌干达境内的尼罗河分两段：维多利亚尼罗河和艾伯特尼罗河。它们都是水流湍急的河段，河上有众多瀑布，很难通航。但两岸景色壮美，森林密布，郁郁葱葱。说起这两段尼罗河的名字，还有一个挺动人的爱情故事。

维多利亚尼罗河的命名取自当时英国女王维多利亚的名字，艾伯特尼罗河则取自维多利亚女王的夫君艾伯特亲王。当年女王与德意志一个小国的王子艾伯特成亲后，称自己找到了生命的归宿，发现了可以依靠的力量。两人相亲相爱，感情至纯。维多利亚女王有什么事情都会咨询艾伯特亲王，两人亲密无间。在外人面前是女强人的维多利亚，在艾伯特那里只是一个温柔的妻子。他们俩一生育有众多子女，她的女儿有的嫁到普鲁士，有的嫁到俄国，结果后来全欧洲的皇室成员大都是维多利亚女王的孙辈。维多利亚女王也被称为“全欧洲的祖母”。

不幸的是，与高寿的女王不同，她的夫君艾伯特亲王在婚后第21个年头就去世了，女王直到1901年才去世。艾伯特亲王过世后，女王之悲恸如失去自己的生命。从此以后，女王只穿黑色的衣服，并尽量不在公开场合露面，以此作为对至爱的悼念。对亡人的深爱与执着使女王得到了“温莎寡妇”（Widow of Windsor）的称呼。她从未爱过艾伯特以外的第二个男人。

从维多利亚尼罗河到艾伯特尼罗河，就像相遇后维多利亚把自己托付给艾伯特一样，从此相守，不离不弃。

南部非洲游学记

• 博茨瓦纳 •

开阔的海滨（刘鸿武摄，2013.05）

拜见博茨瓦纳一位老酋长

徐　薇

浙江师范大学非洲研究院副教授，文化人类学博士。2011 年年初到南部非洲开始为期两年的非洲之行，在实地调查中与当地人同吃同住，以人类学学者的独特视角切身观察非洲传统部族日常生活、风俗习惯、文化活动等，成为国内第一位深入非洲传统部落考察其社会变迁的青年学者。

酋长制可以说是传统部族政治制度与现代民主制的一种融合，其存在目的就在于保持国家、社会、人民的和平稳定。

博茨瓦纳是一个有酋长参政的国度，政府设有酋长院，由八大部族的大酋长组成。地方设有酋长办公院，由各地的分酋长组成。酋长制可以说是传统部族政治制度与现代民主制的一种融合，其存在目的就在于保持国家、社会、人民的和平稳定。

2011 年 2 月 22 日上午，我终于见到了玻璃厂所在地帕拉佩（Palapye）的酋长——坦克斯（Tanks），他参加了玻璃厂在大年三十举办的春节团拜会。了解到酋长在当地人民生活中的重要作用，玻璃厂特别邀请了坦克斯，然而公司人对坦克斯的了解并不多，而公司在这里建厂就难免会与酋长打交道，所以，邀请当地酋长也主要是为公司与当地人之间的互相理解和尊重打好基础。

刚到酋长办公院时，他正在法庭里断案，所谓法庭就是有着茅草屋顶、部分围墙的一个椭圆形大亭子。酋长看到我们就走了出来，很热情地跟我握手。小朱告诉我，见到酋长时不能戴帽子和墨镜，以示尊重，握手时一定要把左手托在右胳膊下面。坦克斯把我们请到他的办公室，互相介绍寒暄之后，我把一盒龙井茶送给他，还有 SK 公司的礼品——一支青花瓷的签字笔，酋长看了非常高兴。

本文作者与老酋长坦克斯

我们表明来意后，酋长把我们介绍给法院的院长。这是一位博学多闻的院长，跟我们讲了很多茨瓦纳人的历史和文化。他讲道，1890 年南非殖民政府决定修建一条从非洲最南端开普敦通往最北部开罗的铁路，虽然铁路最终只修到了津巴布韦的布拉瓦娅，但铁路贯穿了博茨瓦纳全境，铁路沿线地区形成了一连串的新兴城镇，帕拉佩就是其中之一。他建议我先去塞罗韦（Serowe）的博物馆看看，再去附近的图书馆查找资料。而我最想做的就是跟他们在一起，观察他们每天的生活。他说，帕拉佩是一个比较新的镇，很多民族融合在一起，纯粹的传统文化在这里已经看不到了。看到门口已有很多人在等着酋长办事情，我表示歉意，他却很有诚意地说，外面的人他每天都会见，而见我是第一次也许也是最后一次了，所以让我尽管放心聊。然而，为了不影响他的工作，我还是早一点告辞了。

酋长的办公院相当于当地的初级法院，专门办理一些民事案件，诸如家庭纠纷、夫妻矛盾等。如果发生抢劫、危害公众安全或者出了人命等大事件，就要去高级法院办理。酋长在老百姓日常生活中的作用很大，很受人们的尊敬，谁家有什么解决不了的问题都来找酋长断案。比如一个人如果想改姓，必须先得到酋长的同意才能去警察局办理手续。正如法院院长所说，酋长制的存在就是为了“保持社会和人民的和平”（Keep the society and people peace）。

今天只是与酋长坦克斯的初次见面，以后的日子里我会去观察他怎么办案、如何参与管理当地社会、酋长办公院的分工等问题。酋长坦克斯下面还有四个副酋长，如何来分工？这里面有太多的问题，尽管当地人的英语都不怎么好，人们普遍说茨瓦纳语，但人类学研究就是要参与调查对象每天的生活，而每天的事情很多是重复发生的，如此反复，似乎才能够了解当地人的某些方面。这需要时间与耐心。

茨瓦纳人与非茨瓦纳人

徐　薇

浙江师范大学非洲研究院副教授，文化人类学博士。2011 年年初到南部非洲开始为期两年的非洲之行，在实地调查中与当地人同吃同住，以人类学学者的独特视角切身观察非洲传统部族日常生活、风俗习惯、文化活动等，成为国内第一位深入非洲传统部落考察其社会变迁的青年学者。

博茨瓦纳在传统与现代融合的过程中有很多问题和矛盾，有好的一面，也有不好的一面，这些都需要关注与探究。

博茨瓦纳的通用语言是茨瓦纳语，所谓茨瓦纳人指讲茨瓦纳语的人。英国殖民者将博茨瓦纳分为八大部族，因为这八个部族都说茨瓦纳语，有着相似的历史文化。然而真实情况是，博茨瓦纳不止有八个部族，还有三十几个没有被承认的部族，而且说茨瓦纳语的人口还不到总人口的半数。因此，很多少数部族在为自己民族的权益和文化传承而斗争，没有被承认的部族酋长与八大部族的酋长差距很大，他们没有土地，也没有国家的薪资和福利。很多未被承认的小部族要依附八大部族而生活。这种同化政策遭到一些部族精英的质疑和反抗，他们常常反问：这就是国家所追求的民主吗？

会自己梳非洲辫的茨瓦纳青年

很多部族的语言和文化正在消亡，因为政府、学校、法院、医院、媒体等公共机构全部都在用茨瓦纳语，其他部族语言与传统文化和技能就在慢慢消失、被同化。这是很多部族精英不愿看到的景象。八大部族与其他少数部族之间亦存在很多不平等与歧视，少数部族如果想推举自己的酋长必须经过八大部族的酋长同意才行，否则就无法拥有自己的酋长。

我所接触到的老酋长坦克斯是恩瓦托（Bangwato）部族的酋长。恩瓦托部族是八大部族之一，博茨瓦纳的首任总统老卡马和现任总统小卡马就是这个部族的

茨瓦纳人的圆顶草棚"hut"

茨瓦纳人在圆顶草棚里

茨瓦纳人爱吃的一种虫"潘尼"(paney)

大酋长。我从他那里了解到茨瓦纳人的历史和文化，了解到八大部族在国家政治经济发展中的作用和影响。但同时，我也要去调查非茨瓦纳人，也就是那些不被承认的少数部族，了解他们的文化传统、他们的需要与诉求。这样才能够更加全面客观地了解博茨政治制度与社会文化的变迁。

茨瓦纳人传统的房屋很特别，是圆顶草棚"hut"，非常普遍，在城镇乡村都可见。草棚周围立有柱子做支撑，里面有火塘，条件好些的有床，不好的就席地而睡，据说里面冬暖夏凉。村民就住在草棚里，地上有火炉和简单的炊具，其他一无所有。一家人经常围坐在火炉旁边聊天讲故事。

如今被媒体宣传得沸沸扬扬的就是博茨瓦纳政府驱逐布须曼人事件。我在南非时就听说博茨瓦纳政府在驱逐布须曼人，来到这里才知道，因为在布须曼人聚居地发现了高品位的金伯利钻石，所以政府要驱逐他们到别的地方，并且封了布须曼人赖以生存的水井。布须曼人生活在干旱的卡拉哈里沙漠，他们喝的是树叶上的露水，或者在树根周围挖坑取水。博茨瓦纳政府为他们修建了水井，改善了布须曼人的生活条件，同时让很多年轻人丧失了自己取水喝的能力，也改变了他们抗旱的体质，政府现在切断水源，对布须曼人的伤害可想而知。国际钻石组织已经将博茨瓦纳的钻石列为"血钻"，然而现任总统小卡马不同意此种说法，他说国内并没有发生战争与流血事件，政府是在有计划地开发钻石矿。据说布须曼人已经把政府告上法庭，以维护自己生存的权利。

随着调查的深入，我越来越感到博茨瓦纳在传统与现代融合的过程中有很多问题和矛盾，有好的一面，也有不好的一面，这些都需要关注与探究。同时我也不断地比较思考中国的少数民族自治政策，似乎有很多交集。人类学就是一门从他者身上反观自身的学科，我相信，这种反思对双方都是有所裨益的。

寻访布须曼人

徐　薇

浙江师范大学非洲研究院副教授，文化人类学博士。2011 年年初到南部非洲开始为期两年的非洲之行，在实地调查中与当地人同吃同住，以人类学学者的独特视角切身观察非洲传统部族日常生活、风俗习惯、文化活动等，成为国内第一位深入非洲传统部落考察其社会变迁的青年学者。

这些布须曼人上午赤身裸体地表演他们的文化，下午衣着鲜艳地在街边吃着薯条，这种反差实在太强烈，让我们这些满怀猎奇心态的游客有点接受不了。

布须曼人（Bushman）又称桑人（San），是非洲大陆最古老的部族之一。现代基因科学已证明，布须曼人拥有人类最古老的基因图谱，是人类的祖先。“布须曼”是荷兰殖民者给他们起的名字，意为居住在灌木丛中的人。他们的肤色黄褐透红，由于长期在干旱地区生活，他们身材矮小而干瘪，皮肤粗糙，皱纹很多。他们的巫师能医百病，他们的岩画是世界艺术之瑰宝，他们是讲故事的高手。然而这样一个古老部族却在现代社会中难以生存，博茨瓦纳政府因为在他们的聚居地发现了钻石矿而不断驱逐他们，让他们放弃古老的狩猎生活，定居下来，然而他们无法适应现代生活，他们的未来很艰难。

3 月 4 日中午，我和 SK、小朱、米姨四人从首都哈博罗内出发，开始了寻访布须曼人的旅程。小朱通过朋友介绍找到了一名当地导游，名叫罗伯特（Robert），现年 45 岁。在约定的地方见面后我们才知道，他是一个混血儿，我问他是哪个族的，他很无奈地说“不知道”。他父亲是杂色人，母亲是黑人，他对自己的身份充满困惑。

罗伯特告诉我们，他会七种语言，他曾经跟布须曼人一起生活了八年，所以他会说布须曼语，还随口给我们说了几句，让我们觉得很有趣。因为布须曼人说的是一种独特的语言，许多发音靠舌尖与口腔唇齿摩擦而成，发出不同的喀喇音（click sound），我们都试着模仿，可是都发不出那种音来。据说，这种发声方法产生于人类的发音器官还没有完全形成之时，因此，可以说，布须曼人的语言是世界上最早产生的语言之一。罗伯特说，布须曼人有16种语言，同样是布须曼人很可能都听不懂对方的话。我们怀着期待和激动上路了，从首都哈博罗内出发，行驶800多公里到达杭济（Ghanzi）。

布须曼男子

晚上开夜车时，下起了大雨，一路上有好多动物出现在公路上，罗伯特告诉我们是因为路面上有积水，动物们都出来喝水了，这种情况下开车就要加倍小心了。罗伯特的眼力非常好，坐在车子的最后一排也总能最先发现前方的动物并发出预警。SK说，黑人在夜晚看动物就是比我们要先零点几秒钟，仅这零点几秒就能起很大的作用。

有趣的是，小朱正开着车，突然一只圆滚滚的浑身带刺的东西从路边的灌木丛中冲出来，多亏小朱反应快，猛打方向盘，没有撞到它。我们都不知道这是什么动物，罗伯特告诉我们叫“pockey”，后来查了字典才知道原来这种浑身带刺的动物就是豪猪，也叫箭猪。晚上的能见度很低，仅靠车灯我们看不清楚豪猪的样子，不过在雨夜中它保护性地张开的一身长长的像箭一样的硬刺让我们大开眼界。呵呵，还好小朱没有压到它，否则真担心它的满身刺会扎破轮胎。

布须曼女人和孩子

晚上10点多到达杭济，先把罗伯特送到他的朋友家里，其实就是灌木丛中的一个小窝棚，我们再去找旅馆。然而这里的旅馆8点多就关门了，因此我们在镇上转了半天也找不到旅馆。没办法，有困难找警察。警察帮我们找到一个仍在营业的旅馆，但只有一间房，我们四个人只好挤在一间房里睡，可怜的两位男士在阴冷潮湿的地板上躺了一夜。

第二天清早，与罗伯特会面后，他带我们来到了一家位于灌木丛中的度假村。度假村是一位白人女人开的，她在这里生活了二十多年，有过三次婚姻，现在单身。她开玩笑说自己非常孤独，但实际上她非常享受这里简单自在的生活。

我们到时，已经有四五个白人等在那里，这几个白人是德国人，他们开着房车来到这里。罗伯特还跟他们说了几句德语，很厉害。住处解决好之后，我们就去看布须曼人。原以为要在沙漠中穿行一个多小时，事实上我们在灌木丛中仅走了几分钟就看到了一群布须曼人，男女老少都有，有六七人。他们身体几乎都裸露在外，男人穿着兽皮短裤，女人身上也只披着一块兽皮。男人背上背着一个兽皮带子，里面是狩猎用的弓箭。一个女人抱着一个小孩，小孩咬着她的乳头使劲吃奶。

站在中间的一个年轻布须曼女人应该是头领，她代表大家跟我们一一握手打招呼，问我们每个人的名字。令人感到惊奇的是，他们都能非常准确地发出中文名字的音。与此同时，一位布须曼老人在地上使劲挖着什么东西，最后他挖出一个根茎类植物，高举着那植物并大声说着布须曼语。罗伯特向我们解释说，这种东西首先是一种染料，布须曼人从小就用这个染身体，所以他们的身体呈黄褐色透着红色，这种东西的第二个用途是避孕。女人三个星期吃一次可以避孕。

布须曼人开野西瓜

跟着布须曼人继续向里面走，她们发现了一个蚂蚁窝，背着孩子的女人开始不停地拍打蚂蚁窝。这种蚂蚁个头很大，拖着一个鼓鼓的白屁股。一个女人把蚂蚁抓在手里，旁边一个女人找来一种植物叶子，女人看了非常高兴，就把叶子和蚂蚁握在手里，全部一口吃下去，大嚼起来，里面还有很多沙子，她也全然不在乎，吃得津津有味。另一个女人一只一只地吃蚂蚁，咬在嘴里发出嘎嘣嘎嘣的脆响。小朱胆子大，抓起一只蚂蚁在舌边舔了一下说是酸的。

布须曼女人展示一种治疗关节痛的植物

布须曼人找到了一种野西瓜，他们每人手上都拿着一根棍子，一头是尖的，一头是圆的，他们用尖头刺破西瓜，用圆头在西瓜里捣，然后分给身边的人吃，这种西瓜里面是白的，感觉还没有熟，但水分很足，很解渴。

一名布须曼小伙子向我们演示如何射杀猎物，箭身与箭头是分离的，箭头上涂上麻醉药，射中猎物后箭头留在动物体内，动物会慢慢被麻醉倒下。站在小伙子身边的老人是当地最好的猎人，他可以连续追踪猎物七公里，直到猎物昏迷倒下。很多人出去几天都打不到猎物，而这位老人却总能打到猎物。在布须曼人社会里，最好的猎人最容易娶到老婆。

布须曼猎人

布须曼人的葬礼很有趣。布须曼人把死者抱成一个团，直接放进挖好的坑里埋掉。SK说，这让他想到了“圆寂”，人出生之前就是在妈妈肚子里抱成一团，死了依然是抱成一团回到土里。

一名布须曼人演示钻木取火，用一根木棍压在一堆干草上，用另一个木棍对

布须曼人钻木取火

准下面木棍上的洞，使劲搓。只看见一缕青烟从孔中冒出来，大家都觉得很兴奋，这时那位老猎人出手了。他双手紧握木棍搓了几下，烟就浓起来。他捧起垫在下面的干草，放在嘴边吹气，越吹烟越浓，接着就冒起火来，布须曼人都欢呼起来。人在野外能够凭借自己的力量升起一堆火，总是一件令人很高兴和欣慰的事情。

德国白人给他们香烟作为奖赏，他们非常高兴，用刚刚钻木取的火点燃香烟，很享受地吸起来，他们吸烟时快乐和满足溢于言表。

我们跟着布须曼人回到营地。他们将一张兽皮铺在地上，人们纷纷把小费放在上面，德国白人每人给了一美金，SK 把 50 普拉给了背孩子的女人。其他的布须曼人觉得不公平，用英语说着他们没有拿到钱，SK 没办法，只好再给他们每人一些小费，SK 以为给了小孩子他们会一起分这个钱，哪想到其他人马上就不高兴了。

布须曼人开心地数着钱，罗伯特说，他们拿到钱就去买酒喝，白人教会了他们抽烟喝酒，他们现在靠展演自己的传统文化满足外面人的猎奇心态。他们离开了赖以生存的沙漠，在现代社会中无以为继，政府每个月给每个布须曼人 300 普拉的生活费，根本无法维持他们的温饱。

我遇到那个布须曼小孩仅仅一岁，我非常喜欢他，甚至有了抱养的念头，呵呵。博茨瓦纳的法律对抱养小孩的要求非常严格，要在博茨瓦纳居住两年以上才有资格申请，并且政府会定期到家里做调查，如果想把孩子带回中国就更加困难了。

本文作者夫妇与布须曼幼儿

开车在杭济镇区里转，SK 突然发现了上午给我们表演的两位布须曼老人坐在路边，我们和他们打招呼，他们见到我们就兴奋地跑过来跟我们要烟，可是我们没有。接着，我们又遇到了那个抱孩子的妇女，她现在已完全不是早上的赤裸模样，穿着现代的衣服裤子，还扎着头巾。她抱着孩子跑过来，告诉我们她用我们给她的钱给小孩买了一条短裤，还把孩子的屁股露出来给我们看。我们看了感到一丝欣慰，给小孩买短裤好过他们去抽烟喝酒。女人和孩子都在大吃着薯条，薯条很辣，辣得女人张大嘴巴吸气，样子很搞笑。

这些布须曼人上午赤身裸体地表演他们的文化，下午衣着鲜艳地在街边吃着薯条，这种反差实在太强烈，让我们这些满怀猎奇心态的游客有点接受不了。他们并没有保持自己的生活方式，但这一代仍然可以本色地表演他们的生活方式，让人信以为真。但是，他们的下一代呢？当年轻人长大以后，还是否能保留他们的语言与文化呢？罗伯特告诉我，布须曼老人更喜欢沙漠狩猎生活，年轻人则更喜欢现代生活，布须曼人的未来非常艰难。

探访叶伊人的村庄

徐　薇

浙江师范大学非洲研究院副教授，文化人类学博士。2011 年年初到南部非洲开始为期两年的非洲之行，在实地调查中与当地人同吃同住，以人类学学者的独特视角切身观察非洲传统部族日常生活、风俗习惯、文化活动等，成为国内第一位深入非洲传统部落考察其社会变迁的青年学者。

塞罗拉村的日与夜，很安静很祥和，这里的人们爱好和平，很少争斗。

结束了布须曼人的寻访之旅，2011 年 3 月 6 日，在 LP 先生的热心引荐下，我来到了地处博茨瓦纳西北部，靠近安哥拉、纳米比亚，位于奥卡万戈三角洲附近的一个叫塞罗拉（Sepopa）的小村庄。这里聚居着两个博茨的少数部族——叶伊人与伊姆布库苏人。

我的主要目的就是调查叶伊人的社会文化变迁。叶伊是一个少数部族。据考证，叶伊人与布须曼人有表亲关系。很久以前，布须曼人在这里狩猎，叶伊人则靠捕鱼为生。叶伊人世代居住在奥卡万戈三角洲附近，是捕鱼的好手。然而随着时代变迁，博茨瓦纳政府限制捕杀野生动物，强迫布须曼人离开自己的家园，放弃千百年的生活方式，给他们带来了很多伤害与痛苦。叶伊人同样面临着丧失自己语言与文化的困境。因为博茨瓦纳政府的同化政策，在所有公共场所，包括法院、医院、学校、广播、电视等，全部统一说一种语言即茨瓦纳语。叶伊人的语言和文字就在政府的同化政策下慢慢消亡，现在整个村子里只有老人之间用叶伊语来交流，年轻人有的能听懂，但是不会说不会写。不论是在非洲还是在亚洲，这是全球化背景下传统生活所面临的普遍困境。

塞罗拉村大概居住有 4000 人。村子里有一所小学、一所初中、一个警察局、一个邮局、一个诊所、一个动物保护站、一个小商店、一家小酒吧。每家门外都有自来水，每月的水费在 7—30 普拉。这里的人以饲养牲畜、种田、捕鱼、做草编为生。可以看出，博茨瓦纳政府对村庄建设的投入还是很大的。

我住的这家女主人是村诊所的保育员。她的工作是教育社区的人们如何过上健康生活，让青少年远离酒精，教人们如何避孕、防治艾滋病。她每天 7：30 开始上班，10 点多回家喝茶（teatime），下午 1 点吃午饭，这是一天之中的正餐，主食是米饭和巴巴粉，配上鸡肉或牛肉，这里的人很少吃青菜。下午 2 点再去上班，下午 5 点下班。

女主人的名字很难念，我平时叫她“Madam”。Madam 今年 56 岁，生了 8 个孩子，还要照顾妹妹的两个孩子，所以她说自己有 10 个孩子。她的孩子们都在外地工作或者上学，有的做老师，有的做政府职员，有一个女儿现在在马来西亚留学，学习软件工程与网络。她女儿听说家里来了一个中国女孩，还特意打电话来问候。Madam 的小女儿康妮（Connie）今年 16 岁，刚刚参加完中考，待在家里等着读高中。康妮在帕拉佩读书，距离这个村子很远，她的哥哥在帕拉佩高中部教数学，所以，她一直跟着哥哥生活。Madam 很重视对子女的教育，她的子女也都很优秀。

Madam 对我说，她没有结过婚。在博茨瓦纳社会，很多人都不结婚，但有自己的孩子，基本都是妈妈负责抚养孩子。孩子的爸爸什么都不管，喜欢就在一起过，不喜欢就离开，但孩子是要跟着妈妈的。所以，未婚妈妈的生活很艰难。好在政府对孩子的教育全部免费，只要让孩子吃饱穿暖就行了，没有别的花费。一个人养大一群孩子没有过去那么艰难了。这里的人喜欢生孩子，政府也鼓励生育，因为博茨瓦纳人口太少了，只有 180 万，近些年又遭遇了艾滋病的肆虐，博茨瓦纳的人均寿命只有 40 岁。

我的田野调查就从塞罗拉村开始了。与当地人同吃同住同劳动，体验他们每天的生活，这是我一直努力寻找的机会与目标。时间过得很快，不知不觉，来到塞罗拉这个小村子已经一个多星期了，感觉每天都有很多收获，都能学习到很多东西，与 Madam 一家相处得非常愉快。让我感动的是，有天晚上，Madam 对我说：“When you came here，you are my daughter，you can stay here for one year or three months...”我对她说：“Yes，you are my second mother.”

早上四五点我就会被外面的驴、狗、鸡的叫声叫醒，有时半夜都会听到外面的狗在狂吠，不知道是谁惹到它了。这里有时半夜会下雨，很大的雨，雨点打在瓦片上的声音很响，我就很难再睡着了，而旁边的康妮却睡得正香，看来我还没有适应这里的雨。因为这里靠近河边，所以晚上会有很多蚊虫，叮得身上都是包，有时会奇痒难耐。

醒来时，我会帮着康妮打扫庭院，这里全部是沙地，孩子们整天在沙子上玩耍，滚来滚去。有一天上午，我看到门口一头驴在沙地上打滚，觉得很奇怪也很有趣，康妮告诉我那是驴在洗澡。非洲的很多动物，像河马、大象等，都喜欢在泥里、沙地上打滚，那是他们在洗澡，一方面可以降低温度，另一方面也可以驱赶蚊虫。这是后来 SK 教给我的。在这里，我认识了很多动物和植物，叶伊人有他们的传统食物，无法用英文说出，那是他们的饮食与文化。

康妮似乎得了瞌睡病，她坐着不动一小会儿就能睡着，有时她做饭时也会睡着，呵呵。我总笑话她，她说没办法，她控制不住。康妮做饭的手艺很不错，做的牛肉、鸡肉都很香，我对她说，回国后我会很想念她做的饭。

康妮的英语说得很好，成了我和 Madam 之间的小翻译。每当大雨让这里停电停水没了信号，我们就在晚上点着蜡烛一起聊天，我举着头灯做笔记。Madam 跟我聊了她一生的经历：从未结过婚，生了九个儿女，夭折一个，帮自己死去的妹妹养育了两个孩子。她一生共养育了十个儿女。她的一个儿子读了博茨瓦纳唯一的大学，毕业后在帕拉佩高中教书。她的一个女儿现在马来西亚留学，这是让她感到特别骄傲的。她只读完了小学七年，没读过初中，她被村里选拔去外面参加培训，做村上诊所的健康保育员，很多知识都是自学，她自学了英文，尽管说得不是很好，但基本交流没啥问题。我问她，一个人养这么多的孩子，觉不觉得生活艰难？她说“不觉得”，因为政府会给她帮助，如果一个女人没有工作又有很多孩子，政府会提供食物和衣服，不会让她饿死，但她有工作，她可以挣钱养家，孩子从上小学开始就全部免费，吃住在学校，不需要再花钱了，所以，她可以完全靠自己养大十个孩子，而且大的孩子工作后会负责养育小的孩子，让她轻松很多。

这里的孩子从很小开始就需要做很多家务，家长认为这是在帮助孩子成长。

摩梭（Moso）是 Madam 的孙女，今年八岁，上小学三年级。放学回家后，她要负责洗碗洗盘子，挑水，洗衣服……很能干。我对 Madam 说摩梭太能干了，这在中国简直不可能，因为每家只有一个孩子，都像皇帝一样被宠着。Madam 则摇头说："这样不好。"我认为摩梭能干，她却觉得摩梭很懒，还不算一个好孩子。

3 月 11 日周五晚上，Madam 的表姐家里开会，商量女儿出嫁的事情。Madam 带着我去参加。在刚刚收拾好的小庭院里，会议很正式，四五个男人穿着正装坐在椅子上，二十多个妇女穿着裙子披着披肩扎着头巾面对着男人坐在地上。很抱歉的是，我没有裙子，不符合这里的礼仪，Madam 带着我回家，给我找了一块布，围在腰上当裙子，就这样糊弄着被允许参加了会议。我从内心感激他们对我这样一个不了解他们文化的陌生人的包容和帮助。

在博茨瓦纳社会，男女界限分明。在讨论婚礼的会议上，妇女都坐在地上，大家都积极地发表看法，尽管我什么都听不懂。呵呵！女人们可以很长时间伸直腿什么都不靠地坐在地上，而我却不行，坐一会就觉得累了。女人们的披肩很有用，热的时候遮阳，冷的时候保暖，累的时候铺在地上当坐垫。女主人的兄弟是家里的 No.1，有很高的地位，婚礼上都是舅舅牵着新娘的手入场，把新娘的手交给新郎。

席地而坐的叶伊妇女

会议进行了一个半小时，人们说着茨瓦纳语，男人先说，女人后说，谁想发言要先举手，还有一个书记员记录大家的发言。最后讨论的结果是，男方要给女方家里 8 头牛（在当地一头牛价值 1500 普拉）。这次会议上确定了婚礼时受到邀请的人员名单。

晚上回来我跟 Madam 讨论关于婚礼的问题。当天晚上我睡觉时说梦话，把康妮吵醒了，她清楚地记得我说了什么，早上跟我讲时我们都觉得非常搞笑。她说我很清楚地说着英文："After the boy's family give 8 cows to the girl's family , what else can they give them?" 哈哈！我告诉康妮，我睡觉时都在思考问题啊，而且做梦说的英文比我清醒时说的顺溜多了！

一天中只有午饭是正餐，其他都是应付，晚饭只吃些玉米或者面包，而且吃得很晚，有一天我实在觉得肚子饿，就煮了两包带来的方便米线和康妮一起吃。结果，一下子来了十几个小孩子，都睁大眼睛看着我，我实在吃不下去，就分给

叶伊人的传统食物

塞罗拉村小学校长

塞罗拉村小学课堂

他们吃。他们高兴地用手抓起来就吃，大孩子喂小孩子，米线有点辣，孩子们不停地吸着气，样子很有趣。

叶伊人有一种传统食物，英文名叫“water lily”，是生长在河里的一种会开花的植物，叶伊人吃它的根茎，和鱼或者肉炖在一起，也可以生吃，类似国内的藕，据说还可以做药材。还有一种叶伊的传统食物类似南瓜，但不是南瓜，比南瓜小很多，没有英文名字。

村里小学的校长是位女士，人很有趣，我想跟她了解学校的情况。她开始时跟我要酋长的证明，我以为访谈做不了了，谁知道她只是吓唬我。她很乐意地接受了我的访谈，为我提供了很多信息。村里的小学教师每六年轮换一次，政府给教师们在学校里建了房子，每月交纳三百多块钱的租金，但房间内的家居用品要自己采购。总的来看，小学教师的待遇很好，住的是村里最好的房子。

校长带着我参观课堂。孩子们在上课，我用英语和他们打招呼，他们很腼腆，都微笑地看着我。小学 1—3 年级课本都是茨瓦纳语，从 4 年级开始课本全部用英文，所以，孩子们的英文还很生涩，我让他们给我唱首歌，他们在老师的带领下开心地表演起来。

塞罗拉村的日与夜，很安静很祥和，这里的人们爱好和平，很少争斗。随着越来越多地参与当地的公共事务，我感到自己逐渐被当地人接纳，很多人都主动友好地和我打招呼问候，也很愿意和我聊天。夜晚的星星很亮很大，我跟 Madam 说，中国人认为，天上掉下一颗流星，地上就会死一个人。她点着头说，叶伊人也这样认为。

叶伊人的婚礼

徐 薇

浙江师范大学非洲研究院副教授，文化人类学博士。2011 年年初到南部非洲开始为期两年的非洲之行，在实地调查中与当地人同吃同住，以人类学学者的独特视角切身观察非洲传统部族日常生活、风俗习惯、文化活动等，成为国内第一位深入非洲传统部落考察其社会变迁的青年学者。

“No caws, no marriage.”（没有牛，就没有婚姻。）

2011 年 3 月 18—20 日，周五、周六、周日三天是 Madam 表姐女儿的订婚礼。这是叶伊人的传统仪式，需要三天时间，此前女方家亲戚已经在一起开了两次会，新娘的舅舅做主持，并决定向男方要多少彩礼，即多少头牛。正式的婚礼要在今年的 12 月举行，那将是一场西式的婚礼，而这个订婚礼是叶伊人自己的传统仪式。只有通过了这个仪式，新娘与新郎在人们心中才会被确认为真正的夫妻。

Madam 很热心地把我介绍给她的亲戚，并让亲戚们同意我拍下整个过程。大家对我都很友好，遗憾的是我没有带裙子，按照规矩不可以进入庭院参加会议，Madam 就拿出一块布围在我的腰上，还给我包了一块头巾，看起来和其他女人一样。于是，我参与了整个过程。我不禁感叹，叶伊人的婚礼实在是太漫长了……

18 日下午 5 点，新娘家的院子里，女方的亲戚们围坐一起开会，主要内容是重复前两次会议讨论的事情，即跟男方要了八头牛，要邀请哪些人等。此时，新郎及其亲友们共 20 多人已经到达塞罗拉村，但是他们不许进入女方家，而是住在村子里的其他人家。

19 日早上 5 点，外面漆黑一片，借着月光，女方的亲戚们聚集在庭院里开始开会，仍然是男人坐在一边的凳子上，女人坐在另一边的地上，人们彼此都看不到对方的脸。明显感觉这次会议人数比以前增多了，会议仍由新娘的舅舅主持。

黑暗中，我看到两个瘦高的男人缓缓走进院子，感觉两个人都很紧张，走进院子绕了一圈，不声不响地坐在地上。此时院子里特别安静。那两人坐好了，开始用很轻微小心的声音说话。人们平时都说茨瓦纳语，我只好选择坐在年轻些的女人身旁，让她帮我翻译。原来这两个男人是男方的亲戚，负责在双方之间传递消息，他们有一套固定的说辞。他们向女方说“我想要一个妻子”，这时女方的舅舅会说“我们并不在一起……”。双方像对暗号一样说完这几句话后，男方两个代表就起身离开了，仍是低着头，迈着缓慢的步子，像做错了事情一样慢慢走出女方家的院子。接下来，女方也会派出两名代表向男方传递消息，两个信使会单独坐在椅子上，经过大家的一番讨论后，把确定的消息传递给男方。女方信使带回消息说，“他们会纠正所犯的错误，他们想要一个妻子……”男方两个信使又缓缓走进来，重复之前的动作，坐下来说：“对不起，请原谅我们的错误……”接着起身缓慢离开……

左起：新娘亲外公、新娘继外公（酋长）、新娘大伯（生父已故）、酋长的儿子（会议主持人）

女方家亲戚就在一起热烈讨论着，女方信使带来消息说，今天男方会送一头牛过来，这头牛不包括在彩礼的八头牛内。我问身边的女人为什么会单独送一头牛来，女人告诉我说，这是因为新娘新郎在结婚之前就有了性生活，这是违背传统的，所以，男方赔偿给女方家一头牛。呵呵，我觉得很有趣。

早上 8 点多，漫长的会议终于告一段落。人们开始喝茶、吃面包、聊天，等着男方送一头牛过来。

下午 2 点多我正在村里的法庭看传统文化表演比赛，Madam 跑过来告诉我：“牛送过来了，快去看舅舅杀牛吧。”我和 Madam 就一起快速往回走，很感谢 Madam 让我看到所有的一切。

我走进院子，看见男方代表送了一头牛过来，牛被捆住了四个蹄子，躺在地上，新娘的舅舅此时已经准备好了一把猎枪，他将一枪击中牛的头部，令其毙命。周围的妇女们会开心地打起口哨，摇摆着跳舞。接下来，其他人负责剥皮、切牛肉。

新娘的舅舅手里拿着猎枪，只有他才能亲手射死这头牛。很多孩子们在一旁看杀牛。一位老者走过来对我说："No caws，no marriage."（没有牛，就没有婚姻。）

周六的仪式就这样结束了，最重要的是周日上午。仍是早上5点，新娘的亲戚们聚在庭院里开会，双方之间仍由两位男性信使来传递消息。天蒙蒙亮时，男方派来六位妇女，她们同样迈着缓慢的步子，低着头，进入庭院，她们转了一圈后，坐在地上，低着头小声说着。然后她们就站起身，低着头慢慢走出了院子。过了十分钟左右，她们排着队，其中一个女人将礼物包裹顶在头上缓慢走进了院子。

新娘的舅母接过了礼物，并当场拆包，将礼物一件件拿出来给在场所有人看，有两双皮鞋（鞋里面还放了200块钱）、一套西装、一件外套、两件衬衫（男式和女式）、一件套装、一条毛毯等，舅母再把这些礼物包好，交给新娘的妈妈，妇女们开心地打起口哨来。新郎家的妇女代表给新娘父母送来一大包礼物。

新郎家的妇女代表

送完礼物后，最重要的时刻到了，就是送八头牛。这是事先讲好的，由舅舅决定的。然而现在大多数时候新郎家并不是送来八头牛，而是以牛换算成货币，直接送钱过来。可见，牛在这里也可以算是一种货币单位，一头牛价值1500普拉，八头牛就是12000普拉。男方派出两个年长些的亲戚将钱送过来，女方仍是由舅舅来负责监督数钱，只见男方亲戚将钱拿出来，当着众人的面一张一张数起来，数了几遍都没数对，最后还是少了200普拉，男方亲戚很窘迫地从裤袋里拿出钱补了上去，正好是12000普拉。看黑人数钱真是很费劲，呵呵！新娘的舅舅把1500普拉放成一沓，嘴里高声数着"一头牛"，再一沓1500普拉，高声数着"两头牛"，一直数到了八头牛，12000普拉被分成了八份，在场的妇女们又开始打口哨欢呼起来。最后，新娘的舅舅将这些钱全部交给了新娘的外婆，老太太高兴地边打口哨边跳舞。

新娘亲戚数彩礼钱

新娘一方拿到了礼物和钱之后，新郎及其亲属才可以进入新娘家的庭院。20多个人排成长长的一列队伍，低着头缓缓走进新娘家的庭院，走在最前面的老人是新郎所在村子的头人，其次是新郎的舅舅及男性亲属，最后面是女性亲属。进入庭院落座后，新郎村子的头人开始讲话，和新娘的亲属互相寒暄。接下来，新娘终于在舅母的带领下出场了，又是一片欢呼口哨声。

新郎的舅舅开始向众人介绍到场的亲戚，从男到女，介绍到哪位，哪位就要

新娘新郎两方的亲戚齐聚一堂

新郎

叶伊人的传统炖牛肉

站起来跟大家认识。最后介绍新郎，妇女们都兴奋地打起口哨来。舅舅带着新郎依次跟女方亲戚握手，更是将整个仪式推向了高潮，我在一旁摄像，新郎很友好地来跟我握手，我真诚地祝福他。之后，就是新娘的舅舅向所有人介绍新娘的亲属们，新娘的大伯还代表他们家族说了很长一番话。我后来问他说了什么，他说，因为新娘的父亲母亲没有结婚（这里很多女人都没有结婚，但有很多孩子），而且新娘生父过世了，所以由他代表父亲一方来说话，他主要介绍了新娘生父家族的历史，他们住在什么地方，他们的父亲、祖父做过些什么事业。他最后对我说，因为新娘父母没有结婚，所以新娘出嫁的仪式在母亲家里举行，新娘的价钱由舅舅来决定，否则这一切都会发生在新娘的父亲家里。新娘与大家一一握手打招呼之后，就跟着舅母离开了院子，回到屋子里。可以说，到此时整个仪式就结束了，下面就是双方亲戚们互相握手、互相寒暄、互相介绍自己，从此以后就是一家人了。

新郎戴着眼镜，扎着粉色领带，在整个过程中都表现得谦虚有礼，甚至有点紧张不安。新娘与新郎是同一个中学的教师，已经在一起生活很长时间了。

叶伊人的婚礼漫长而烦琐，叶伊人的婚姻不是两个人的婚姻，而是两个家族的婚姻。从此，两个家族就是亲戚了，想要得到一个叶伊人妻子真不是件容易的事情，不仅要送八头牛，还要给新娘父母亲戚们买礼物，而且要经历至少三天时间的考验，新郎家的人从始至终都表现得紧张甚至有些卑微，仿佛在乞求新娘的舅舅和母亲：“给我一个妻子吧！给我一个妻子吧！”

漫长的婚礼结束之后，新郎和亲戚们就坐车离开了，他们不能留下来吃饭，只有新娘的亲戚们才能留在新娘家里吃饭。大家开始用坛子做传统的炖牛肉、炖羊肉，主食有米饭、巴巴粉和玉米。等到下午 2 点多午饭开始了，大家坐在一起吃饭。叶伊人非常尊敬老人，都很尊重老人的意见和看法，整个仪式过程中，老人的重要地位得到了彰显，无论是吃早饭还是正餐，年轻人都先给老人打水洗手，先把吃的给老人，最后才是年轻人。

老人在叶伊社会非常受尊重，在整个博茨瓦纳社会中的地位还需要多做一些调研。

新娘的外婆是个很有趣的老人。新郎家里送来的八头牛即 12000 普拉，最后交到了她的手上，她有权支配这些钱，老人开心得要命，站起来边打口哨边跳舞，看我在摄像，就特意在我面前跳起舞来，跳完之后冲我一伸手，说着叶伊话："给我钱。"周围的人都哈哈大笑起来。

午餐之前，人们又聚在一起开会，讨论 4 月 2 日新娘舅舅的婚礼。新娘的舅舅在首都哈博罗内的一家银行工作，是一个部门经理，还有自己的工厂，生产卫生纸。他对我很感兴趣，希望我能帮助他联系中国的工厂合作，提供更多的原料与技术。我说我对这些不感兴趣，不过我老公也许可以帮到他。他很热情地邀请我去参加他下个月在首都的婚礼，我很想去，我想知道城市和乡村的婚礼有哪些不同。他说，在城市里不用那么长的时间，一天就够了。

Madam 帮我打扮成当地女人的样子，我和女人们坐在一起。参加了整个婚礼，记录了整个过程，一会儿拍照，一会儿摄像，大家都觉得我实在太忙了，他们总是笑着对我说："You are busy."

新娘的外婆

奥卡万戈三角洲的草编艺术

徐 薇

浙江师范大学非洲研究院副教授，文化人类学博士。2011 年年初到南部非洲开始为期两年的非洲之行，在实地调查中与当地人同吃同住，以人类学学者的独特视角切身观察非洲传统部族日常生活、风俗习惯、文化活动等，成为国内第一位深入非洲传统部落考察其社会变迁的青年学者。

也许，我现在能做的仅仅是记录这些曾经繁荣的文化，让后来的人们在感叹文化消亡的同时还能看到一些实实在在的东西，以证明这里确实存在过这种文化与艺术。

头功一流的博茨瓦纳女人

草编店

3 月 15 日上午，我和康妮还有她的表亲博托（Botho）三个人一起去距离塞罗拉村 18 公里的一个村子“Etsha6”买草编，听很多人提起这个远近闻名的草编村，很想去看个究竟。于是，我们三人一早就上路了。

坐上这种在村子间行驶的公交车，车子一个小时一班，但经常晚点。这里的人乘车都很有秩序，绝对是先下后上，没人抢。坐在车子里，小孩子会偷偷地看着我笑，我也喜欢逗他们笑，我假装睡着了，再突然睁眼吓唬他们，因为我知道他们像看怪物一样喜欢一直看着我。

来到了“Etsha6”，打听一下，要走好远的路才能进村，才能找到卖草编的店。还好不是很晒，我们就在沙地上走啊走啊。这里的妇女头功一流，水桶、南瓜、包裹、庄稼、柴火……啥啥都能顶在头上，手上还能同时提很多东西，真是太强悍了！！

走了 40 多分钟，我们终于找到了卖草编的店。只有一间屋子，摆放着各式各样的草编，篮子、垫子、罐子……

这里草编的价格比首都要便宜很多，但对我来说还是很贵，一个小篮子要

100多元。我对负责人讲："我来自中国浙江师范大学非洲研究院，我来调查这里的传统文化与艺术，我不远万里来到这里欣赏你们的艺术与文化，我们建成了中国首家非洲博物馆，我很想把这些草编艺术品放在博物馆里给中国人看，让中国人了解你们的文化，可是我没有那么多钱……"康妮和博托也在一旁用茨瓦纳语帮我砍价。负责人说她可以半价卖给我一些有点旧的草编，她很高兴我能带着这两个女孩来这里，她愿意帮助我…… 最后，我买下了一些草编，康妮开心地抱着她们笑。

草编店内

通过负责人的介绍我了解到，这家店是博茨瓦纳基督教理事会（BCC）建立的，旨在帮助村里的妇女增加收入，过上更好的生活。这些草编都是周围村子的妇女做的，放在这里集中售卖，收入都归编者所有。

本文作者手持草编工艺品

奥卡万戈三角洲附近的草编艺术在博茨瓦纳乃至整个非洲都很有名气，有着自己的传统和独特的样式。现在这种技艺主要在叶伊人和伊姆布库苏人当中流传。

编织草编的主要原料是一种生长在奥卡万戈三角洲附近的植物，名字叫"mokola palm"，中文不知道叫什么。过去妇女们进入三角洲地区寻找这种植物，常常受到鳄鱼、河马的攻击，但这是她们做草编所必需的原料，还有一种植物用来给这些原料染色，才有了现在这些样式颜色各异的草编。

Mokola palm

妇女们采集"mokola palm"的叶子，但每次只能在一棵上面采集一小部分，因为要保护这种植物的生长，让它来年长得更好。这些叶子在太阳下晒干后，就成了干枯的淡黄色，然后叶子被剥成条状，放在水里煮上几个小时，变软。所有这些准备好后，就可以开始编织了。

我跟基督教理事会的负责人说想看看妇女们是怎样编织的，她遗憾地告诉我，因为最近这段时间雨水丰沛，妇女们都在田里干农活呢，没人有时间做草编了。她问我会在这里待多久，我说我已经待了两个星期，很快要去另一个地方做调查了。

做草编的原料

怀着些许遗憾，我回到了塞罗拉村。我以为不会看到妇女做草编了，可是，还是Madam帮了我的大忙。她知道我很喜欢草编后，主动介绍了村里会做草编的妇女来和我认识，还带着我去她家里看她怎么做，和她聊天，让我亲眼看到并

叶伊人做草编

叶伊妇女哺乳

记录下那个妇女做草编的过程。当然，我只能记录一些片段，因为编织一个草编要两个星期至一个月时间，我无法完整地看到她怎样完成一件草编制品。

那名妇女一边聊天一边向我展示如何做草编。这是一个半成品，她需要两个星期才能做完。她在编一种叶伊人做传统啤酒时用的工具，长条形的，起到过滤作用。人们把用粮食泡好的酒倒进这个工具里，使劲一拧，过滤出的水就是啤酒，留在里面的渣就不要了。

妇女的妹妹在给孩子喂奶，非洲的小孩子基本都不穿衣服，即便是大孩子，也不喜欢穿鞋，就那样自然赤裸地生长着。

她们的房子从外面看很传统，里面的摆设还是比较现代的，有床和组合柜，还有电视。几乎每家都把房子建在一棵大树旁边，真是大树底下好乘凉，茂密的树叶给人们带来了整日的阴凉。

越是远离文明中心的地方，越能保存更多传统的艺术与文化，奥卡万戈三角洲地处博茨瓦纳西北部，偏远而宁静。妇女们制作这些草编，原本是为了满足生活的需要，大的可以用来盛放粮食，小的可以放首饰和杂物，那种平的草编可以用来筛谷子。所有这些都与他们的农业生产、日常生活息息相关。然而随着时代的发展、社会的进步，原来只能靠走路、发电报传递消息的小村子，如今有了电视和手机，更有富裕的人家有了轿车和水泥房子。

所有的文化都是动态的，都随着周围环境的改变而改变，传统在消失，新的文明在生长，一切都在改变，一切都将成为历史。也许，我现在能做的仅仅是记录这些曾经繁荣的文化，让后来的人们在感叹文化消亡的同时还能看到一些实实在在的东西，以证明这里确实存在过这种文化与艺术。

不能不承认，掌握这些传统技艺的人都是最贫穷的人。她们年纪大了，没有接受过教育，不会说英语，她们靠着祖先留下的技艺维系基本的生活。这种耗费大量时间与精力的草编艺术，正渐渐从人们的生活中消失，因为人们有了更好更便于存储粮食与杂物的工具，草编在人们的生活中不再是必需品。上学的孩子们早已对这些失去了兴趣，她们更喜欢现代的玩具，她们要学习更多现代的知识，以便能够更好地适应这个飞速发展的社会。于是，建立相应合理的机制，来传承保护这些传统技艺就成了诸如基督教理事会这样的慈善组织和民族文化精英们所努力的目标。于是，草编不再是生活必需品，而成为一种艺术品，承载着更多的文化内涵与意义，同时也给这些编织者更多的利益与保障。只有这样，这种技艺才可能传承保留下去。

锅碗瓢盆组合

舞蹈组合

乐器组合

叶伊男子舞蹈

塞罗拉的表演比赛

徐　薇

浙江师范大学非洲研究院副教授，文化人类学博士。2011 年年初到南部非洲开始为期两年的非洲之行，在实地调查中与当地人同吃同住，以人类学学者的独特视角切身观察非洲传统部族日常生活、风俗习惯、文化活动等，成为国内第一位深入非洲传统部落考察其社会变迁的青年学者。

非洲人似乎天生对艺术有着极强的创造力和想像力！

3 月 19 日，周六，塞罗拉这个宁静的小村子又热闹起来，一场由政府主办的艺术大赛在这里举行。我从工作人员那里了解到，现任总统小卡马比前几任总统都重视发展少数部族的传统与文化。于是，政府从 2010 年开始在少数部族聚居的村落里举办艺术表演大赛，让他们自由展示本民族的艺术与文化。而且设立了奖金，最高奖金达到 5000 普拉。比赛分为传统乐器、戏剧、合唱团、传统舞蹈等四类。村民们纷纷组织起来踊跃参加，老人更擅长表演传统节目，年轻人则更喜欢自编自演反映现实生活的戏剧。

比赛从早上 9 点持续到晚上 6 点多，附近村子的人也来看比赛，现场的气氛非常热烈。有几个节目是在重复上周在伊库帕（Ikopa）村子里的表演。

有一对组合很雷人，特别是坐着的那名鼓手，他敲打的乐器是一些锅碗瓢盆和破旧的钥匙，太有创意了！非洲人似乎天生对艺术有着极强的创造力和想像力！

舞蹈组合跳得很卖力，似乎听不到什么伴奏的乐曲，他们就凭着感觉舞动着。

两名妇女穿着传统服饰表演传统乐器，她们的乐器简单到了极致，只有一根弦、一个树枝就可以弹奏了。声音很小，可是她们陶醉地哼唱着，表现着她们的艺术天赋。

我发现当地的传统食物似乎也是表演中的道具。叶伊人的歌舞与日常生活和劳动场面分不开。

几位男性表演者腿上缠着一种能够发出响声的传统乐器，和着这样的节奏，男人们的舞蹈更加雄壮有力，动人心魄。

女人们活力四射地舞动着。她们的舞蹈动作主要集中在腰部和臀部，有的人虽然肚子很大很胖，但跳起舞来丝毫不影响，反而扭动得更快更漂亮。

我在赛场周围逛，无意中发现了几名满身赤红的女孩，便和她们聊起来。她们是叶伊人，来自塞龙加（Seronga）村，她们的团队叫“NSHEMBIRO”，是叶伊语，具体什么意思我没听清楚。姑娘们给我讲述了她们的舞蹈表演的含义：在传统叶伊社会，女孩第一次月经来临时，老人们会把女孩的身体染成赤红色，把她一个人放在荒郊野外，让她独自生活七天。然后老人们会一起来到女孩身边，向她展示如何成为一个女人，如何照顾自己的家人。女人们将手中的诸如锄头、草编、庄稼等具有象征意义的物品依次放入女孩的怀中，女孩低着头，默默接受，学习着。当女孩懂得了所有东西后，她开心地站到中间，热烈地跳起舞来，她是个真正成熟的女人了，能够承担家庭的责任与义务了。所有人都在为她鼓掌祝贺。如果一个男人想娶她，他会很容易发现，这个女孩是个懂得照顾家庭、有责任感的好妻子。可见，这个舞蹈是展示叶伊女孩的成人仪式，反映了叶伊社会对女孩的要求及其传统的生活方式。表演结束，舞者们都大汗淋漓，她们的表演很成功，赢来了阵阵掌声与欢呼声。

女孩们问我这种满身赤红色怎么样，我说实在是“很特别”，她们说叶伊人认为这种红色非常美丽。

传统乐器表演冠军

亦食物亦道具

叶伊传统舞蹈表演者

别了，塞罗拉

徐　薇

浙江师范大学非洲研究院副教授，文化人类学博士。2011 年年初到南部非洲开始为期两年的非洲之行，在实地调查中与当地人同吃同住，以人类学学者的独特视角切身观察非洲传统部族日常生活、风俗习惯、文化活动等，成为国内第一位深入非洲传统部落考察其社会变迁的青年学者。

村里的小学生们

塞罗拉村的零食，蓝色盒子里是番石榴（guava）

Madam 给我剥甜杆（sugar cane）

塞罗拉的夜晚，明亮而安静。……不知道何年何月，我还能再回到这里——塞罗拉……

3 月 21 日早上，我和康妮一起与 Madam 告别。康妮即将在马翁开始她的高中生活，而我将回到首都，休整一段时间，再开始下一段的调查。Madam 送我们到车站，和我们拥抱、告别，她笑着说我没有给她照最后一次相。离别总是让人觉得感伤，Madam 一个人朝着诊所的方向走去，她仍要继续她的工作。

我和康妮都离开了塞罗拉村，只剩下了 Madam 和小摩梭。这段时间学校放假了，据说小摩梭要回到她父亲身边生活一段时间。我在的这段日子，小摩梭越来越喜欢说英文了，但愿我的短暂停留能在她年少的记忆中有一点印象。

家里只有 Madam 一个人了。她养了十个儿女，如今都不在身边，她会觉得孤独吗？

Madam 是位坚强伟大的母亲。有一天傍晚，她脱下衣服指给我看她的胸部——只有一个乳房，另一个被整个切掉了。她告诉我，2009 年她被检查出患了乳腺癌，当即决定做手术切除，现在过去一年多了，她已经好了，没问题了，但她每天仍需要吃药。她说现在很多妇女得这种病，切掉就没事。然而当我亲眼看到时，还是觉得很难过。

Madam 在村诊所工作了快三十年，她说这是她做了一辈子的工作，从来没有换过工作。她每天在村子里给人看病，给小孩子注射疫苗，到病人家里探访，她熟悉村子里的每一个人。同时，我很强烈地感受到，村子里的人都很喜欢她、尊敬她。Madam 走在村子里，很多人都主动和她打招呼、问候，她同样报之以问候和微笑。

有天傍晚，Madam 说要用传统的方式舂小米（millet），她说这是她们的传统食物，在很久以前，大米和巴巴粉都没有，她们只吃玉米、小米、高粱。Madam 把很久不用的工具找出来，演示给我看，足足干了三个多小时，累得满头大汗。

邻居小姑娘帮着 Madam 一起干。Madam 一边哼着叶伊民歌，一边用力地舂着，她反复几次把小米舂碎，筛选出来。不过，看着她舂小米的姿势，让我很自然地联想起她们跳舞时的动作。这里很多的舞蹈动作都与农业生产密切相关。

临行前的晚上，Madam 带着我去她的亲戚朋友家里买叶伊人的传统乐器，可她的表亲没有做完。他们觉得不够漂亮，如果我不着急，可以在 4 月 22 号的叶伊文化节上再给我，那时她就能彻底完工了。我说“没问题”。

回到家里，Madam 给我们炖鸡肉吃，这是我在塞罗拉的最后一餐饭。Madam 特意让摩梭去买了一只土鸡回来，摩梭和康妮负责杀鸡、清理，Madam 回来时做，直到晚上 9 点多我们才开始吃晚饭。平日里，只有中午一顿是正餐，早晚只是随便应付一下。而在我临行前的晚上，Madam 特意为我做了炖土鸡，她说要让我尝尝塞罗拉的鸡肉。她给我盛了一只鸡腿和一块鸡胸肉，还有米饭，我端着盘子，已经非常习惯像她们一样直接用手抓着吃了。Madam 总是很高兴看到我用手抓着吃，她觉得我尊重她们的文化。呵呵！炖鸡肉很香，很有质感，我又把自己撑着了。

我一个人站在外面看月亮。当晚的月亮又大又圆，照得周围亮堂堂的。我记得小摩梭喜欢晚上停电时把澡盆拿到外面，在月光下洗澡。我看她，她就不好意思地大笑。Madam 也很喜欢在外面借着月光洗衣服，白天她很忙。

塞罗拉的夜晚，明亮而安静。

和康妮一起坐公交车到马翁，历时四个多小时。车上人很多，我迷迷糊糊地睡着了，醒来时身边站着两个非洲小孩，七八岁，没有位子坐。车子很颠簸，我把他们抱在我的腿上，小孩有点腼腆地看着我笑。他们的皮肤很光滑，他们的眼

Madam 给我剥一种类似甜杆的水生水果

博茨瓦纳传统舂小米方式

叶伊人喜欢的主食是小米拌糖，村子附近河里的三十几种鱼是叶伊人的主要食物。

塞罗拉村

睛很明亮，他们的眼睫毛茂密又自然地向上翘。他们是很漂亮可爱的叶伊小孩。

回到马翁，我坐上了飞往首都哈博罗内的飞机，感觉时间过得好快，从僻静的小村子转眼就到了繁华的都市。当晚，与SK的老板和同事们在中国餐馆吃饭，他们都说我黑了。确实，皮肤晒黑了，脸上也晒出痘痘了。不过，看着一桌子中国菜，我又激情澎湃了！

回到SK的住处——传说中博茨瓦纳最好的富人区——Phakalane，里面都是一幢幢很漂亮的别墅，自带花园、游泳池。我们的住处在最里面，旁边居然住着博茨瓦纳前总统莫哈伊，只是他退休后常年在国外做演讲，不然还可以拜访一下我们的邻居！

饱食了一顿中餐，回到幽静的别墅，泡在浴缸里，感觉就像在做梦，真想就这样睡着，一觉到天亮……

不知道何年何月，我还能再回到这里——塞罗拉……

• 马达加斯加 •

黄昏（刘岩摄，2012.01）

初见马达加斯加

陈明昆

浙江师范大学非洲研究院教授，教育学博士，主要研究领域为职业教育、非洲教育、教育发展援助等。2007 年 5 月受国家留学基金委资助赴埃塞俄比亚进行高等教育调研。

许多人希望通过学习汉语谋求更好的就业前景。他们当中许多人希望通过学习汉语能够更多地了解中国、学习中国，从而有机会到中国来，亲身感受中国的发展和变化。

前　言

2016 年 9 月，受汉办委托，我与吴强老师两人先后到马达加斯加和肯尼亚，进行孔子学院办学情况的专题调研。虽来去匆匆，却也感受至深、收获颇多，从头到脚都受到了一次新的洗礼、新的锻炼。既不用像国内那样每天在“两点一线”间运转，也不必整天都目不暇接地在“三个屏幕”间浏览。身在异国他乡，喝着咖啡、吃着面包、走在颠簸的马路上，肠胃不适全无，腰酸背痛顿消，一草一木、一人一事都备感新鲜。暂时抛却了繁杂诸事，多半拒绝了来电短信，全身心投入课题调研之中。这期间的所见、所闻、所思、所想都是在国内所无法企及的。原计划回去后尽快写出几篇非洲见闻录，然回国至今已将近一个月，却难再寻当初异国他乡之清净思绪。今受诸多同志之鼓舞，痛下决心，遂写出非洲见闻录之一——“初见马达加斯加”。

小巧的首都机场

塔那那利佛机场

随着飞机高度的缓缓下降，地面的轮廓越来越清晰，原以为多是郁郁葱葱的森林或草原，没想到看到的却是大片裸露的土地和稀少低矮的小房子。当地时间下午3:30左右，我们所乘坐的肯尼亚航空公司的一架飞机终于抵达马国[①]首都塔那那利佛机场。机场很小，差不多像一个足球场那样大，仅停着两三架不大的飞机，可以看出来马国的外国人并不多。机场的主体建筑也很小，但很漂亮，酷似南亚和东南亚的建筑风格，尖尖的房顶，鲜艳的色调，更像是一处旅游景点。

没有红绿灯的城市

出得机场，坐上塔那那利佛大学孔子学院派来接我们的车去市区。来接我们的有两位老师，一位是小董老师，以前就做过志愿者教师，现在是孔子学院的专职教师，也是骨干教师。小伙子很爽朗，也很热情。另一位是本土教师西尔卫，汉语说得很溜，在中国攻读了汉语言专业研究生学位，回国后在马国外交部工作过一段时间，后来应聘到孔子学院。

说话间就到了市区。小董叫我们千万不要把手机贴近车窗，因为如果车窗玻璃开着而你又在看着手机，一不留神就有可能被外面的人抢走。初来乍到，听小董这样一讲，心里还是有点顾虑，所以轻易也就不敢拿着手机或相机对着街道和行人了。我来之前了解到，马国自2009年1月下旬首都等地发生严重骚乱和流血冲突以来，党派纷争不断，总统大选一波三折，政局多年不稳而致使国家元气大伤，经济和社会发展乏力，民生、就业、国家治理、社会治安等问题日益突出。

塔市街景

车子缓慢地行驶在狭窄的街道上，街景看得也比较真切。街道两旁凌乱地开

① 在马达加斯加的华侨华人都称“马达加斯加”为“马国”，本文也使用这一简称。为行文方便，本文中的“塔市”即马国都城“塔那那利佛”。

着一些大大小小的店铺，有卖各种水果的、卖牛羊肉的、卖各种小吃的，等等。小店铺、车辆、行人交织在一起，本来就不宽敞的市面显得更加拥挤。当时我们还以为是塔市周边的一个小城镇呢，但小董告诉我这就是塔市市区了！

街上的中巴车很多，时不时地停下来招揽乘客。这些中巴车都是后面开门，我想可能是因为街道太窄的缘故，从后面开关门一是为了交通安全，二是为了方便乘客上下。一问方知这就是马国近年来发展很多的一种私人运营公交车，叫“autobus”。

尽管我们的车子开得不快，但一路下来并未被堵死过，司机都很有礼貌，也很有耐心，在转弯的时候总是让对方先行，更没有抢道、变道的情况。而且，特别要说明的是，塔市整座城市没有一盏红绿灯！可以想像一下：一个有着 180 多万人口的城市，在十字路口居然没有一盏红绿灯！如果是在中国，如果一个城市没有红绿灯，交通状况会是什么样子！

塔市街边小店铺

华人开的酒店

40 多分钟后，终于抵达要住的酒店。宾馆已有一些年头，听说在当地还属于比较不错的酒店，虽比较简陋，但卫生尚可，与我们浙江师范大学周边的私人宾馆差不多。听说酒店老板是一位女华侨，在当地小有影响，去年还竞选过塔市市长，虽未能当选，但也属女中翘楚。酒店一楼是一家中餐馆，餐馆老板和厨师都是广东人，广东菜做的还算地道。酒店所在地是一个华人聚居区，因此来吃饭的多半都是华人。

塔市街边一角

华人开的酒店

马国是华侨华人聚居比较久、比较多的非洲国家，像东南沿海一带聚居的华人很多都是第三代或第四代了。之所以如此，我想大致有这么几个原因可以考虑：一是因为它位于非洲大陆与南亚、印度洋之间，可以看作当年“下南洋”的延伸之地；二是因为清末民初时期中国内忧外患，战乱四起，民不聊生，东南沿海的华人才有了“下南洋”之壮举，其中的一小部分或因法国殖民者招募劳工所致。后来这些“华仔”发现马国也是比较适合谋生之所，且回归故乡的路途遥远，便不得不留了下来。这些人早期因生计所迫，或举家或抱团或孤身一人闯荡到了

塔大文学院楼

塔大孔子学院教学办公楼

潘贾（Panja）校长（左二）、祖拉桑院长（右二）等人

招生现场

孔子学院展位前

这个人口稀少、风景旖旎、气候宜人、民风淳朴的岛国，并逐渐融入当地社会，成为建设马国、发展马国的一支不可或缺的有生力量。

今天，随着中马关系的快速健康发展，中国政府对马国的支持及双方的合作步伐明显加快，马国人民也对中国充满了期待，他们希望通过与中国政府的合作，实现经济和社会的全面发展，期盼能够早日过上体面的、有尊严的生活。而在这一光明又曲折的过程中，新老华侨华人在其中所起到的多方面的巨大作用是不可忽视的。

山坡上的大学

我们的住处离塔那那利佛大学（塔大）比较近，大概十几分钟的路程。塔那那利佛大学是马国最大的大学，也是马国最好的大学，有 3 万多名学生。学校坐落在山坡上，看不到有围墙，校园内自然环境尚好，但建筑物比较陈旧，也不够气派。不难看出由于国内政局动荡，经济发展不景气，国家对于教育的投入力不从心。

文学院楼应该算是全校比较显眼的一幢建筑物了。文学院前面不远处便是孔子学院，是由中国政府援建的一幢两层小楼。近年孔子学院发展很快，学生数量大增，教学和办公场所都严重不足，学院正在谋求再次扩建。

到孔子学院调研的当天正好赶上塔大的招生宣传季，听说规模很大，场面也很气派。于是，我们上午与孔子学院师生进行座谈交流，下午拜见了塔大教授，然后就在马方院长祖拉桑女士的带领下来到了招生文化沙龙的现场。

招生沙龙在塔大的滨海广场（Esplanade）举行，现场人头攒动，各院系的招生摊位沿广场四周一字摆开，前来咨询和看热闹的人络绎不绝。孔子学院的展位前吸引了众多高中毕业生及其家长前来咨询，五星红旗、中国结、太极服等无疑成为现场最吸引眼球的元素之一。

据报道，活动当日前来孔子学院展位前咨询的学生就多达 2000 余人，其中许多人希望通过学习汉语谋求更好的就业前景。他们当中许多人希望通过学习汉语能够更多地了解中国、学习中国，从而有机会到中国来，亲身感受中国的发展和变化，学成后回国可以到中国在马国的企业或机构求职，从而获得一种有保障的生活和职业地位的提升。因此，孔子学院在马国的迅速发展是一种必然趋势，其中所包含的政治、经济、文化和教育信息，都是值得我们认真总结和深入研究的。

女王宫前

历史遗迹女王宫

女王宫是马国为数不多的世界历史文化遗产之一，修建于 19 世纪 40 年代，是当时欧洲最时兴的巴洛克式宫廷建筑。直到今天，女王宫带给这个岛国的历史文化信息及视觉冲击力都是不同凡响的，马国政府称它为“最具观赏价值和人文价值”的历史景观。

冷落的女王宫

女王宫坐落在塔市最高山岭阿杜拉鲁山上，既是全市的最高点，也是城市的中心区。整幢建筑巍峨挺拔，气势非凡。登上女王宫，可以环顾塔市全貌，顿有“一览众山小”的感觉。可惜 1995 年的一场人为大火烧毁了原来保存尚好的建筑。2007 年，马国政府决定修复女王宫，计划 2012 年完工。可是，直到我们参观时修复工作仍在缓慢进行中，离女王宫正式开放的日子似乎还遥遥无期……唉，悲催的女王宫，抑郁的女王魂！

塔市远眺

老华侨心中的中国情结

陈明昆

浙江师范大学非洲研究院教授，教育学博士，主要研究领域为职业教育、非洲教育、教育发展援助等。2007 年 5 月受国家留学基金委资助赴埃塞俄比亚进行高等教育调研。

祖国始终是海外华侨的根，而华侨又恰如祖国与世界相联结的一根一根纽带。

吴叔其人（中）

马达加斯加（以下简称“马国”）是华人最早到达的非洲聚居地之一。2016 年 9 月上旬，我在马国孔子学院调研期间与志愿者和老师们的交谈过程中，多次听大家说起吴叔这个人。稍一打听方知吴叔是当地的一位老华侨，平时十分热心华侨华人的公益活动，还与孔子学院的青年教师成了忘年交，多次参加孔子学院的活动，主动为孔子学院的青年教师排忧解难。出于对吴叔的好奇，同时希望能从吴叔身上找寻一些马国老一辈华侨的生存故事，9 月 9 日下午，在孔子学院董明辉老师等人的引见下，我们来到了吴礎禧先生的家，拜访了这位老华侨。吴先生今年 70 多岁，精神矍铄，兄弟俩经营着一家面包店，生意十分红火。

下面是当时我们在吴叔家的部分谈话内容，稍加整理后以问答的形式呈现给大家（K 是笔者，W 为吴先生）。

对话吴先生

K: 吴叔，请允许我也这样称呼您。我听小董老师讲起过有关您的一些故事，我很好奇，也很感动。我知道，马国是华侨华人聚居比较早、也比较多的非洲国家之一。所以，我们今天来主要是想听一听有关您、您的家庭以及有关马国华侨的故事，想了解一些马国老一辈华侨是怎样打拼和生存的。

W: 但这些东西我们也不太了解，因为我爸爸这一辈人也没有跟我们讲起这些事。所以这是马国华侨的一个大问题，上一代没有传下来。另一个是语言问题，现在的很多年轻人都不会说中文了，老华侨中会说普通话的也不多。所以，这个问题很严重了，你们做这个工作实在太重要了。

K: 其他老华侨会不会知道一些有关这方面的历史？

W: 也不会知道很多。我有时去接待比我年龄还大的老华侨，我也很想知道这些事，但他们也不是很清楚。很遗憾的一件事。

K: 请问您的老家是国内哪儿的？

W: 广东的。马国的老华侨全部是广东过来的，来后大多数居住在马国的东部沿海一带，像塔马塔夫、马拉卡拉等。在马国北方的就少了。我知道马国的华侨先是一个人过来，然后就带一些人过来，同一个村庄的，以做生意为主。

K: 有没有做工的，比如给法国人修铁路？

W: 这些我就没听到了，我所知道的都是他们来做生意的。

K: 您爸爸后来有没有回过广东老家？

W: 没有。我爸爸那一代回去的很少，偶尔寄回去一些旧衣服，有时候他们去香港也会买点东西寄回去。那时候中国还是封闭的，很少有人能回去。我小时候对中国很陌生。

K: 请问您是什么时候第一次回家乡的？

W: 我是 2000 年第一次回去广东顺德，那个时候回去的人还不是很多，后来才慢慢多起来，因为现在越来越方便了。

K: 听说您的中文是在台湾学的？

W: 对，我是 12 岁去台湾岛上学。那个时候我爸爸看到台湾方面的宣传，他们说美国有援助，可以去一家中学读书。那时世界各国的华人子弟都有到台湾岛去读书的。我和哥哥两个人一起去台湾岛，一直上到大学毕业。后来我就回来了，哥哥去了加拿大。20 世纪 70 年代马国有点动乱，很多华侨就开始移居加拿大，我也跟着移民到了加拿大。很多移民出去的马国华侨基本上就不回来了，我在那里待了 16 年。1993 年，我回来继续经营我爸爸留下的这个面包店。因为我的小弟弟一个人在这里做不了，我就和弟弟一起经营这个面包店，转眼 20 多年就过去了。

K: 您的孩子们呢?

W: 我的小孩在加拿大上大学，也是加拿大户籍。他们不会回来了。

K: 您最后也会去加拿大吧?

W: 我想我最后也会去加拿大。这个厂子我弟弟会管的。我一共有 14 个兄弟姐妹，除了我哥哥，后来又有四个兄弟姐妹去了台湾读书。毕业之后他们都去了加拿大，现在除了我和小弟弟，其余 12 个都在加拿大。小弟弟的子女也都准备去加拿大读书。马国的华侨移民加拿大都在魁北克。

K: 这样看来，马国的老华侨也不多了，能走的都走了。

W: 是的，能走的都走了，现在慢慢地还在走。

K: 但是现在大陆来的新华侨越来越多了，你们怎么没有考虑留下来呢? 在这儿也可以做生意，而且马国目前的局势还算稳定。

W: 也可以这么说。但加拿大更稳定，去了再回来的不多。有个移居美国的华侨青年回来创业，因为他爸爸给他留下了许多的土地，他觉得有创业的机会。

K: 听说您平时跟华人接触很多。

W: 是啊! 像我和小董是因为孔子学院认识的，我会说普通话，有机会去接触新华侨，容易和他们沟通，而说法语、粤语的华侨就很难和新华侨沟通。像我和中国医疗队的关系一直十分好，有 20 多年了。医疗队离这里 20 公里，都是甘肃兰州派来的。很多老华侨到医疗队来看病，因为不会说汉语，就来找我帮他们翻译，所以我接触华侨的机会就很多。马语、法语、英语我都会说，老一辈说广东话，所以我也会说广东话。

K: 您的面包厂是什么时候开的?

W: 面包厂是我爸爸 1965 年创办的。以前马国的面包店都是法国人经营的，后来法国人走了，就把面包店卖给了中国人经营。看到中国人经营面包店赚钱，后来印巴人也开始做面包了。

K: 请问您在台湾大学是学什么专业的?

W: 学农业的，畜牧专业。从台湾岛回来两年后就去了加拿大，在加拿大生活了 16 年，对马国也不是特别了解，学的畜牧专业也没用上。

K: 马国现在经济不景气，抢劫偷盗的事情经常发生。听说上个月您家里就发生了入室抢劫事件，您老人家还受了伤，现在身体恢复得还好吧？

W: 今年 8 月 14 号半夜，有三个小偷来我们家里，我就和他们打起来了，小偷把我的头打破了，满地都是血，后来我就失去了知觉。事后听我太太讲，她听见动静从房间出来就被小偷勒住了脖子，小偷跟我太太要钱，我太太镇定地跟他们说："你勒住我，我怎么给你开柜子？"后来小偷抢了钱就跑了。我太太手上的戒指也被抢走了。也报案了，但没有用，警察一来就问我要钱，我就说你不给我破案我一块钱也不给你。于是就不了了之。为了防盗，家里面的门窗都加固过了，买了更保险的锁，还准备多装一点防盗窗。马国现在的治安一年比一年差，1993 年我回来的时候要比现在好多了。我想如果我是马国人我也会抢，因为抢了没事，没有人能破案。马国本来应该是个富裕的国家，如果政府管得好的话。因为马国人很善良，他们也深受法国人影响，是很有教养的。

K: 吴叔您最近一次回中国是什么时候？

W: 我最后一次回中国是 2012 年，当时是帮助孔子学院带夏令营学员回去。之前是隔一两年就回去一次。今年可能还要回去一次。

感触与随想

祖国始终是海外华侨的根，而华侨又恰如祖国与世界相联结的一根一根纽带。祖国的强大对于海外游子来说是最强有力的靠山，是最挺直的脊梁。诚然，中国的发展和强盛也离不开海外广大华侨华人的支持和努力。遥想当年，这些华侨的先辈们大多是出于事业无着、生活窘迫、遭受变故等情况，抛家舍子或携带妻儿老小，冒着生命危险，下南洋、到美洲、闯非洲，为的都是生活或活着。在与吴老先生的交谈中，我们深深感受到这些生活在异国他乡的华人的不易。他们乃至他们的先辈们，虽然可能出于各种不同的缘由漂洋过海来到这样一个离家遥远的岛国，每个人的背后必然都有心酸的故事。这些故事他们可能会深深地埋藏在心底，也可能慢慢地淡忘，但不可否认的是，他们之所以能够获得生活或事业

吴叔在他的面包店里

吴叔的面包店

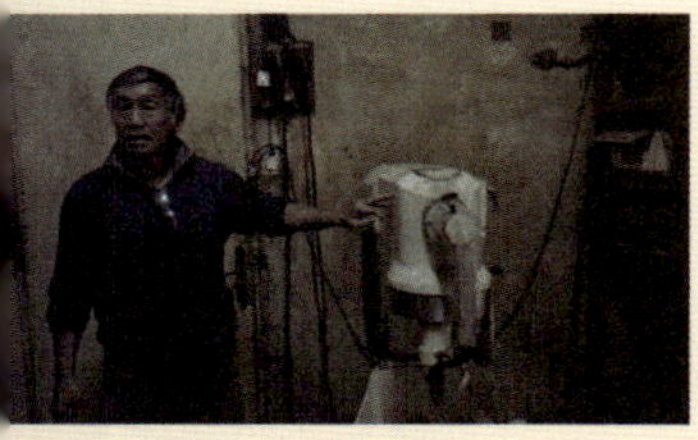
吴叔夸赞他的和面机

吴叔的“神舟球场”

“神舟球场”里的中国树

的成功，完全是通过自己的不懈打拼，而且要付出比常人更加艰辛的努力。

直到今天，马国的华侨们仍然是最勤劳勇敢的一群人，他们始终对生活充满信心，而且把困难和艰辛当成生活的本钱。吴老先生就是一个很好的例子。吴先生本来是可以在加拿大过上安逸的生活，但由于难以舍弃父辈留下的小面包店，又毅然回到了父辈打拼的地方，从 1993 年回到马国，一干就是二十余年。这期间，吴家兄弟二人通过辛勤劳作，把这个面包店经营得有声有色，并从中享受着生活的滋味和丰收的快乐。但当我们谈到老先生被抢劫和袭击一事，老先生的面色立刻就暗淡下来。话语中既有不舍之情，又有终将别离的些许惆怅。

谈话结束后，吴老先生带我们参观了他的面包店。面包店不大，就在住房的下面一层，生产加工设备和设施一应俱全。吴先生家制作的面包和糕点质量好、信誉好，在当地很受欢迎。吴先生说，每年在圣诞节前的一个月，他们就开始准备大量的面包和其他糕点，然后储藏起来，到时都会一售而空。他还向我们展示了使用了三十年的烤箱和质量很好的美国产和面机。可以看出，一谈到面包店，吴先生眉宇之间就透露出自豪之情。

吴老先生一直把我们送到马路对面停车的地方，这个地方也是吴先生自己建的一个篮球场。球场的一面墙上赫然写着四个大字——“神舟球场”。吴先生说这个球场建成时恰逢“神舟五号”成功发射，所以就把球场命名为“神舟”了。生活在国内的人可能感受不到华侨华人这种对祖国的眷念情怀，而我从吴老先生的这个球场名称中体味到了海外华人的拳拳之心。

与吴老先生道别之时，我不经意间看到对面的墙边长着两棵玉兰树，于是我就问吴先生：“广玉兰应该是国内南方的树种啊，在马国也有这种树吗？”吴先生听我这样一问，先是一惊，旋即有点自豪地告诉我说，这些树都是他早些年回国后带来的，不但有玉兰树，还有桂圆树、桂花树等。他一一指给我们看。噢，果然如此！听老先生这么一说，我顿时对老先生又有了更深一层的了解，更加清晰地看到老先生心中的中国情结！

•南　非•

夏季盛开的国花紫薇花（刘鸿武摄，2009.10）

南非行记

徐　薇

浙江师范大学非洲研究院副教授，文化人类学博士。2011 年年初到南部非洲开始为期两年的非洲之行，在实地调查中与当地人同吃同住，以人类学学者的独特视角切身观察非洲传统部族日常生活、风俗习惯、文化活动等，成为国内第一位深入非洲传统部落考察其社会变迁的青年学者。

从非洲大陆最南端开始，一路向北，一路感受。

开普敦的海鲜

到了开普敦这样一个滨海城市，海鲜是不得不吃的美味，龙虾、鱼翅、各种叫不上名的鱼类，让人大饱口福。维多利亚港是开普敦最热闹的地方，港口集中了很多高档酒店、餐厅、商店、酒吧。2011 年 2 月 6 日下午，从好望角游玩回到这里，大家一起喝咖啡、聊天，在一家希腊餐厅吃晚饭。

走在开普敦的大街上，随处可见跑步、骑车锻炼的人，有的白人被晒得浑身紫红，仍大汗淋漓地在烈日下跑着，让人不由得心生敬佩。这里的治安很好，人们可以放心地在路上行走，不必担心被抢劫。

在开普敦的两天里我还逛了南部非洲最大的购物中心世纪城（Century City），在里面一家台湾餐厅吃过海鲜后，又去了这里最大的赌场。开普敦大概有四家大型赌场，生意都非常好，里面装修豪华。看着公司老总们在里面一掷千金，我没有什么特别的感受，也不觉得好玩。人生境遇不同，追求不同，这不是我憧憬的生活，我只需默默经历与感受。

住在海边的小公寓里，晚上总是被海鸟的刺耳鸣叫声叫醒，出门不远就是大海，能闻到大海的咸腥味。

色彩艳丽的游轮

摩天轮与喧嚣的酒吧

住在开普敦期间，我不但领略了这里的自然风光，还结识了一些新朋友，听到了很多新奇的故事，不由得心里感慨：人与人是相似的，人与人又是不同的，而人与人之间的关系正是我所要探寻的。从非洲大陆最南端开始，一路向北，一路感受。

约翰内斯堡的钻石

约堡大型购物中心 The Zone Rosebank

2011 年 2 月 7 日中午，到达南非最大的城市与经济中心——约翰内斯堡（简称“约堡”），这里盛产黄金、钻石，被称为“黄金之城”。

这是一座繁华的大都市，然而对于初来乍到且不会开车的我来说可谓寸步难行，因为公司的人告诉我约堡的治安很差，不能一个人在街上逛。这里的公共交通也不是很好，没有地铁，公交车都是黑人乘坐，价钱贵又不方便，去很多地方都需要转车。这里的出租车奇贵无比，对于我这样一个穷书生来说确实有点消费不起。

非洲手工艺品商场

到达约堡的第二天上午，我跟着老总们去买钻石。整幢大楼里做的都是钻石生意，从进到出，需要层层刷卡，可谓戒备森严。呵呵，还是平生第一次亲眼看到亲手摸到这种亮闪闪、价值连城的硬石头，没啥特别的感受。也许是被 SK 洗脑了，他很早就对我说，“钻石恒久远，一颗永流传”是世上最大的谎言！钻石在过去不就是用来切玻璃的硬石头吗，怎么能代表爱情呢？我一直都觉得 SK 说的太有道理了，也许又是阿 Q 精神在作怪吧！总之，对钻石，我不羡慕也不企图，跟着看看热闹长长见识就挺好。钻石的好坏主要看成色与级别，级别不同，价格差距很大，一颗顶级的三克拉钻石要 40 多万元人民币，小一点的一克拉钻石也要三四万元人民币。尽管如此，比国内要便宜很多了，有的甚至可以便宜十来万。我们遇到的店主乔治，马上就要去中国上海卖钻石。从生意的角度看，钻石的确是个好东西。

非洲面具

有一家专门卖非洲工艺品的商场，里面各种非洲特色的工艺品琳琅满目，让人眼花缭乱。还有这么多的面具，真想都带回我们浙江师范大学非洲研究院的非洲博物馆！

我们路过一家装饰别致的咖啡厅，想不明白为什么把书这样吊起来，也许这是不需要明白的。

吊着书的咖啡店

约堡的商业氛围很浓，公司所在地桑顿区（Sandton）纳尔逊·曼德拉广场（Nelson mandela square）就是这里最大的商业中心，高楼大厦林立。从开普敦到约堡能明显感受到气候与环境的大不相同。约堡的天没有那么蓝，约堡的治安也没有开普敦好，搞得我都不敢一个人出去逛街，活动范围仅在住处与公司之间，实在是有点无趣。

这几天我和托马斯（Thomas）一家逛商场、吃中国菜，理查德（Richard）还请我们吃了泰国菜。这是我第一次吃泰国菜，觉得味道很特别，其中冬阴功汤与凉拌木瓜丝是我的最爱。

据说这里是约堡最好的泰国餐厅，地处西路厅，也是华人聚居的地方，有很多华人开的餐馆和商店，但治安和卫生环境都比较差。吃饭时，有两个黑人进来看看又出去了，引起了大家的警觉。托马斯则勇敢地拿起餐桌上的叉子，出去看了看我们的车，回来说“没事”，虚惊一场。因为这里经常发生恶性事件，所以大家才会如此警觉。与这里的华人聊天，他们一会儿说普通话，一会儿说上海话，一会儿说广东话，一会儿说英语，不同的语言切换自如，不由得让我心生敬佩，想起自己蹩脚的英语就觉得羞愧。实践出真知，语言学习也是如此！

从今天开始，我要一个人生活在理查德的别墅里，一个人煮饭，一个人吃饭。下午桑迪（Sandy）陪我去办了电话卡，在南非有了手机号就觉得踏实了，不管发生什么事都可以及时联系到朋友了。

种族隔离博物馆

2月12号上午，托马斯把我送到位于约堡西南角的种族隔离博物馆（Apartheid Museum）。他去过几次了，说不陪我了，我就带着老乔的小儿子一起参观博物馆。两张门票把人划分为两类：一类是白人，一类是非白人。

种族隔离博物馆入口

我们从进入博物馆开始就感受到了什么是种族隔离，白人和非白人要从两个不同的入口进场。

种族隔博物馆内

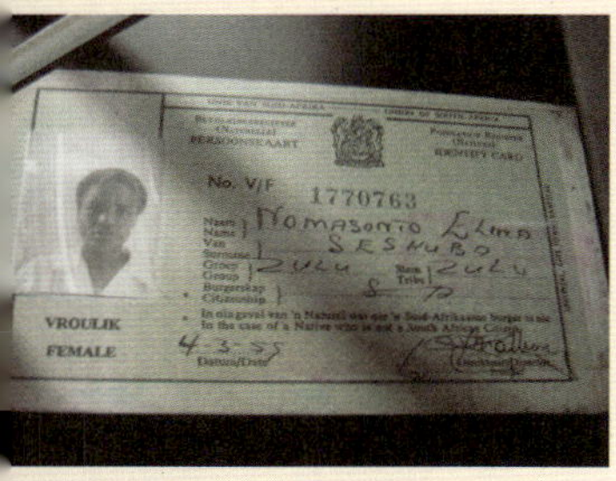

南非种族隔离时期的身份证

不同时期的曼德拉相片

进入博物馆，首先映入眼帘的是一面石墙，上面刻着曼德拉的名言：“To be free is not merely to cast off one’s chains but to live in a way that respects and enhances the freedom of others.”（自由不仅仅是挣脱自己的枷锁，还要致力于尊重和提高别人的自由。）

进入博物馆后，首先看到的是南非种族隔离时期的身份证。白人的身份证上写着“南非公民”，而其他有色人种的身份证上则注明“土著”“祖鲁人”“马来西亚人”“中国人”。

种族隔离博物馆将南非历史分为三部分：1910 年至 1948 年南非联邦时期；1948 年至 1994 年全面推行种族隔离制度时期；1994 年至今的新南非时期。馆中大量的历史照片和文献资料将种族隔离时期的历史一一呈现。

种族隔离博物馆里很重要的一部分就是对曼德拉各个时期的介绍。曼德拉就是南非人心目中的神，令人无比尊敬。

如今的南非早已不再“黑白分明”，到处可以看到不同肤色的人在一起交流。然而我们不能忘记，南非变成今天这样一个“彩虹国度”经历了怎样的伤痛与牺牲。在很多人的思维深处依然存在着种族歧视与偏见，曼德拉所追求的自由之路依然漫长崎岖。

索韦托印象

托马斯几天前就说要带我去索韦托，那里是南非最大的黑人聚居区，到了南非没去过索韦托，就不算真正了解南非。

然而很多人在听到索韦托这个名字时的第一反应就是“NO”。当地白人和华人一般都不会去那里，觉得那里贫穷、落后、危险，只有外来的旅游者会去那里走走看看。

2011 年 2 月 13 日上午，白人巴斯尔（Basll）带我们来到了索韦托。他在索韦托开店做生意，工作了 16 年。一路上，巴斯尔为我们详细介绍了当地的情况：索韦托现在聚居着 400 多万黑人，各种民族混杂在一起，这里有好有坏，好的地方整洁、卫生、富裕，不好的地方脏、乱、拥挤、贫穷。这里较大商店和工厂的管理人员都是白人，黑人从事的是最简单的工作，收入微薄。巴斯尔想在这里以“合作社”的形式做生意，让黑人自己当老板，自己经营和管理。托马斯对他的做法表示认同，对我说，像他这样想从根本上改变黑人生存现状的白人不多。

我们一路走着……

废弃的电厂如今被改造成休闲娱乐的地方，可以蹦极、攀岩、游泳。可以坐电梯直达烟囱顶部，在那里可以将整个约堡城尽收眼底。遗憾的是不许带手机、照相机上去，无法拍摄全城的景色。

在索韦托，几乎每家门口都有好多小孩子，孩子们天真地玩耍着破旧的轮胎，跟着滚动的轮胎快乐地奔跑。我们似乎也分享到了他们的乐趣。这些孩子非常热情，见到我们的车经过，都会主动和我们打招呼。有几个孩子边招手、边呼喊、边追着我们的车跑，其中一个孩子不小心还滑倒了。

传说中的“火柴房”从外观看还挺干净整齐的，实际上里面住着三户人家，三四十口人，居住条件可想而知了。

约堡市政府为改善索韦托居民的居住条件修建了公寓，然而对于有 400 万人口的索韦托来说似乎是杯水车薪。

现在索韦托有了大型公交车，到约堡市区只需五块钱，大大方便了到市区打工的人们。种族隔离时期，黑人白天在市里做工，晚上不可以住在市内，每天必须返回到索韦托的住处。当然，目前这些情况正在逐步改善。

“WALK-IN-25”，这是巴斯尔以合作社模式经营的商店，当地农民可以把自己种植的农产品拿到这里来卖，只需交纳一定的会员费。这里的食品因为直接来自当地农民的生产而质优价廉。这种合作社的模式如今在欧洲也非常流行，巴斯尔的愿望是在索韦托推广这一模式，以便解决这里 400 万人口的吃饭问题。

我看过一部法国电影，名字叫《打拐天使：索韦托》，讲述的是一个法国女人类学家的爱情故事。20 岁时，她生活在南非，于是和当地一名黑人青年相爱了。要知道，在种族隔离时期这种爱情是被禁止的。于是，男青年被判刑，法国女人被遣送回国。后来，法国女人生下了一个男孩，取名内尔。再后来，法国女人重建家庭，她的儿子内尔一直被自己的身份困扰。法国女人于是决定把内尔送回南非索韦托，让他与亲生父亲相认，结果内尔却被其父绑架，迟迟未回。当法

废弃电厂改造的游乐园

索韦托的孩子们

索韦托的火柴房

索韦托的公寓

国女人历尽千难万险救回内尔时，小小的内尔却选择留在索韦托，留在亲生父亲身边。这就是人内心对根的寻求与渴望吧，一个找不到自己根的人是无法让内心安宁的。

来到索韦托，亲眼看到、亲身体验到这里的一切，似乎没有人们想像中的可怕。然而，我只是一个过客，不能为这里做点什么，看到那些追着轮胎奔跑的孩子们，我感到沉重。同样是生命，人生境遇与轨迹却如此不同。我能做些什么？我能改变些什么？在无能为力的情况下，我的存在似乎只能是不给他们带来伤害。如此看来，人类学真是一门“无用”的学问，然而这种“无用”却是无公害、无污染的。

曼德拉故居

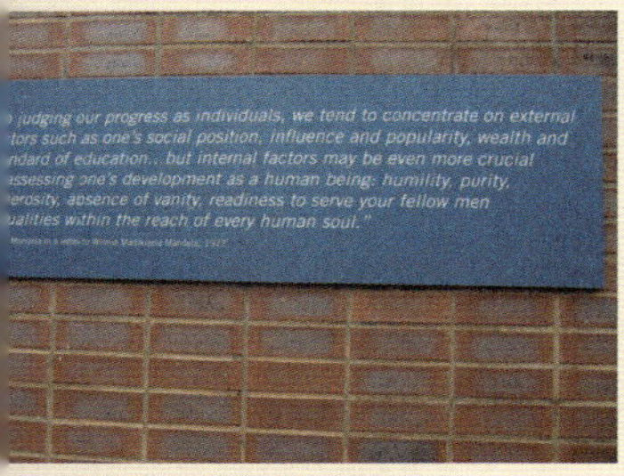

曼德拉故居的时光墙

曼德拉书房

曼德拉故居是索韦托的一个重要景点，占地 60 平方米的小院子浓缩了曼德拉的一生。

在进门不远处的“时光墙”上，记录着曼德拉人生中的重要时刻与事件，以及他的经典语录。每个部分都有一块特别的金砖，记录着曼德拉在这间房子里的重要事件，如同一段沉重的黑人奋斗史。正中央大写的“FREEDOM”（自由），正是曼德拉毕生奋斗的目标。

进入房间，小小的卧室、书房里放着曼德拉的书籍、照片、艺术品等。

1918 年出生的曼德拉，一直以追求民主为目标，为此放弃了成为酋长继承人的资格，“决不愿以酋长身份统治一个受压迫的部族”，而要“以一个战士的名义投身于民族解放事业”。哪怕 1962 年被判入狱、1964 年被处以终身监禁，也从未动摇过曼德拉的理想。在南非人心中，曼德拉就是一个神，人们对他顶礼膜拜，不仅是因为他的成就，更是因为他的坚持！

狱中生活 27 年，仍不改初衷，这是一个怎样坚持的人，有着一颗怎样坚强的心？实在是令常人无法想像与企及。在回忆录中，曼德拉如此写道：

> 即使是在监狱那些最冷酷无情的日子，我也会从狱警身上看到若隐若现的人性，可能仅仅是一秒钟，但它却足以使我恢复信心并坚持

下去。

一本厚重的《漫漫自由路》，记录了曼德拉辉煌的一生，值得更多的人去阅读和了解。下面摘录几句曼德拉的经典语录：

当我走出囚室迈向通往自由的监狱大门时，我已经清楚，自己若不能把痛苦与怨恨留在身后，那么其实我仍在狱中。

在那漫长而孤独的岁月中，我对自己的人民获得自由的渴望变成了一种对所有人——包括白人和黑人——都获得自由的渴望。

仁爱和宽恕是打开南非未来之门的钥匙，仇恨只能让南非继续堕落。

我已经演完了我的角色，现在只求默默无闻地生活。我想回到故乡的村寨，在童年时嬉戏玩耍的山坡上漫步。

曼德拉画像

再见，南非！

昨天是正月十五元宵节，约堡的月亮直到9点以后才变得又圆又亮，之前是很模糊朦胧的。晚上我请桑迪和阿力吃饭。我们来到一个华人开的火锅店，就在我的住处附近。如果不是阿力曾经去吃过，我们根本看不出来那是一家火锅店，因为没有任何标志和牌子，都是华人之间口耳相传。从外面看就是当地很平常的一幢小别墅。按了门铃，车库门自动打开，里面是一个大院子，已经停了六七辆车，都是华人在这里吃火锅。这里的鱼肉火锅还不错，后院的游泳池被老板改造成了鱼塘，养了好多鲤鱼，以保证来这里吃到的都是活鱼。这家店的老板是广东人，在这里很多年了，周末这里人最多。

我们要了麻辣鱼肉火锅，来南非能吃到火锅真是让人高兴的一件事情，我们仨饿得锅一端上来就吃上了，哈哈！还是我建议三人举杯庆祝一下在南非一起过的元宵节。我很感谢桑迪和阿力，这段时间都是他们每天早晚来接送我。明天是周末，他们还要早起送我去机场，我心里很过意不去。三个人边吃边聊，一直吃到快 9 点，出来时都觉得肚子撑得要命，我只好一个人在院子里来回走，看当空的明月。

我是 2 月 5 日到达开普敦的，19 日去博茨瓦纳，在南非待了整整两个星期。这段时间，我得到了 SK 公司老总们的很多关照，吃住行都为我安排得很好。因此，对于这次南非之行，我备感珍惜与感激。

当然，短短两周时间要看完整个南非是不可能的，只能走马观花。也只能把它作为一个开始，未来的日子我会一直前行，争取更多机会走进非洲，感知非洲。

遇见南非学潮

张 瑾

浙江师范大学非洲研究院副教授，历史学博士。2015年南非学潮期间正在约翰内斯堡大学访学。

在发展态势越来越强烈的知识经济形势下，非洲是不是终将再次不可避免地被知识殖民？

对于我来说，2015年10月14日将成为有历史标志性意义的一天。我早上去南非西北大学瓦尔分校图书馆的时候遇到了游行的学生。在周围城市纷纷报道学生游行时，我第一次在这里看到游行的学生队伍。这里远离市区，一直平静。不过，今天他们排着长队，载歌载舞地行进，不允许队伍外的人插队，略显松散的队伍陆续走进了行政楼。

约堡大学学生游行队伍

我庆幸自己不是一个喜欢凑热闹的人，只是远远拍个视频就OK。

我走进图书馆，跟纳丁（Nadine）去上课。上课的地点就在图书馆，那里有独立认证的研究生门禁，研究生以下的学生只有通过与管理员确认上课才可以入内。

约堡大学课堂

任课老师克罗地亚走进教室，她上午路过行政楼的时候就看见了领头的学生，这个“领袖”用黄色的毛巾捂住嘴巴，非常容易辨认。他显得目中无人，不仅排挤想要入内的人，而且很快就发起了对一旁人和财产的攻击。克罗地亚坚信保安早已经知道了“领袖”，“我就搞不明白了”，她说，“他们为什么不采取措施把这些人控制住？”

两个小时的课快上完的时候，工作人员走进教室通知说图书馆封锁了，需要转移到其他地方去上课。我一时间没搞懂是什么状况，只是随着人群走。图书馆的正门已经封锁，有三名图书管理员在门口密切注意形势。有几个老师拿着厚厚

闹事学生中不乏“找乐”的旁观青少年

被学生烧毁的约堡大学教室

的文件材料想要从正门回到他们的车上，管理员很坚决地摇了摇头。正门外，聚集的游行学生暂时没有活动，没有口号，也没有载歌载舞，但是紧张的气氛影响了图书馆里所有的人。大家快速从后门走出，我问那个唯一的后门守卫：“下午或者明天还会开馆么？”他一脸严肃，不置可否。

纳丁在一旁招呼我“快走吧”，还自问是不是应该把她的汽车从图书馆正门挪开，生怕这些学生把车砸毁。我这才意识到事情的严重性不是在于学生的目的，而是在于他们宣誓的行为——破坏，不达目的就破坏，尤其是针对不赞成或不支持的人。

不过，这时我仍然觉得只要我在一边即可，不卷入就不会有什么争端。周围的人不断地向我解释“这样的时刻真是令人难堪”。我发现用“处于这样的历史时刻也挺有意思的”已经没法回应他们，只能轻轻地说“Yes”。进入人文学院办公楼时遇见了牛津大学霍夫曼教授，打了招呼就匆匆离开了。纳丁再次催我：“快点先进来办公楼再说。”

随后，刚才一起上课的黑人同学走进来，啥也没说，眼睛全红了，充满眼泪。她的朋友进来办公楼，过了一会儿又马上出去了。他们匆匆地进了人文学院的教室，我觉得我应该去约翰办公室。

我一进办公室，约翰就说：“你还没吃东西吧？我们现在去拿行李，吃东西，然后转移到我家。”

我说：“不至于吧？我可以只待在宿舍啊。”

约翰用很少见的、不容置疑的口气说：“不行，你知道吗？和你们一起上课的那个白人女生，才走出去就被闹事的学生用石头砸伤了头。”

我想起课堂上讨论的镇区（township）问题。为什么白人很少去，黑人离开了也不愿再回来？我们的不同是因为肤色么？

在专门隔离出来给硕士、博士上课的地方，理论显得崇高伟大富有启示意义：非洲或者任何一个地方，都需要更宽容的文化和更有建设性的机制，来增强社会的活力和经济发展的动力。但是，出了教室的学生是谁？

这些手无寸铁但是会投掷石子的“学生”，这些把学费和歧视联系在一起的“穷人”，这些所谓要追求真正的平等否则就烧学校的“斗士”，是谁煽动了他们？

他们载歌载舞地行进在各条马路上，他们用传统的生火方法点燃那些他们认为有力量的火。他们破坏教学设备，理由是为了减少自己的经济成本。

谁应该为谁的教育买单？！

我想起近日同样热火的一则消息是美国再次上涨学费，而大部分人觉得OK。

据万维网的统计，在美国，有一定的知名度和声望，类似于国内一本院校的大学中，公立大学的学费每年3万—4万美元，私立大学是4万—5万美元。如果算上生活费和书本费，每年可能还要增加2万美元左右。如果一个美国人想要去外州或者去一所私立大学，比如哈佛和耶鲁，每年至少要花费6万美元，这是一个典型的美国家庭一年不吃不喝的所有收入。让人更加绝望的是，奖学金的优惠政策也不是想申请就能申请到，除非你的学业和生活实践都特别优异而你的家庭也可以负担。助学贷款是一个比较常见的项目，但大多数人需要用20年左右的时间才可以还清。在这样的情况下，学费仍然在涨。

哈佛大学校长说过一句话："你要是觉得大学贵，那么你来试试无知的代价。"

美国的产业升级之后，挣钱多的工作都在高科技行业和服务业，这些好的工作大学以下学历的人无法胜任。联想到20世纪60、70年代美国大学生的嬉皮文化运动和干预政治，现在没有人会再如此作为，因为花那么多钱上学并不是为了参加政治活动。美国的大学在这样的情境下自然也不会降价。学费根据市场来确定，既然学校可以盖更好的大楼，用最好的设施，提供更好的服务，请更牛的教授，获得更好的排名，增加文凭含金量，羊毛出在羊身上，何乐而不为！

正如我们所见，这并不仅仅是教育体系本身的问题。

在美国，在市场经济体制下，教育是为了更好地寻求出路，大学成为投资和收益结合的一个地方，行业竞争的"学校壁垒"，加上拥有着文化、社会秩序的政治赌注，让大学教育不仅不会褪色，而且将成为越来越炙手可热的稀缺资源。如果再加上全球化世界的形势和未来知识体系的升级，未来的非洲似乎注定被知识殖民！

在南非，祖马陷入的贪污调查和之前"让步"的言行，加之经济不景气带来的种种社会问题，让这个号称民主自由的"彩虹之邦"陷入困境。

目前，尽管时常有警笛拉响，天空中警用直升机也不时出动，但没有政府

火烧后的残留

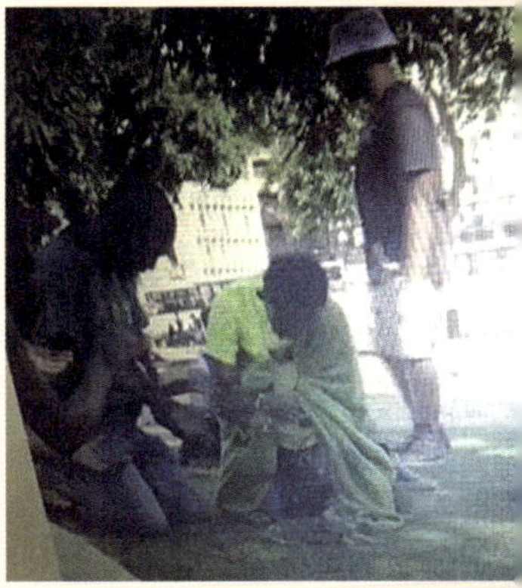

约堡大学里用传统办法生火的学生

约堡大学生焚烧公交车

约堡警察奔赴学潮地

人员出面调停，警察署公开表态不愿对学生动粗。但学生没有停止的迹象，令人有些哭笑不得的是，这些雄赳赳气昂昂的学生肆意抛掷石头砸向白人或者其他学生，但警察车辆到来时很快就四散而去。

我问约翰为什么警察不逮捕领头肇事者，约翰说因为这是民主程序之一“收集证据”，在证据不充分之前不判罪、也不劝阻。

那么，更多的愿意学习的学生，他们就要付出休课、被打击的代价么？这场“革命”为的是谁？！

约翰带我返回宿舍拿行李回家。准备再出宿舍时，发现有很多学生跑回宿舍区。因为宿舍区实行严格的刷卡制度，所以闹事学生不会冲进来。但为什么这些学生还是跑着回来呢？约翰指向天空：“看！”

一股浓烟从天空中飘过，然后是刺鼻的气味。

然后有不少学生用水清洗眼睛（约翰说这会更难受的），而保安人员很熟练地带上了面罩。

看来有人使用了化学喷剂来驱散人群。周围空气中弥漫着刺鼻的气味，很自然，如果浓度再强，眼耳口鼻都会难受。

上了车，约翰说：“不怕，我们关好了玻璃窗。”

但是，我们也不被允许出宿舍区域了。因为约翰德高望重，所以保安专门来告知，为避免进一步的混乱现在要封锁，过一会儿才开校门，放行外出的师生车辆。于是我和约翰只有在车里待着，约翰为了让气氛轻松一点，打开了收音机，但插播的是关于学生行为的新闻。

这时，车窗外，摇摇摆摆、不慌不忙地走来了三只鹅。

谁能享受当下？

回答是——那些事不关己者。

比如，之后我们很快在购物商场遇到的更多吹着冷气的白人。他们过着完全西方的生活，看不出有任何不满或者工作压力。但是，在学校里，知识精英们，白人乃至黑人，却面临着被游行学生围攻的事情。仅仅因为他们不想参与政治，他们想要读书，继续学业，努力地在经济形势非常不好的当下求一个可能的光明的未来！

多么令人揪心的对比！

是啊，这里什么都像西方，但是人却完全不同。

硬件完善改变不了认知的差距，而非洲的光明、未来的希望岂是号召就能长存的？用那些非洲政治家的话来说，他们要改变新殖民的境况。可是，如果精英们仍找不到希望并纷纷逃离非洲，非洲的未来在哪里？在发展态势越来越强烈的知识经济形势下，非洲是不是终将再次不可避免地被知识殖民？

对历史学学者而言，长远的时光长河中人只是渺小的一簇。有山河不语，有岁月无声。那些重大的历史事件放在漫长的时光里也只是一刻，但往往这样的一刻可以有足够强大的改变的力量，为当下人们的心理赋能。

2015 年 10 月 14 日，对我而言，就是这样的一天。

赞比亚

赞比西河口渔民（刘鸿武摄，2009.10）

赞比亚留学生活散记

玄兆娟

时为浙江师范大学非洲研究院比较教育专业硕士研究生。2010年上半年赴赞比亚大学学习半年。

"Love your neighbor as you love yourself"（爱人如己），这句话一直回荡在我耳边。

初见卢萨卡

我怀着无比激动的心情，在2009年12月29日晚上9点登上了前往赞比亚的飞机，飞行20多个小时后，终于在30日下午3点左右来到了赞比亚首都卢萨卡。刚下飞机，就受到中国驻赞比亚使馆和赞比亚大学老师们的热情接待，他们当晚设宴为我们接风洗尘。宴会上我们见到了中国驻赞比亚使馆的文化参赞王尼先生、办公室主任樊满江以及赞比亚大学校长、各学院院长、负责学生工作的老师。宴会上我们介绍了各自的研究项目，并与赞比亚大学学生处的老师就今后六个月的学校生活进行了交流。夜深人静时，我躺在床上，回想下飞机后的点点滴滴，内心满是感激。虽在异域他乡，却没有丝毫的孤独感。

英语水平见长

办完入学手续，学院院长为我们按专业安排了导师。我的导师是当地人，高高大大的，名字叫"Choolwe Beyani"。初次见面我就出尽了洋相。因为在国内口语练得少，我想跟导师阐述论文主要内容很吃力，不是有口难开，就是错误百出。一场谈话下来，导师说了句："Hoping that your English can be improved after six months here.”知耻而后勇。在接下来的日子里，通过与当地人的不断沟通实践，我的嘴终于能张开了，把平时教给学生的语法也运用到了自己的表达中，于是得到了许多人的表扬，都说我说英语说得很棒。每到那时我会美滋滋地说：“That’s natural，because I was an English teacher before.”临上飞机，我给导师打电话已经能够自如地跟他交谈。感谢这段留学的生活让我锻炼了口语，对我将来的工作一定会产生较大的影响。之后我又多次找到导师聆听他对我论文的指导，实在受益匪浅。

梅利卡其人

在我们住处附近有一个艾滋病咨询中心。闲暇时我们会带着电脑去那里用免费的网络。在那里，我认识了办公室主任梅利卡（Melica）。梅利卡是一个很开朗的女人。我们在一起讨论的话题很多：如赞比亚艾滋病情况、在赞比亚中国企业雇工情况、当地工人待遇、中国的计划生育政策等。梅利卡是属于赞比亚新时期的女性知识分子，很有见地。

只要是认识的人，梅利卡都很关心。每次见面她都会问：“How are you?”刚开始我都是敷衍她的问候，以为这不过是见面时的客套话，直到有一天早上发生了一件事。在前往艾滋病咨询中心时，我不慎摔跤，到那里时她就看出我的表情不对，非要问个究竟不可，之后又一个劲地表示为我难过。转眼到了要回国的时候，我告诉她时她很是震惊，却又无奈，便送给我一块用来做当地传统服饰的布来做纪念。还给我写下电子邮件地址，以便我们日后联系。我想以后我会想她的。

在那间办公室，我还认识了赞比亚大学一名学生，名字和我的导师一样，是个十分开朗热情的、典型的赞比亚青年。我们一起聊了很多。临回国前一个礼拜，我说想去看动物，他积极地向朋友询问哪里的动物多、门票又便宜，还告诉我具体的地址和乘车路线。感谢他让我临走前满足了酝酿很久的心愿。

中文学校的刘妈妈

在上届师姐的介绍下，我们和国际中文学校的校长取得了联系。闲谈中得知学校正在招收新一批学员，但师资力量不够，我和另外三名同学便主动承担了周末的教学任务，分别教小学生汉语和成人英语。三个月下来，我的感触是：虽然他们基础很差，但却是我教书以来学得最认真、求知欲最强的一批学生。看着他们渴求知识的眼睛，积极主动地提问和发言，作为一名教师，我感到自己重任在肩。

刘大妈是赞比亚华人商会的秘书长。出国前我对她已有耳闻。接触后发现，她果然是个热心肠。第一次见面自我介绍后，刘大妈就说，“以后就叫我‘刘妈妈’，你们都是我的孩子！”有了她，我们的生活就有了保障。方便面、做饭所需的各类佐料，这些在非洲属奢侈品的东西，她源源不断地送到我们的住处。每逢周末，还接我们去她开的酒店吃饭。在那里，我认识了很多当地的中小企业家，这为我完成论文提供了不少便利。

春节是中国的传统节日。节前，刘大妈建议我们排练节目到中国驻赞比亚使馆参加那里的新春招待会。结果是，女生编排的舞蹈上了当地的电视台，男生演的小品博得在场观众的阵阵喝彩。这一下子，我们成了当地华人圈的名人。元宵节时，我们与刘大妈合唱《感恩的心》，刘大妈用歌声与舞蹈感谢她在当地的朋友，而我们也由衷地感谢刘大妈对我们的点滴关怀。

2010 年中国驻赞比亚使馆新春招待会

铜带省礼遇

我的论文题目是“中国的中小企业对赞比亚投资研究”。为查找资料，我亲自去了工业区——铜带省。在那里，我找到当地的中国企业，与企业家们座谈，从中了解到很多在网上和国内找不到的信息。仅仅是因为中国人的身份，我在铜带省受到很多意想不到的待遇。经贸合作区的负责人王新先生，不仅亲自开车来车站接我们，还帮我们找到住处，第二天又为我们提供资料，并介绍其他企业家给我们认识。

在铜带省的省会恩多拉，我们联系到一名同学的母亲。谈话中才得知，这位女士是去世的赞比亚前任总统姆瓦纳瓦萨（Muwanawasa）的妹妹。她虽然身份高贵，却平易近人。正值家中装修，她很抱歉不能留我们住在家里，但为我们找到一家很高级的宾馆，并付了房钱。她说 8 月可能会访问中国，我们也期待着与她的再次相见。

采访时，我们顺便参观了中国援建的恩多拉体育场。建筑单位是安徽省外经建设（集团）有限公司。走近大门我们便有一种说不出的亲切，“高高兴兴上班，平平安安回家”马上映入了我们的眼帘。职工的生活区里文化丰富，黑板上写着《外经之歌》《援外人员之歌》等。据说那里还有无线网络。

拜见卡翁达

本文作者与卡翁达（右）

在当地中文学校学习的人中，我们有幸认识了赞比亚开国总统卡翁达的秘书。我们向他提出拜会卡翁达的请求，居然得到了许可，大家兴奋不已。临回国前几天，我们被通知去卡翁达住处与他见面。见面时，卡翁达一路小跑来到大家面前，并用赞比亚人传统的握手方式与我们打招呼，这令大家备感亲切。交流中，卡翁达向我们讲述了他父母对他的影响。老人家的人道主义精神使我们对他肃然起敬。“Love your neighbor as you love yourself”（爱人如己），这句话一直回荡在我耳边。我们将金华特产——火腿送给卡翁达，并与他合影留念。

这段日子是我们每个人生命中宝贵的精神财富。感谢浙江师范大学，感谢非洲研究院，给我这个机会来锻炼自己、提高自己。我会用尽我全部的力量为祖国的非洲研究作出应有的贡献！

拜见中国人民的老朋友卡翁达

杨广生

时为云南大学非洲研究中心博士研究生，师从刘鸿武教授。2010年上半年赴赞比亚大学留学半年。现为浙江农林大学非洲林业研究院讲师。

“和平不仅是赞比亚人民的追求，而且是全世界人民的共同愿望。”

恩夸拉仪式上遇见卡翁达

恩夸拉仪式（N'cwala Ceremony）是非洲恩戈尼人（Ngoni）的传统节日，也是赞比亚国家的一个重大节日。它是为纪念19世纪末恩戈尼人抗击英国殖民统治时的英雄而设立的。今年的恩夸拉庆典仪式在东部省的重要城镇——奇帕塔（Chipata）举行，整个仪式持续了一整天。2010年2月26—28日，我们在赞比亚大学留学的学生结伴前往赞比亚东部省，参加由学校组织大家集体观看的恩夸拉仪式。

恩戈尼人传统服饰

26日清晨，我们驱车从奇帕塔城中心出发赶往仪式地点姆腾古勒尼村（Mutenguleni）。一路上，我们见到很多穿着传统节日盛装的当地人。来非洲有段时间了，还是第一次见到这么多人聚集在一起。小镇里人山人海，从簇拥的人群就能感觉到恩夸拉仪式在赞比亚的重要。当地人的传统服装是用带毛的兽皮做成的，他们头戴兽皮毛，身披兽皮衣，手执长矛和皮盾，显得异常凶猛彪悍。我个人感觉这种穿着是英雄的象征。

一位和我们同行的当地女士给我们每个参加仪式的中国学生都取了个当地名字，我的名字叫“Mulenga”（穆伦加）。据说，“Mulenga”是奔巴族的一个富姓名，这令我备感骄傲。当地人对我们非常热情，看到我们来参加他们的节日很是自豪。特别是当我告诉他们我喜欢“Mulenga”这个名字并用当地语言跟他们问

出席仪式的酋长

载歌载舞的恩戈尼人

好的时候，他们兴高采烈地和我握手拥抱，还会很亲切地问我中国的情况。

长时间与非洲朋友生活在一起，我发现非洲人其实很好相处，只要了解他们、尊重他们，他们就会报以热烈的欢迎。我们需要了解非洲的传统文化，了解非洲人的内心世界，真正用心灵去感受他们。我想他们也是非常想了解我们的。唯有如此，我们才能互相尊重，才能友好相待。

仪式中心会场就在草坪上，是一个巨大的圆形会场，四周是遮阳棚，供与会人员就座，中心是一个穿着传统服饰的当地酋长的雕塑。由于没有座位了，大家席地而坐。坐在我们右边区域的是全国各地的大酋长，酋长地位非常崇高，当地人从他们面前经过时要跪膝而过。主席台就座的是国家领导人，包括往届的和现任的。

仪式开始，恩戈尼人穿着传统服装载歌载舞地进入会场，他们不需要任何音乐，击掌、踏足和独特的舌音构成他们强烈的节奏，真正是音乐与舞蹈的完美融合，人灵与自然的纯生态协奏，聆听者的身体和血脉也会不自觉地随之跳动。他们的舞蹈节奏强烈，表意直接，虽然听不懂他们的唱词，但可以从他们的肢体动作和面部表情强烈地感觉到他们或在驱兽或在祭祀或保卫等等。男女老幼都能载歌载舞，而且分工不同，巧妙搭配。聆听他们的说唱，欣赏他们的舞蹈，能体会到他们真切流露的内心情感。

我们正在感受歌舞的时候，突然有几辆车进入会场，停在主席台前，车里出来的真是重要人物——卡翁达和齐卢巴。他们的到来使得现场气氛异常热烈，记者都蜂拥而上抓拍照片，特别是卡翁达和齐卢巴握手的情景。等现场平静些后，我们壮胆跑到记者区，希望近距离接触一下卡翁达。他现在更像一位慈祥的老人，静静地坐在主席台，有几位早些过去的同学有幸和他合影留念，他也冲我招手示好。我刚准备过去和他合影，保安突然拦住我说："请回到记者区，副总统马上就要到了。"我只好回去，没能跟卡翁达合影留念心里觉得非常可惜。卡翁达先生好像觉出我的感受，一直看着我。我用右手贴在胸口向他点头示意，他居然用同样的方式回应我，而且一直保持友好的微笑，让我深深地感觉到中非老一辈领导人缔结的深厚友谊。

中间又有一段传统仪式表演，演员都不是专业的，就是当地的老百姓，歌舞就是他们生活的一部分。这时齐卢巴先生起身来到酋长区向酋长们示意，我没有想到酋长的地位这么崇高，齐卢巴跟他们逐一鞠躬、握手示意，而酋长们就坐在座位上，不用起身。

随后副总统到达了现场，由于总统正在中国访问，只能副总统来出席这个仪式。等他落座后不久，突然从场外跑进一大群穿着传统服饰的当地人，而且越来越多，他们边跑边舞，同时伴着带有非洲原始野性的欢呼声。男人手持舞棒（一种独特的棒子，顶部是一个圆球）上下舞动，女人上身裸露，击掌叫唱。

整个场地雷声轰轰，尘土四起，犹如千军万马奔涌而来，场面甚为壮观。突然他们冲一个方向欢呼舞蹈，旁边的一个黑人告诉我，东部省的大酋长来了，全场所有人全部起立，包括卡翁达、齐卢巴、副总统等要员。大酋长英俊威武，有一呼百应的威严，他经过主席台时，领导人都对他屈身点头示意，其他省区的酋长也分别向东部省大酋长致意，每个酋长讲话的时候所有人都要起立以示敬意。从这里可以看出，赞比亚的酋长地位相当高，酋长对国家政治和社会生活的影响非常大。这是很多非洲国家的现实国情，非洲国家的民族构建、政治制度、社会发展、文明进步等都离不开这种酋长式社会传统的影响，特别是在广大农村地区，人们对酋长的心理认同往往高于国家认同，这是研究非洲的一个重要方面。

仪式的高潮是宰牲。一番歌舞祭祀后，他们把一头牛拉到场地中，等待吉时宰杀，把牛的后腿拴在树上，还没来得及定睛，一人手持长矛迅速将长矛刺穿牛身，又迅速拔出长矛，牛还在蹦跳，鲜血已从脖子往外喷涌，看着有些胆战心惊。另外一位族人手捧一个大盆，接了一些新鲜牛血，跪举着大盆供到大酋长面前，大酋长饮了些许，之后又把宰杀的牛割肉微烤，供给大酋长和一些要员享用。整个宰牲仪式结束，大酋长走下高台，与所有舞者一起载歌载舞，并绕场一周示意，整个会场都沸腾了。

之后，领导人相继离开会场，人群还在攒动。我的内心一直轰鸣，第一次亲身感受这种壮大的非洲传统节日，真是不虚此行。回程的路上，我们来到赞比亚和马拉维的边界小镇姆瓦米（Mwami）。虽然没能过境，但也感受了一下马拉维边境的情形。回到住处虽有些疲劳，但享受着赞比亚传统美食恩希玛（Nshima），回味着当日的仪式盛典，我内心深处充盈着无数遐想。

卡翁达先生家的院落

拜访中国人民的老朋友卡翁达

2010 年 6 月 4 日对我来说是个有着特殊纪念意义的日子，我在赞比亚首都卢萨卡拜访了中国人的老朋友、赞比亚前总统卡翁达先生。

卡翁达先生的居所——塞巴尔路 21 号，位于卢萨卡市中心东南郊的卡布隆噶区（Kabulonga），这里的环境恬静优美；沿路绿树成荫，花草相随。按照卡翁达先生的助理事先的约定，见面座谈是在当地时间上午 11 点，我们提前十分钟到达。卡翁达先生的门卫热情地把我们迎进了院子，映入眼帘的是一片翠绿的草坪，各种绿树站在院子不同的角落，五彩缤纷的鲜花争奇斗艳，一个别致的茅草亭立在草坪的边缘，透着浓郁的非洲情调，四合院式的红顶房坐落在庭院的前方，整个院子就像一个悠闲的花园。

我们被带到会议室休息，在那里等候卡翁达先生。很快就见到了仰慕已久的卡翁达先生。老人家微笑着从门口进来，我们全体起立。“欢迎你们的到来！”老人家的声音厚重有力，他从门口处依次和每一个人握手，并且幽默而亲切地教我们用赞比亚的方式握手，一边握一边说“一、二、三”。老人家穿着一件洁白的非洲式短袖 T 恤，黑色西裤，整洁大方，左胸口绣的艾滋病标志红丝带非常显眼，脸色明亮红润，笑容和蔼可亲，双眼炯炯有神。轮到我时，老人家高兴地看着我说：“欢迎，年轻人！一、二、三。”他握手很有力量。最令我惊奇的是，握完手后，老人家居然像一个活泼的孩子小跑到自己的座位，丝毫没有 86 岁高龄的孱弱与苍老。

落座后，卡翁达先生再次对我们的到来表示欢迎，并向我们介绍了他的两个儿子。他首先介绍自己的生平：“我的父亲是一名基督教牧师，母亲是一名教师，他们给了我很好的教育，特别是父亲教导我‘爱人如己’的道理，让我受益终生。”的确，“爱人如己”成为卡翁达工作的重要思想，最终形成了他自己的人道主义哲学思想。在领导人民争取独立的政治斗争中，在发展国家经济的政策中，在对外交往的活动中，都体现了他的这一思想。“下面还是把时间留给你们吧，我的故事太长了，有 60 多年呢！”老人家的幽默把大家逗乐了，现场气氛立刻轻松活跃起来。

当我们问及赞比亚的政治独立和民主发展时，老人显得有些深沉：

殖民地时期，非洲地区基本都成为白人的殖民地，有葡萄牙、英国、德国等，他们把黑人当作奴隶，我们损失了千百万人的生命。我年轻的时候，种族歧视很严重，黑人的状况很悲惨，有黑人学校、医院、邮局等等，不能得到公平的对待。我们只有反抗、反抗、反抗、反抗！

当年老人领导赞比亚人民争取民族独立时顽强的斗争勇气，从他那坚毅的眼神中依然清晰可见。

谈及当代政治发展问题时，我问老人："酋长在赞比亚的政治生活中作用大不大？"老人说：

很大！因为他们是各部族的精神领袖，在国家的独立斗争中作出了很大努力，现在各部族间的团结也离不开他们，对国家的稳定和发展有很大的作用。

赞比亚有 73 个部族，它们都有自己的风俗习惯，酋长在部族社会中有比较大的影响，在恩夸拉仪式上，国家领导人、政府官员都对各地的酋长非常尊重。因此，酋长对国家政治、经济、社会生活影响很深。

我注意到老人的一个习惯，左手总是拿着一方洁白的手帕。我问老人其中的缘由，他笑道：

看来你们对我这个习惯很感兴趣，有两个意思，早期领导人民斗争的时候，我觉得人民需要一个团结的象征物，当时我在公众面前挥舞着手中的白手绢高喊"一个赞比亚"，民众就回应"一个民族"；另一个意思是，我觉得白色是和平的象征，和平不仅是赞比亚人民的追求，而且是全世界人民的共同愿望。

和蔼可亲的卡翁达先生

老人在公共场合都会手拿白手帕，这个习惯不是做秀，而是一种执着。在老人退出政治舞台后，这种执着体现在抗击艾滋病事业的长期努力上。卡翁达退出政坛后并非在颐养天年，而是活跃在国家的公益事业上，积极战斗在抗击艾滋病的第一线，是名副其实的“抗艾斗士”。老人今天穿的上衣左胸口绣着艾滋病标志红丝带，这表明老人不仅把抗击艾滋病当作一份事业，也把它融入自己生活的一部分，努力进行抗艾宣传，关爱艾滋病患者。老人的这种执着精神令人由衷地敬佩！

我们谈到中赞关系时，老人仰头回忆，深情地说：

> 我与毛主席和周总理成了朋友，我很敬佩他们，赞比亚和中国成了朋友，我们是兄弟、是姐妹。坦赞铁路是非洲和中国友谊的不朽丰碑。今天，中国在非洲的作用越来越重要，特别是在农业方面，给予非洲很大的帮助，中国是非洲全天候的朋友！

老人家对我们来赞比亚留学、进行文化交流感到很欣慰，并给予我们很大的鼓励。去年 11 月，卡翁达赴华接受中国人民对外友好协会和中国非洲人民友好协会评选的“中非友好贡献奖”，位居“感动中国的五位非洲人”之首。提起这件事，老人记忆犹新，他说：“我很高兴又到中国去，希望以后还能去。”其实还有一件事。今年 4 月 28 日晚，卡翁达受中华人民共和国驻赞比亚大使馆的邀请，在中华人民共和国驻赞比亚大使馆庆祝了自己的 86 岁寿辰。“受中国大使之邀来到这里度过我的生日让我非常高兴，这是我的荣幸，因为我与中国人民有着深厚的感情。”卡翁达一进官邸会客室，就发表了这样的感言

本文作者与卡翁达（右）

整个谈话持续了两个多小时，卡翁达先生从未中途离场，一直都稳健地坐在那里。座谈结束后，我们向老人赠送了从中国带去的礼物，他很高兴，当即拿出一颗干红枣放到嘴里，边嚼边说：“非常好吃，我一定全都吃光，谢谢你们！”大家应声欢笑。

最后，应我们的请求，老人和我们合影留念，他就像个乖巧的孩子，站在那里等待每一个人轮流跟他合影，嘴里念着“下一位，下一位”。合影后，他又是

一路小跑回去，并回头跟我们亲切地告别。老人这种矍铄的精神状态令我们由衷地敬佩，希望他健康长寿！

赞比亚总统班达访华期间的媒体反应

2010年2月26日，赞比亚《每日邮报》(*Zambia Daily Mail*)头版头条报道了赞比亚总统班达访华的消息，文章标题是《赞比亚，中国，紧密相连》("Zambia, China cement ties")。文章标题用了"cement"和"tie"两个词，"cement"意为（有共同利益的双方）加强和巩固其纽带关系，"tie"意为紧密的关系或纽带联系。这个标题表明班达访华有利于加强中赞关系，巩固双方共同利益。

此次班达访华成果显著，中赞双方签订了五个合作协议，《每日邮报》对此做了较为详细的报道，前四项主要是关于中赞经济与技术方面的合作，第五项是关于2010年至2014年双方文化合作的项目，文章特别引用了声明里的一段话加以说明，"此协议有助于加强两国在文化、艺术、历史遗产、教育、体育、出版、无线电、电影及电视方面的交流与合作。"文章还对期间班达参观故宫做了特别报道，班达对中国人民创造的历史表示了高度的赞扬。

2010年3月5日星期五的《每日邮报》头版头条对班达访华的成果做了报道，标题是《中国成功之旅——班达》。班达表示，此次访华是非常成功的，特别是与中国政府及投资者商讨了许多项目和发展机会。文章提到班达参观中兴和华为科技两家公司，并希望他们在赞比亚建立制造公司，同时欢迎各类通信公司到赞比亚建立国际通信中心，期望赞比亚成为非洲信息交流技术的一个中心。文章提到两国签订的五大协议及欢迎中国旅游者前往赞比亚。

同期《每日邮报》第9版用整版的篇幅对班达访华及中国在赞比亚和非洲的投资进行了评论报道。第一篇是《班达访华拉近了两国人民的友谊》，文章介绍了班达访华期间与中国达成的各项协议及合作意向。文章开篇认为，中国对非洲的"新探索"引起了国际社会的注意和争论，中国正以一种新的关系模式积极介入非洲，这种关系模式不是由传统势力决定形成的，甚至不是非洲人自己形成的。此次访华，班达总统和中国领导人签订了许多谅解备忘录，更加深了不断成长中的相互合作。

文章报道了3月2日基督教神学反思中心（Jesuit Centre for Theological Reflection）组织举办了一场研讨会，主要是讨论中国在赞比亚乃至非洲的投资，会上的主题发言都比较客观。来自伦敦经济学院（London School of Economics）的克里斯·奥登教授（Chiris Alden）说：

> 中国正以积极的姿态投资非洲基础建设、资源及交通运输领域，中国与赞比亚签订的协议是中国深化其内地关系的一个标志，期望可以提供更多的工作机会和更大的发展机遇。非洲需要认识到自身的利益需求，班达此次访华达成的谅解备忘录应被看作在正确方向上迈出的重要一步。

私营企业发展协会的主席优素福·多迪亚（Yusuf Dodia）说：

> 这些协议对赞比亚是有利的，为赞比亚人从中国投资中获益提供了机遇，中国为这种新的伙伴关系提供了机会。

赞比亚经济协会成员 Chibamba Kanyama 说：

> 目前我们不应忽视中国，我们应庆幸中国的投资在政府层面的推动下，这意味着这一过程完全在公众的监督下。

文章最后评论说，赞比亚不应忽视中国，但是应该提出赞比亚的对华政策，以创立双赢局面。

赞比亚西部小镇上的“库姆布卡”节

柯姗姗

时为浙江师范大学非洲研究院世界史专业硕士研究生，师从刘鸿武教授。2009年年底，在国家留学基金委的支持下赴赞比亚大学学习。

在这个偏远小镇，好像星星尤其多、尤其亮。

库姆布卡仪式（Kuomboka Ceremony）是赞比亚西部省每年一度的酋长迁移典礼，也是赞比亚最大的传统文化盛典活动。

赞比西河流经赞比亚境内，以芒古（Mongu）为中心的赞比亚西部省受河水影响较大。每年雨季给赞比西河带来了丰富的水源，随着河水不断上涨，沿岸低洼处都被淹没。西部省就是被淹没地区之一，河水的注入也给西部省的渔业发展带来了丰富资源，但同时也迫使低洼地区居民不得不寻找新的居住地。每年这个时候，当地酋长带领着所有居民在政府的支持下，从被河水注入的低洼地区迁移到地势较高的地方，这其实也就是库姆布卡仪式的主要内容。

今年的典礼在4月17、18日两天举行。从17日上午开始，芒古河的两岸就聚集了众多参加活动的人，他们戴着节日的红色包头帽“Lishushu”，男女不同，但是大部分女人不戴，并且女人不可以戴男人的帽子，否则会被罚两头牛。很多人还穿起了节日的盛装，尤其是当地老人。男人的服装称为“斯兹巴”（siziba），女人的服装称为“穆希希”（musisi），女裙的上半部分还有特定的称谓“巴吉”（baki）。着盛装的当地人有的三五十个聚集在一起跳舞，有的在街道两旁摆卖商品，不曾想在这偏远的小镇竟然还有这么多来自中国的商品。街道上布满了巡逻和维持治安的警察，因为要迎接总统的到来。

头戴“Lishushu”的赞比亚男子

活动在下午2点王式开始，芒古河的两岸挤满了等待的群众，很多人载歌载舞。在人群中能够看到很多不同肤色的人，除了即将参加庆典的各国大使馆人员

通风报信的小船

酋长夫人的船

酋长（右）和总统（左）

和代表，大部分是来自西方的游客和记者。

总统在当地时间下午 3∶30 乘直升机到达芒古，随行的有近二十位政府要员。总统到达后也与群众一起等待。大概一个小时后，随着两岸群众的欢呼和喝彩，只见三只小船缓缓划来，到达终点后转了一圈后又划了回去。问过当地人才知道，原来这是来提前通知酋长快到了的船只，叫“纳塔米克瓦”（Natamikwa）。

大概又过了半个小时，酋长乘一只很大的“纳塔米克瓦”，白色的半圆形船顶棚，酋长一身戎装站在船里面，顶棚上面还立着一头纸质的大象，象征着酋长的威严，大象的耳朵和鼻子不时摇晃着，像是在向围观的群众招手。划船的人全都赤裸上身，带着红色包头帽，帽子上还附有动物的毛，下身着动物的毛皮，手持黑白相间的浆，十分有节奏地来回划行，船的前端有一人用力击着鼓。酋长的船来回划了五趟之后，酋长夫人的船来了。 酋长夫人的船要小于酋长的船，船顶设有一只当地的圣鸟。酋长夫人的船来回划了三趟之后，酋长和夫人才登岸与总统和群众见面。

5∶30 左右，酋长和总统等入座，进入表演节目和发表讲话的阶段。酋长走进预先设置好的露天会场时，所有人都跪下以示尊敬。酋长和总统并排入座，酋长一身戎装坐主位，总统着传统服饰坐在一旁。首先是传统舞蹈表演。表演者下身都配着动物的毛皮，男人手舞足蹈，女人在两边欢呼击掌；另外还有乐器西林巴（Silimba）演奏。这种乐器上面铺着动物的皮，下面缀着很多像鼓似的小配件，演奏起来如中国传统的扬琴，但声音浑厚而有节奏。

表演节目之后就是发表讲话。首先是文化部部长讲话，内容大致是说政府支持赞比亚传统文化和风俗。随后就是总统讲话，他的讲话持续了近两个小时，内容涉及政府将继续支持西部省的发展，尤其是渔业的发展；政府支持传统文化，保护传统文化；政府将在卫生、教育等方面加大对西部省的投入；访华期间，中国承诺援建一条贯穿西部省的公路，等等。每位发言者都用英语讲话，一位当地长者用本土语言，配有翻译。

总统讲话结束时，已近当地时间晚上 8 点。抬眼望去，天空繁星点点。在这个偏远小镇，好像星星尤其多、尤其亮。分散的人群不断远去，小镇上还处处洋溢着浓浓的节日气氛。听说第二天还有很多小型庆祝活动，欢乐还将继续……

• 津巴布韦 •

空中鸟瞰的灌溉农田（刘鸿武摄，2009.02）

津巴布韦访学见闻录

龙 秀

时为浙江师范大学非洲研究院比较教育专业硕士研究生。2011 年在非洲研究院教师牛长松博士带领下赴津巴布韦开展为期三个月的实地调研工作。

抵达津巴布韦已有一个星期的光景，在了解了风土人情、环境气候之后，我见识了不一样的非洲，不一样的津巴布韦。

充满阳光和鲜花的国度

津巴布韦给我的第一印象就是漂亮。走出机场，满街满街都是开满各种颜色鲜花的大树，紫色的，黄色的，红色的……姹紫嫣红，目不暇接，走在大街上还以为是春天呢！据长期居住在此的华人说，津巴布韦是他们见过最漂亮的非洲国家。

这里植被丰富，树木粗壮，数量繁多。据说都是自然生长的，并非人为种植，但这里的人不会随意砍伐树木，破坏生态平衡。

10 月的阳光有些灼热，晒得皮肤生疼。不过早晚温差比较大，早晨六七点钟的阳光洒在身上，舒服极了。9 点以后白花花的太阳照得人睁不开眼，就算打伞也不顶用。非洲人可很少在太阳天打伞，他们走在明媚的阳光底下是很正常的事。据当地人讲，10 月是津巴布韦最热的时候，11 月就该是雨季了，雨季一直延续到第二年的 5 月；而 6 月和 7 月是最冷的时候，需要穿毛衣甚至棉衣。

姹紫嫣红的大树（一）

姹紫嫣红的大树（二）

没有本国货币的国家

自2007年经济大萧条、货币严重贬值之后，津巴布韦就不存在自己的货币了。目前津巴布韦流通的货币除了美元之外，还有南非的兰特（Rand）和博茨瓦纳的普拉(Pula)。美元是基本的大面值货币，而兰特和普拉则是作为零钱使用的。1兰特和1普拉都相当于1美分，但如果拿100兰特或100普拉换1美元，人们是不会愿意的，因为在购物时1美元的价值大于100兰特或100普拉的价值。

来津巴布韦前，我特意查询过当地人的生活状况。我和周边的朋友都以为这里的居民生活还深受2008年经济危机的影响，通货膨胀非常严重，以为现今的津巴布韦人还拖着皮箱或是提着整麻袋的当地货币去购物。临行时，朋友们都很好奇这边的大面值货币，还嘱咐我回国时捎点当地货币。来到这儿才知道，这边不再使用当地货币，就算想收藏也要到银行或者指定的地方购买。据说一张最大面值的津巴布韦货币为2.5亿津元，需要10美元，相当于64元人民币。

要是没有国际制裁，津巴布韦的发展不知道会是什么样，又曾有哪个国家的一个单元货币能抵得上两美元？据当地的华人讲，现在的津巴布韦跟十多年前的津巴布韦相差不大，也就是说，我们看到的几乎还是十多年前的津巴布韦。曾经的津巴布韦是多么的辉煌！

虽然没有自己的货币，但津巴布韦的消费水平并不低，所有的商品都以美元计价。津巴布韦的商品标价与国内商品标价相当，有些更高。只是在津巴布韦的货币是美元，而国内使用的是人民币。也就是说，津巴布韦的物价比国内要高出六倍多。在这里，我们只能把美元当作人民币花。这种消费观与来津巴布韦之前截然不同，4000多元人民币换了600多美元，在这里的购买力就相当于国内的600多元而已。来津巴布韦之前，我甚至还妄想着能在这里过上一把富人的瘾，结果不但没能如愿，还成了这里的穷人。在超市购物时我发现，一双普通拖鞋17美元，一个拖把13美元，一把菜刀14美元，一只大蒜1美元。

虽然物价高，但土地相对便宜，20万美元就能买到一个很大的院子，而且购买人对土地拥有永久产权。不过，在这边的生活成本比较高，还要交土地税。

热情友好的人民

这里的人们很友好，乐于助人。我们有什么不懂的都可以问路人甲或路人乙，他们都会很热情地帮忙指点。来到学校后，这边的负责人也为我们做了很多，帮我们联系住宿之类。学校里的人也很热情，对中国也感兴趣，还会向我们打听中国的事，对中国充满好奇和向往。

负责接待我们的人担心我们对教育学院不熟悉，还为我们举行了欢迎会。2011 年 10 月 24 日，欢迎会在津巴布韦大学教育学院举行。学院院长还有其他领导都参加了欢迎会，大家分别做了自我介绍。牛老师介绍了我们此行的目的，对院方接待表示感谢，还着重介绍了浙江师范大学非洲研究院，分发了非洲研究院的宣传册，与会人员争相向我们打听非洲研究院情况，期间进行了自由交流。

牛长松（左一）、龙秀（右二）、刘彩娟（右一）与教育学院院长

因为经常停水，旁边的黑人朋友告诉我们，如果来水了他会提醒我们。楼上的老师有一天还送了我们两桶水做饭，一路上都遇到好人。

来之前大家都叮嘱我们要注意安全，小心抢劫和偷盗。来到这里我发现，在学校里还是比较安全。大白天不会遇到抢劫之类，只是我们住在学校外面的大学公寓（college flat），晚上不宜单独出门。目前发现治安还没有想像中的那么差，只要多加注意，应该没什么大的安全问题。

经常遭遇停水停电

在大学公寓，我们三人住两室两厅，还算舒适，唯一不足的就是经常停水停电。停电的时候吃不上饭，只能吃干粮。停水问题更加突出，而且每次停水没有规律，不知道什么时候会来水。停水的时候可能几天洗不了澡、洗不了头发，甚至做饭都要去超市买矿泉水，每天下午我们就提着两大桶水走在夕阳西下的路上。

学校里一般都不会停水停电，为了保证学校的供水，政府投资 160 万美元建了两个大水池。而其他地区的基础设施如供水供电设备陈旧，不一定能保证正常的水电供应。

我们对这边的饮食没有不适应，中午在学校的教工食堂用餐，鸡肉盖饭（chicken-rice）、牛肉盖饭（beef-rice）等套餐除了有些酱汁外，还有蔬菜沙拉或者青菜。“Sadza”是当地人的一种主食，俗称“白玉米糊糊”，但是也没吃出玉米味，跟国内的面粉团团差不多，没什么味道，拌上酱汁也不算难吃。

晚上和周末一般都是我们自己做饭，一次至少会买一个星期的菜和水果。

以上是抵达津巴布韦一周内的感受，希望能带大家了解跟想像中不一样的国度。在未来三个月的学习生活中，或许会有更多新的见闻和感受，届时再与大家分享。

教工食堂的鸡肉玉米糊（chicken-sadza）

中国—津巴布韦友谊小学见闻

龙 秀

时为浙江师范大学非洲研究院比较教育专业硕士研究生。2011 年在非洲研究院教师牛长松博士带领下赴津巴布韦开展为期三个月的实地调研工作。

2011 年 11 月 18—21 日，我们一行三人先后走访了中国政府在津巴布韦援建的两所小学校。这两所小学分别位于哈拉雷 15 公里的郊外和距离哈拉雷 80 公里的宾杜拉。

中国—津巴布韦友谊学校

宾杜拉小学

到达第一所小学，首先映入眼帘的是白色墙壁上一块写有中英文的“中国—津巴布韦友谊学校”的黑色牌子。校园构造都差不多，与大门相对的是一所两层楼的房子。楼上是教室与校长办公室，楼下是图书馆、会议室之类，正门两边都是教室，教室后面的小操场内有个篮球场，周围是钢丝围栏。校园面积不大，但总体看上去还算有气势。这所小学至今还没交接，校园里还是空空如也，没有老师，也没有学生。虽然学校竣工已经两年多了，但不知为什么一直空闲着。后来走访发现，当地大部分人都知道这所援建学校，但很多人并不知道是用作小学还是用作中学，因为这所学校附近已经有了一所启用多年的小学。

相比哈拉雷郊外的小学，宾杜拉小学显得有生气多了。虽然都是大门紧闭，但宾杜拉小学校门内能够看到随风飘扬的津巴布韦国旗，能够听见学生们的嬉戏声，给校园增添了不少活力。

宾杜拉小学于 2011 年 9 月 28 日交接，学校开设一至六年级班，学生总数 235 人，预计 2012 年开始招收七年级的学生，学生总数将增至 315 人。每个班只配有一名教师，负责教所有科目。教师的每月工资 250—300 美元。

我们去教室参观时，每个班的学生都彬彬有礼，还手舞足蹈地向我们表演了他们的“友谊宣言”。据说“友谊宣言”是在学校交接仪式上表演的节目之一，

初见宾杜拉小学课堂

宾杜拉小学学生相对而坐

宾杜拉小学上课场景

与宾杜拉小学校长（中）

大意是感谢中国对津巴布韦的援助，中国与津巴布韦的友谊长存，我们听到重复次数最多的是“患难见真情”（A friend indeed is a friend in need）。连一年级的学生都流利地为我们朗诵了一首诗。看着拿着中国与津巴布韦国旗的小学生不厌其烦地为我们表演，我们感动万分。

参观过程中我们还发现，两所小学教室内的摆设并不相同。哈拉雷郊外的小学因为没有上课，教室内的课桌椅摆放得整整齐齐，老师的讲台也干干净净，墙上的黑板一尘不染。而宾杜拉小学教室内，小学生都面对面地坐着，两个人或者三个人共用一张桌子，桌子摆设并不规律，老师的讲台在教室中间，四周的墙上挂满了各种教学用具，有单词表、图像、英文、绍纳语，乘法口诀表等。我原以为他们是受西方教学模式的影响，后来才知道他们这么安排学生的座位和课桌的摆放是为了资源共享，因为学生的教材数量不够，学校资金也不充足，只有出此下策。

在我们结束走访之前，宾杜拉小学校长对我们说了很多声“谢谢”。他说感谢中国人民对津巴布韦人民的帮助，他希望把宾杜拉小学发展成全津巴布韦最好的小学。看到他满怀信心的表情，我们笑着离开了。

我所知道的津巴布韦大学

刘彩娟

时为浙江师范大学非洲研究院比较教育专业硕士研究生。2011 年受国家留学基金委项目“非洲高等教育国别研究工程”资助赴津巴布韦开展为期三个月的教育调研工作。

津巴布韦大学是津巴布韦规模最大、建校年代最久的高等学府，是津巴布韦高等教育的最高象征。

津巴布韦大学（University of Zimbabwe）一直以来都是津巴布韦的最高学府，原名“罗德西亚和尼萨兰德学院”（University College of Rhodesia and Nyasaland），位于首都哈拉雷，1957 年建校。建校之初作为伦敦大学的附属学院，学位由伦敦大学授予，直到 1971 年获得完全独立的大学地位，改名为“罗德西亚大学”（University of Rhodesia）。1980 年津巴布韦独立后，更名为“津巴布韦大学”。津巴布韦大学是津巴布韦规模最大、建校年代最久的高等学府，是津巴布韦高等教育的最高象征，来此学习的人都是津巴布韦年轻人中的佼佼者。津巴布韦大学现有社会研究院（Social Studies）、教育学院（Faculty of Education）、法学院（Faculty of Law）等十个学院，在校生 10000 多人。很多哈拉雷本地学生都是走读生，每天放学都要回家。

津巴布韦大学校门

津巴布韦大学的辉煌期

20 世纪 80 年代到 90 年代末，津巴布韦大学曾是南部非洲最好的大学之一。那时的津巴布韦大学师资力量雄厚，很多白人教师在此任教，非洲很多其他国家尤其是南部非洲的留学生来此学习。由于政府对教育的重视以及财政支持，为学生和教师创造了良好的教学环境。学生上课的教室大都是平房，墙壁是暗红的砖色，没有任何额外修饰，美观大方。很多学生毕业后选择去英国等发达国家继续深造，机会很多。政府不直接干预高校事务，大学有很高的自主权和学术自由，加之早期与英国高等教育的特殊关系，津巴布韦大学各项标准很高，使其很长一段时间都在全国保持领先地位。除了首都哈拉雷外，其他城市如布拉瓦约也相继在津巴布韦大学的带领下建立了附属学院。90 年代开始，随着津巴布韦民众对高等教育的需求逐渐增多，之前附属于津巴布韦大学的一些学院开始独立出来，成为独立的大学，如国立科技大学。此后，津巴布韦高等教育开始走大众化路线。

津巴布韦大学的衰退期

21 世纪初，随着土地改革的开始，津巴布韦整体形势开始恶化，通货膨胀亦逐步加剧，津巴布韦大学发展受到了强烈的冲击。最明显的表现就是优秀师资的流失，大部分白人教师选择离开，去往南非、英国等教师待遇更好的国家，这直接导致教学质量的下滑。加之政府财政紧缩，需要学生自付学费及相关费用，很多学生因付不起学费而不得不中途辍学。2007 年随着通货膨胀的进一步恶化，津巴布韦大学很多学生已无暇顾及学习，除了填饱肚子以外，他们向政府要求更好的学习环境和学习条件，因此曾一度爆发学生动乱，学校甚至在 2010 年关闭达八个月之久。这极大地影响了津巴布韦大学的正常教学活动。

津巴布韦大学的新发展

随着津元退出流通市场，美元成为津巴布韦全国通用货币，通货膨胀形势得以好转。超市里货架上的商品丰富起来，大学里教学秩序也恢复正常，教师开始正常教课和科研，学生开始努力学习以求得一份好工作。我们在此访学期间，津巴布韦大学已走出低谷并陆续出台了一系列旨在提高教学质量和管理的政策，期望重新回到往日的辉煌。

津巴布韦大学图书馆

学校图书馆分三个主借阅室（Main Stackroom 1，Main Stackroom 2，Main Stackroom 3），这三个藏书室的书可以借出，不同种类的书借出的时间不同，短的一天，长的两周。其他藏书室的不能借出，只能复印，如"特藏室"（Special Collection）、"政府文件室"（Government Theses）等。另外，很多学院也有自己的图书室。

校园里三五成群的学生

哈拉雷大街两旁到处都是罗德西亚火焰百合（flame lily），花名寓意为燃烧的火焰。花很美，一般在11月盛开，并且很有生命力。花期很长，能持续一个月。树前是石砌的台阶，每天中午左右都会有学生三三两两地坐在这里，这也是津巴布韦大学校园的一大特色。没有课的时候，找个树荫，坐下来，聊聊天，看看书，吃点东西，讨论一下作业，都能增进感情的交流，当地学生称之为社交。

罗德西亚火焰百合

刚果（布）

出口世界的热带雨林木材（刘鸿武摄，2010.08）

亲历刚果（布）52 周年国庆大典

黄新民

浙江师范大学行知学院交通运输专业副教授。2012 年 8 月受非洲研究院资助赴刚果（布）考察当地交通发展及中国企业在非援建交通项目情况。

哈哈，没戴眼镜而眯眯眼的我上了刚果（布）国家电视，我在全刚果（布）人民面前露脸啦！

2012 年 8 月 12 日晚，我和刚果（布）留学生阿尼尔乘坐埃塞俄比亚航空公司开通的“杭州—亚的斯亚贝巴”航班去非洲，在亚的斯亚贝巴博乐（Bole）国际机场中转去刚果（布）首都布拉柴维尔，全程 18 小时 30 分钟。当地时间 8 月 13 日 9：45，我们飞抵布拉柴维尔玛雅玛雅（Mayamaya）国际机场。13 日下午，我们前往中国驻刚大使馆。大使去金卡拉了，刘存孝政务参赞接见了我。我向刘参赞汇报了此行的主要目的和调研计划，并希望得到大使馆的支持和帮助。在大使馆，我听说 8 月 15 日是刚果（布）52 周年国庆日，刚巧被我们遇上了。今年的活动仪式在普尔省（Poll）首府金卡拉（Kinkala）举行。

8 月 15 日 6：30，路桥公司办事处张司机来宾馆接我和阿尼尔去金卡拉，参加刚果（布）52 周年国庆游行活动。参加国庆游行活动的路桥公司员工已在办事处院内等我们。见他们穿着印有萨苏总统和中、刚两国国旗的文化衫，我赶紧也要了一件。穿着这样的衣服去参加国庆活动一定会赢得刚果（布）人民的好感，因为刚果（布）人民喜欢把总统像、国旗印在自己的衣服上，以表达对总统和国家的热爱。

刚果（布）每年 8 月 15 日在南北不同城市轮流举行国庆活动，这样的安排有助于促进民族团结和国家稳定。去年 51 周年国庆活动在北部城市埃沃（Ewo）举行，而前年 50 周年大庆活动在布拉柴维尔举行。中国第一位深入非洲部落的自由撰稿人和女摄影师梁子那时刚好也在布拉柴维尔，她用精湛的摄影和精彩的文笔记录了刚果（布）50周年国庆大阅兵。[①]

8：20，我们来到了金卡拉。这里已是一片节日的欢乐海洋，穿着各式服装的人们争先恐后地涌向国庆主会场。看到我们5位黄皮肤的中国人也加入他们的队伍，他们很热情地用法语向我问好："中国人，你好！"我也回答："你好！"

刚果（布）52周年国庆游行

路桥公司对参加这次阅兵式后的群众游行活动做了精心的准备和组织，除了印制文化衫、横幅、大小旗子外，在5列游行队伍的排列上也进行了精心设计，4位员工手持两国国旗排在第一行，中间的位置安排1位手持鲁特特水泥厂水泥袋的员工，3位手舞路桥公司大旗的员工排在第二行，5位员工手持宣传横幅排在第三行，4位路桥公司中方员工和我排在第四行，后边每行安排5位员工。

阿尼尔对我说："今天萨苏总统肯定会很高兴的！"是啊，看到这么一支编排独特、宣传中刚友好合作的游行队伍，萨苏总统怎能不高兴呢！路桥公司不仅在修建2号公路项目、重建鲁特特水泥厂等方面为促进刚果（布）经济社会发展作出了重要贡献，而且通过打井供水、捐赠学习和医疗用品、捐建校舍和修补公共基础设施、放映电影、社会捐助等活动积极回报社会，树立了良好的中资企业形象，为增进中刚友谊作出了贡献。

本文作者与刚果（布）村长们

旁边一支游行队伍的着装特别引人注目。我们一开始时猜想他们是复退军人。不对啊，大盖帽上的徽章怎么是一个天平秤呢？所以我们又猜想他们是检察院、法院的，后来鲁特特水泥厂的翻译去询问后才告诉我们，原来他们是村长！在刚果（布）大大小小的村庄里，只有村长才有资格在家门前插国旗。所以，如果我们去村里找村长，只要找门前插国旗的那家就能找到村长了。

我们后边的游行队伍搬来了三个非洲达姆大鼓，三名非洲男子跨骑在上面打起鼓来，这支游行队伍随着鼓点唱起歌跳起舞来。那悦动的达姆鼓声和整齐的歌声也让我身体舞动，我情不自禁地学着她们的动作跳起非洲舞蹈。我的笨拙舞姿让妇女们欢笑，她们用手指着我胸前的萨苏总统印象，拥抱着我，摸着我的头，以热烈的方式欢迎我这位远方来的中国客人！我们队伍中的本土员工也唱起歌跳

① 《见证刚果（布）50年庆典大阅兵》，http://liangzivip.blog.sohu.com/158513406.html.

起舞来，特别是当他们每人分到一瓶啤酒后，喝着酒更是跳得欢啦！

庆祝活动阅兵式开始了，每一声礼炮声都带来人群的一片欢呼声，人们不停地挥动着手中的旗子。11：50，四架直升机从我们头顶掠过，又四架掠过，还有一架大飞机。一架喷气式战斗机轰鸣着从我头顶低空掠过，让我感觉和平与战争就只是那么一纸之隔！战斗机绕一圈又飞了回来，还玩起了空中特技。

前面一座桥上挤满了游行群众，我们队伍的前进速度很慢很慢，所以得想办法抄小路了。小溪上放上竹枝就成了路，参加阅兵式后撤下来的刚果（布）军人这样走过来，我们同样走过去。另一处是用一根毛竹架桥，刚果（布）军人这样走过来，我们同样走过去。

13：10，我们队伍终于排到了最前面，我们手拉手横竖对齐准备进场了。一位刚果（布）警察走过来示意我不能戴眼镜，我赶忙摘下眼镜放进裤袋。我们随着音乐踏着整齐的步伐挥舞着旗子走过主席台和贵宾席，没戴眼镜的我什么都看不清楚。走过主席台和贵宾席后，我就戴上了眼镜。路旁的当地人对着我笑，用法语热情地对着我喊："中国人，你好！"我对着他们喊："你好！"我们的真诚行动赢得了刚果（布）人民的信任和尊重！

走出国庆主会场后，路桥公司办事处的董军师傅接了一个电话后对我说，黑角办事处的同事打来电话询问游行队伍中的那个中国人是谁，怎么没在公司里见过啊？原来这次国庆活动是全国现场直播的。哈哈，没戴眼镜而眯眯眼的我上了刚果（布）国家电视，我在全刚果（布）人民面前露脸啦！

有幸参加刚果（布）52周年国庆游行活动是我这次刚果（布）之行的意外收获，在游行人群中分享刚果（布）人民的快乐和宣传中刚交通友好合作更是我的荣幸，我深深地感受到了刚果（布）人民那种热爱祖国、热爱和平的情怀！

西部非洲游学记

喀麦隆

耸立的喀麦隆火山（刘鸿武摄，2009.10）

喀麦隆孔子学院的别样生活

李思沩

时为浙江师范大学非洲研究院非洲教育专业硕士研究生。2011 年以汉语志愿者教师的身份赴喀麦隆孔子学院从事一年的汉语教学。现为北京国际学校教师。

生活是需要深入了解和细细体味的，我想，我会带上发现的眼睛继续我在喀麦隆的探寻之旅。

2011 年 10 月 25 日，作为中国国家汉办派出的一名国际汉语教师志愿者，我和同伴一行十人从上海浦东机场出发，前往遥远的西非国家——喀麦隆。喀麦隆地处非洲大陆的中部，赤道附近。早就从书中得知喀麦隆集中了非洲大陆国家几乎所有的特征，有“小非洲”的美誉。我怀着激动和忐忑的心情踏上了这片神奇的土地。

喀麦隆雅温得第二大学孔子学院大门

我此行主要是前往喀麦隆雅温得第二大学孔子学院进行汉语教学和中国文化的传播工作。同时，作为非洲研究院的一名在读研究生，我也想借此机会真正地走进非洲，了解非洲，为自己进一步研究非洲打下坚实的基础。

在期待和兴奋中开始了在喀麦隆的生活。首都雅温得是一座建立在山上的城市，气候十分宜人，一切并没有想像中的艰难，我和同伴很快就适应了这里的生活。在老志愿者的引导下，我们知道了要到哪里去买米、买菜、购置生活用品等。当地人对中国人大都十分友好，虽然时常也会遇到好奇的目光，但大部分人都会用蹩脚的中文跟我们打招呼。

雅温得街道

雅温得的街道上公交车很少，的士是主要的交通工具。无论是出门上课还是购物，与的士司机讨价还价成了我们的“必修课”。虽然有时候也会遇到凶神恶煞、漫天要价的司机，但是大部分时间我们都能用合理的价格去到目的地，而打车也成为我们了解这个城市的一个窗口。

储水的矿泉水瓶

学生们在上汉语课

猜灯谜

一切都在有条不紊地进行着，偶尔也会遇到些麻烦，提醒着我此刻身处非洲。说起来，生活中最大的问题便是停水了。虽然是首都，可雅温得几乎每天都要停一次水。这里的降雨量其实并不小，大概是由于基础设施不完善，停水已经成为这里的家常便饭。在享受不超过 24 个小时拥有自来水的时光里，我们常常经受超过 24 小时无水的煎熬。于是，在发现水流开始变小的那一瞬间，每个人练就的第一反应便是拿上各种盛水的容器开始接水。我们的家里遍布大堆大堆的矿泉水瓶，全部是用于储水。长此以往，大家已经习以为常了，对于小小的幸福也变得更加珍惜和容易满足。

生活之外，学习和工作才是主题。除了在孔子学院内部开班授课之外，喀麦隆全国以及雅温得市内还有多个汉语教学点，都需要我们这些汉语老师前往授课。黑人学生们学习汉语的热情很高，再加上他们自身的语言天赋，学起来可谓是得心应手。

越来越多的喀麦隆人加入到学习汉语的行列中，但是他们的学习目的却不尽相同。有人想到中国留学，有人想结交中国朋友，还有人想去中国做生意。对于他们来说，汉语已经和其他欧洲语言一样，变得越来越流行了。在孔子学院，为了让他们进一步了解中国文化，除了教授汉语，我们还开展了一系列的文化活动，比如猜灯谜。

由于学生们的学习热情都很高，所以有时候即使很辛苦，我也觉得很欣慰。看到那么多异乡人对祖国文化感兴趣，便更加觉得自己肩负着重大的责任和神圣的使命。而之前对于非洲的种种猜测和偏见也在不断的接触和了解中消解了、释怀了。身处其中，身临其境，久而久之，这片大陆的神秘之感也在缓缓逝去。生活是需要深入了解和细细体味的，我想，我会带上发现的眼睛继续我在喀麦隆的探寻之旅。

雅温得孔子学院生活见闻

温国砫

时为浙江师范大学非洲研究院世界史专业硕士研究生。2011 年以志愿者身份赴喀麦隆雅温得孔子学院任汉语教师志愿者一年，2014 年 9 月前往坦桑尼亚达累斯萨拉姆大学孔子学院任教，后担任坦桑尼亚中坦新桥国际学校副校长。现在喀麦隆雅温得第二大学孔子学院担任汉语教师。

雅温得第二大学孔子学院已发展成为非洲地区规模比较大的孔子学院了，连续三年都被评为优秀孔子学院。

2011 年 2 月，我有幸通过了学校和国家汉办的选拔，将前往喀麦隆担任为期一年的国际汉语教师志愿者。经过 3 月到 5 月的出国前培训，2011 年 10 月 26 日，我们一行 10 人来到了喀麦隆首都雅温得，开始了为期一年的汉语教师志愿者生活。

喀麦隆位于非洲西部，从北部的撒哈拉沙漠一直延伸到南部的热带雨林及大西洋。可以说，非洲有的气候喀麦隆都有，故喀麦隆有“小非洲”之称。喀麦隆雅温得第二大学孔子学院始建于 2007 年，是胡锦涛主席到访时与喀麦隆总统共同签署的协议之一。经过近五年的发展，雅温得第二大学孔子学院已发展成为非洲地区规模比较大的孔子学院，连续三年都被评为优秀孔子学院。

来到雅温得不久，同行的周术情老师和李月娥同学被安排到了喀麦隆北部的马鲁阿进行教学，将在那里开始为期一年的汉语教师生涯。作为一名研究非洲的学生，我对非洲充满了好奇，一来便有宾至如归的感觉。记得有人说过，如果你想认识非洲、研究非洲，那么请到非洲去。来到喀麦隆，让我激动了近一个月，因为这边与我想像的竟完全不一样，真的是只有来过了才知道非洲究竟是什么样。

出租车都是清一色的黄色二手丰田车

在雅温得孔子学院有好多个教学点，我被安排在雅温得第二大学国际关系学院的孔子学院总部和 SUP-DE-CO 学校这两个地方教学。由于我是接替已回国的志愿者，所以刚到雅温得的第二天就开始上课。因为是第一堂课，不免有点紧张，不过开始后就很快适应了。我每周一、三、五下午在孔子学院总部上课，每周六上午和中午到 SUP-DE-CO 学校上课。住的地方叫“Scalon”，离孔子学院总部不远，打车五分钟就到了，但要去 SUP-DE-CO 上课就得花一个小时。每周的上课时间能够与学生们面对面地交流，是一件很幸福的事情。虽然喀麦隆人学习中文有一定困难，一些人学了一段时间就放弃了，但大部分人坚持了下来，看到他们在学习汉语方面的进步，我由衷地感到高兴。

孔子学院除了教喀麦隆人汉语外，还定期举办富有中国特色的文化活动。一次，为了接待刘延东国务委员来访，在院长带导下，我们将孔子学院总部上上下下都打扮了一番。刘延东是孔子学院理事会主席，此次是特意来看望孔子学院师生的，我们很激动。她到来后，不但听了孔子学院老师的一堂课，还观看了喀麦隆学生表演节目，给我们以极大的鼓舞。元宵节的时候，我们还举办了猜灯谜活动，让喀麦隆学生感受了中国传统文化的魅力。

在这边生活，能否很好适应是一个考验。因为喀麦隆人每天吃的食物跟中国人吃的完全不一样，所以我们来到以后基本上都是自己做饭。而经常的断水、断电，难免不影响我们的生活和学习。有一次楼下的邻居将我们整栋楼的自来水开关给关了，害得我们过了整整七天没水的日子，每个人身上都散发出一种难闻的气味。自从孔子学院给我们这里装了无线网络以后，我们的业余生活就充实得多了，但是不时地停电令我们很头疼。停电的原因也很多，比如遇到打雷天气必停电，未能按时交电费也要掐电。

非洲研究院教师周志发和周术情

雅温得的物价要比国内高很多，一开始真的很难承受。喀麦隆的货币单位是中非法郎（CFA），最大面值是 10000CFA，其次是 5000CFA、2000CFA、1000CFA、500CFA、100CFA、50CFA、25CFA 和 10CFA， 还 有 1CFA、2CFA 和 5CFA。来这之后，我买了一瓶在国内只需花 2.5 元的大瓶矿泉水，在这里竟然要 400 法郎，相当于 6 元人民币。此外，一大瓶可乐、雪碧、芬达统统都是 1000CFA，相对于 15 元人民币。记得我们刚来喀麦隆的头一个月，我们研究院的周志发老师来喀麦隆开会，特意从国内带了一箱方便面给我们。在这边，只有中国商店才有方便面，750CFA 一小袋，相当于 10 元人民币。

喀麦隆人对中国人格外热情。每当我走在大街上，不时能听到“你好你好”的招呼。中间我曾几次去过中国政府援建的雅温得体育馆“Palais des Sports”，非常气派，是地标性建筑，一点不比国内的体育馆差，里面的篮球场堪比 NBA 赛场。喀麦隆当地人一般是不能去那里运动的，看我们是中国人，所以门卫都很乐意让我们去里面锻炼，这让我心中有一股身为中国人的无限自豪感。

本文作者与表演的学生

也许你认为喀麦隆是穷地方，都是穷人，那你就错了。这边的富人是很有钱的，而且不是一般的富有，与穷人形成极大的反差。我去学生家做过几次客，有的学生家里是富丽堂皇，有的却是家徒四壁。也许这就是非洲的现实。我始终相信，要想了解非洲、了解喀麦隆，就必须要在这里生活上一段时间，了解各种办事的规律，在做好本职工作的同时，记录一切值得记录的东西，等到归国时，将会是满载而归。

马鲁阿人的衣食住行

李月娥

时为浙江师范大学非洲研究院世界史专业硕士研究生。2011 年 10 月底作为汉语志愿者到喀麦隆北部省首府马鲁阿市工作一年。现为坦桑尼亚达累斯萨拉姆大学孔子学院专职汉语教师。

俯瞰马鲁阿市

瓦扎国家公园

长颈鹿

总会听到他们对我们打招呼，说的不是当地福福得语的“早上好”(Awalijam)，而是汉语“你好”，连小孩子都会说，并且说得很标准。

2011 年 10 月底，我们一行 10 人来到了位于非洲中西部的喀麦隆，开始为期一年的汉语志愿者教师工作。我所教学的城市是北部省首府马鲁阿市。下面就让我们一起探访一下这个遥远国度的一座小城中人们的衣食住行。

马鲁阿（Maroua）距首都雅温得 812 公里，位于喀麦隆极北省（Extreme North）。这里全年大部分时间属于干热气候，尤其是 3、4、5 月的大旱季，最高温度可达 50℃，据统计全年平均气温达到 36℃。全市总人口已达到 30 万，其中穆斯林占了大多数，其次是基督徒，剩下的是本土宗教信仰者。这里有非洲地区比较重要的稀树草原，瓦扎国家公园（Waza）就在这里，大象、狮子、羚羊、犀牛与长颈鹿等动物随处可见。每年的 3 月到 11 月都是旅游的适宜时间。马鲁阿西边还有一处景点是曼达拉山脉（Mandara Mountains），吸引了大量登山爱好者，那里的村庄还保留着原始风情。每当雨季（每年的 6、7 月）过后，原本绿油油的山坡很快便成了光秃秃的石头山，甚是壮观。

马鲁阿女人的着装

相对于喀麦隆其他地区，马鲁阿的妇女多数显得高瘦。传统的妇女服饰是一种叫作“gan”的衣裙。整一身是四件套——上衣、裙子、披肩和头巾。上衣的特点是后背有很明显的镂空，一般剪裁比较紧身，可按自己的喜好设计；裙子则长及脚踝，是用整块布把腿和腰部都裹上两圈，再把腰带一系，特显腿部形象；所谓的披肩，就是用同一花色的一块长方形布料披在肩上而已；头巾就是大约三尺见方或者长方形的同一花色的布料，用于把头发裹起来，并扎成类似帽子的形状。即使天气炎热，她们也都是这样穿着，小姑娘们穿上这样的一套衣裙更显得可爱，甚至有点儿妩媚。这里沙地多，一般的劳动妇女都穿塑料拖鞋，上学的孩子穿凉鞋。如果是穆斯林，一般都在头上裹上叫作“富拉”（fula）的丝巾，大小一般为 1×2 米见方；穆斯林男士穿一种叫“干杜拉”（gandura）的长袍，有点像民国时期我们国内男士们穿的长袍，一般是素色的，也有用花布做的。这里各色各样的布料都有，大多色彩鲜艳，特有非洲风情。但布料可能由于染料的缘故比较硬，人们大多喜欢买布量身定做衣服，裁缝店到处可见。

传统服饰与布料市场

马鲁阿人的饮食

在马鲁阿，到处可见牛和羊（山羊与绵羊）。这里的牛一般都比较大，很瘦，背上还有“牛峰”，所以牛肉很结实。几乎家家户户都养着几只羊和几头牛，牛与羊是他们的财富象征，一般都很爱惜。

绵羊与公牛

这里的菜市场很热闹，但不如国内农村集市早，一般都是在 9 点过后店铺才陆陆续续开张，一到傍晚太阳快下山的时候（一般是 5 : 30 过后）便开始收摊，结束一天的买卖。在这儿，有跟国内一样的蔬菜，如土豆、地瓜、生菜、西红柿和洋葱等。也有不一样的，如红萝卜、黄瓜与小茄子等，但是没有绿豆与黑芝麻（只有白芝麻）。总体来说，绿色蔬菜比较稀罕。因为靠北，鱼类极少。木薯是主食，主要用来做“cuscus”，其实就是类似糯米团的木薯团。在街边可以买到本地人现做现卖的炸小面包与做好的冰牛奶和芝麻球、炸花生仁等。当然，更少不了烤牛羊肉。这里不像国内那样做成肉串，只是切块并烤好后装进牛皮纸袋，味道很好。也有烤鸡，但是活鸡价格是牛羊肉的好几倍，所以不是每家都吃得起鸡肉的。这里的养殖业不发达，鸡都是放养的，肉质很结实。还有一大特色是烤

炸面包与烤鱼

班布鲁慕斯

鱼。晚上这里的烤鱼店生意红火，鱼是整条的新鲜鱼，往烤片上一放，撒上盐与胡椒粉，最后上盘的时候加上生菜与沙拉，味道很特别。这里的鸽子很多，因而吃鸽子也很普遍，价格也便宜。至于水果，橙子一年到头都可以买到，香蕉、芭蕉也不少。当地人喜欢炸芭蕉片，味道还不错。当地除了啤酒以外，果汁也很盛行，有一种叫“班布鲁慕斯”（Banbulumus）的果汁，其实就是当地的一种水果做的二氧化碳饮料，据说可以防疟疾。

马鲁阿人的住所

马鲁阿人住房

马鲁阿普通居民住的都是平房，即使是大户人家也只是多几间房子，院子会大一些，有围墙与门（一般人家里都不设门，只有里屋才用布做一张门帘遮盖起来）。但是在一些偏远的村庄（其实就在市中心附近的山麓），人们住的是用干茅草盖的圆柱状房子，一般都不大，睡觉、做饭与储物都用单独的一间，错落有致地安置在山麓的周围，甚至是半山腰上，像是一道特别的风景线。由于水源有限，一般人家都没有自来水，只是到固定的地点取水，例如学校或其他集中点。当地人并没有烧水的习惯，直接喝水龙头水。有些地方取水还要收费，50CF 一桶。烧饭用的是柴火，煤气也只有少部分人用得起。当地有一种菜，先把绿叶菜放在一起炒，然后搅成糊状，最后加上牛肉，当然还配有主食“cuscus”。

马鲁阿人的出行

摩托车、小中巴与加油站

马鲁阿市内东南部有一个小规模的萨拉克机场（Salak），没有公交车，出远门就得乘坐小中巴，人满便开车。乘客通常都带着大包小包的行李，甚至还带上“土特产”——羊、驴（一般将其置于车顶），所以比较拥挤。小中巴来往于周边各地区，甚至是邻国乍得与尼日利亚。

市内出行一般只能打摩托车，500 CFA（1 RMB=75 CFA）可以转遍整个市区。但这里的摩托车跟国内不大一样，前面没有车头镜，是比较简单的一种，烧柴油。司机大多穿黄色褂子，所以我们都称其为“黄衫军”。只要你发出“sss”的响声，他们就会应声而来。这里的小车不多，山地车一般都是日本产的，二手车居多，以尼桑和丰田为主。

马鲁阿人爱足球

与很多喀麦隆人一样，马鲁阿人也十分喜爱足球，各地都有足球场地，尽管不能跟标准的足球场相比，风一刮沙尘四起，但人们还是乐此不疲地在硕大的球场上奔跑、呼叫。他们每次踢球都严阵以待，准备功夫一点儿也不马虎，还经常进行足球比赛。有的小孩子还自己在地上插上俩杆子当球门，组队打半场球呢，很是有意思。他们为了踢球利用一切可以利用的条件。可见，喀麦隆的足球之所以能够走出国门、走向世界，都是情理之中的必然。除了足球，篮球也是他们比较喜爱的运动，而且越来越多的喀麦隆人开始喜欢上乒乓球了。仅马鲁阿这个小城，就有几台乒乓球桌。排球、羽毛球等球类运动不多见，在马鲁阿要买到羽毛球拍不是一件容易的事情。

本文作者与汉语专业学生在足球场

当然，除了足球，马鲁阿人大多对音乐与舞蹈也情有独钟。每到晚上，街上总是乐声四起。音乐节奏很特别，有点儿像说唱，有点儿像嘻哈（hip-hop），非常有动感。一听到音乐，人们会自然而然地随着音乐节奏晃动身体，连小孩子也一样。这似乎是一种与生俱来的对音乐与舞蹈的喜好与敏感。尤其是到了周末晚上，聚会十分普遍，所有酒吧都嗨起来。值得一提的是，每周七天中，只有周日这一天比较安静，因为他们习惯了周日就是休息日。当然，也有部分原因是基督徒要在当天到教堂去做礼拜。

总的说来，作为喀麦隆北部一个重要而安宁的小城，马鲁阿的文化特色与大都市（杜阿拉、雅温得）很不一样，这里的居民都是说福福得语（foufoudé），有着共同的风俗习惯。尽管有不同的宗教信仰，但并不妨碍他们保留与发展自己独特的文化。更值得一提的是，这里的居民很和善，对中国人很热情友好。每每走在街上，总会听到他们对我们打招呼，说的不是当地福福得语的“早上好”（Awalijam），而是汉语“你好”，连小孩子都会说，并且说得很标准。这令我们非常惊讶并且高兴，希望汉语与中国文化能在整个喀麦隆得到更好的传播。

喀麦隆的首届汉语专业毕业生

周术情

浙江师范大学非洲研究院非洲经济研究所讲师，历史学博士。2011 年 10 月赴马鲁阿大学教习汉语。

随着中非关系的迅猛发展，精通汉语的专业人才在非洲诸国具有广泛的需求。

马鲁阿大学里德国人建的教室

马鲁阿大学教室外观

马鲁阿大学（Université de Maroua）始建于 2008 年，是保罗·比亚（Paul Biya）总统为兑现其对北方选民的承诺而兴建的。虽然这所大学是极北省唯一的高等学府，其条件之艰苦却非我们所能想像。时至今日，这所学校竟然还没有集中的校舍，学生上课的地方分布在城市的多个地方。学生住的地方完全靠自己向当地居民租用。① 尽管条件如此之艰苦，这里却拥有中西非地区唯一的汉语专业。随着中非关系的迅猛发展，精通汉语的专业人才在非洲诸国具有广泛的需求。

汉语专业与马鲁阿大学同龄，开设之初，这里的师资严重匮乏。第一届学生只能到千里之外的首都去学习汉语。几个月之后，他们终于可以在马鲁阿学习汉语了。

然而，他们不得不面对接踵而至的困难。这里的气候炎热干燥，许多来自南方的同学短时间内很难适应北方的环境。另外，这里的学生大多极为贫困，一日两餐都难以保证，因而体质差，常常生病，无法正常学习。再者，关于学制的问题政府也没有恰当处理。学校认为学习五年方可以毕业，才能从事汉语教学工作，但高等教育部以法律规定为由不予支持，规定学生只能上三年。因此，首届

① 当时新校舍正在建设中。参与工程竞标的原本有一家中国公司，但由于法国人的政治干预，工程由法国公司承揽。然而，法国公司工程进度缓慢，政府有意通过重新招标让中国公司承建，旨在加快学校建设进度。

学生实际上了四年，但最后文凭按三年制发放。这一问题引发学生的强烈不满，但最终还是让他们离开了学校。

不管怎么样，毕业仪式还是十分隆重的。毕业大会那天，会场上人声鼎沸。学生、家长、附近居民、全体教职员工，超过万人“共襄盛举”。学生和外围观众从早上 7 点就开始入场，学校领导 10 : 30 入场。我们同其他外国语学院的教师一样，承受着 40℃的高温在那里等着领导莅临。

首届汉语专业毕业生共有 14 人，其中 4 人已在中国留学，其他 10 人被分派到喀麦隆不同地区的中学或小学当老师，全部享受国家公务员待遇。小学教师的月薪可达 12 万—15 万中非法郎（约合人民币 1500—2000 元）。中学教师的月薪能达 20 万—30 万中非法郎（约合人民币 2500—4000 元）。喀麦隆是一个缺乏教师的国家，因而这些大学生的工作不用愁，他们几乎享受着“铁饭碗”待遇。不过，也正是由于没有就业的压力，许多学生无心学业，乃至无所事事，只盼着早日毕业。

本文作者与毕业生

校长离场时的情景

尼日利亚

拉各斯大学校门（刘鸿武摄，2014.05）

领略尼日利亚“哈马丹风”的威力

赵 贤

时为云南大学非洲研究中心硕士研究生，师从刘鸿武教授。2009 年受国家留学基金委奖学金项目资助赴尼日利亚乔斯大学留学半年。现在云南国土资源职业学院非洲资源与发展研究中心工作。

无法预知，但充满了期待。

“哈马丹风”（Harmattan）指西部非洲地区一种干燥多沙的强风，是源于撒哈拉沙漠副热带高压的一种地方风系。它在撒哈拉东部为北风，在撒哈拉西部为东北风。每年 12 月至次年 3 月的旱季是哈马丹风的多发季节。

到了冬季，撒哈拉沙漠使得哈马丹风变得冷而干燥，西非各地一年中最低气温就出现在哈马丹风盛吹之时。而到了旱季末（4—5 月），哈马丹风又变成强烈的干热风，此时也就成了西非的最热季节。在这种干热风吹拂下，只需一顿早餐的功夫，洗脸的湿毛巾就会完全晾干。由于哈马丹风巨大的风力，来自撒哈拉沙漠极细的尘土也能被风刮起，形成遮天蔽日的沙尘天气。这种时候，尘埃悬浮，能见度极低，最严重时能见度降低到 10 米以内，迫使航班取消、公路交通受阻。出国前，我对此已有耳闻，但哈马丹风发威时究竟有多强悍，从未去过非洲的我很想切身体验一下。

令人意想不到的是，刚到尼日利亚，哈马丹风就来了。2009 年 2 月 10 日晚，我吃完晚饭，突然感觉空气中有很重的尘土味，而且气温下降了很多。当时并没有在意，猜想是起风的缘故。2 月 11 日清晨起床，我竟然感觉到了些许凉意，就穿上外套出门上课，这才发现整个城市笼罩在漫天的尘土中。粉尘遮天蔽日，能见度大概不超过 50 米，以前出门抬眼就能望清楚的山脊，现如今杳无踪迹。无所不在的粉尘，使得整个鼻腔充满了尘土的味道，呼吸都感觉到困难。下午上完课回到寝室，房间里到处都是极细的粉尘，即便用湿毛巾捂住口鼻，还是难以呼吸。虽然我每天擦拭房间各处，一觉醒来，房间里又再次落满了灰尘。每天出门新换的白衬衫，下午回家后已变得灰黄。

哈马丹风笼罩下的天空

哈马丹风笼罩下的乔斯大学

令人难以接受的是，当地人对此泰然自若。在与他们交流后才得知这便是有名的哈马丹风。因为哈马丹风 通常持续的时间久，而且哈马丹风使得气候变得凉爽，所以他们甚至有几分喜欢哈马丹风。对于空气中弥漫的粉尘他们视若无物，因为对此他们早已习以为常。

2 月 15 日，哈马丹风终于渐渐散去，只留下无所不在的尘土。屋顶、树木和其他植物的叶片上都落满了灰尘，看上去灰蒙蒙的，房间里也到处都落满了灰尘。

2 月 28 日，哈马丹风再次光临乔斯，不过这次不是很强烈，空气中的粉尘只在每天早晚比较多一些。在经历过上一次强烈的哈马丹风“洗礼”之后，再面对相对轻微的粉尘，我都不需要使用湿毛巾过滤空气中弥漫的粉尘，也可以直接呼吸带着尘土味的空气了。

哈马丹风还在持续，究竟什么时候能够停止，我无法预知，只希望它能够早点结束。旱季很快就会过去，雨季即将来临。雨季会给我带来什么样的感受，无法预知，但充满了期待。

一位中国商人在尼日利亚的传奇经历

赵 贤

时为云南大学非洲研究中心硕士研究生，师从刘鸿武教授。2009 年受国家留学基金委奖学金项目资助赴尼日利亚乔斯大学留学半年。现在云南国土资源职业学院非洲资源与发展研究中心工作。

陈奕霖，中国台湾省台北市人，现年 65 岁，祖籍福建泉州。陈先生在尼日利亚经贸领域摸爬滚打近 30 年，如今在尼日利亚拥有自己的矿业公司和农场，陈先生经营有道并且乐于助人，在尼日利亚华商圈中颇有名望。

陈先生前高原州农业部长的农场

大学期间，因家境贫困，陈先生被学校安排在社区服务，以半工半读形式完成了学业。台湾地区实行普遍兵役制，大学毕业之后，陈先生服役两年，然后步入商业领域，开始了他充满传奇色彩的经商人生。

20 世纪 70 年代，台湾地区经济实现了由农业经济向外向型经济的转移。当时很多台湾地区家庭都是小型加工厂，对外贸易已初具规模。1979 年 12 月 15 日，陈先生赴尼日利亚收取货款，那一次虽未顺利拿到货款，但却成为他到尼日利亚经商的机缘。其后，陈先生又数次赴尼日利亚追讨货款。

为了弥补经济损失，陈先生再次组织大量货物出口尼日利亚，包括纺织品、日用品、电器等，满满一船。不知是何原因，有人向尼日利亚当局诬告陈先生包租的货船中夹带有武器弹药，货物刚到尼日利亚就被海关部门查扣。虽然之后的检查并未发现任何武器，但因货船上装载有大量的纺织品，陈先生的一船货物就被尼日利亚当局没收了。因为尼日利亚盛产棉花，为保护本国纺织业的发展，尼日利亚政府明令禁止进口纺织品。陈先生损失惨重，之前的积累全部化为乌有。面对打击，陈先生并没有放弃，反而下定决心要在尼日利亚打出一片天地。

陈先生在尼日利亚第二大港口城市哈科特市居住了 15 年。经历了之前的事件，陈先生转向渔业捕捞行业，由于经营有道，陈先生的事业逐渐步入正轨，甚至购买了邻近哈科特港附近的一个小岛，进行渔业投资开发。

由于尼日利亚近海储存有大量的优质原油，许多西方石油公司纷纷涌入尼日利亚开采石油。西方石油公司为获取最大利益，只选取含水量和含油气量不超过 10% 而原油含量高达 90% 的油井进行开采，将原油含量低于 90% 的油井关闭。1998 年，美孚石油公司在尼日利亚哈科特港海底敷设的原油管道被鲸鱼撞断，大量的原油溢出，陈先生的捕鱼设施和私人小岛受到严重污染。为此，陈先生向尼日利亚法院提起诉讼，向美孚石油公司索赔 165 亿奈拉，可美孚石油公司仅打算赔偿 3.5 亿了事。由于尼日利亚法院效率极低，美孚石油公司在尼日利亚又有巨大影响力，此诉讼案件至今仍未宣判。美孚石油公司的律师曾经向陈先生暗示，尼日利亚是一个混乱的国家，什么事情都可能发生，希望陈先生接受美孚石油公司的条件，尽快了结此事。2003 年，出于安全方面的考虑，陈先生被迫移居尼日利亚中部地区的纳萨拉瓦州。

陈先生与蒙比拉（Mambilla）的茶农交流

由于陈先生拥有的渔业公司遭到毁灭性的打击，陈先生只能再次考虑经营转向问题。在商海的多年打拼，使得陈先生具有敏锐的经营头脑，经过认真考虑，陈先生决定经营农场、种植蔬菜和开采矿产资源，并再次成功转型。由于纳萨拉瓦州靠近尼日利亚首都阿布贾，尼日利亚黑人农民生产的蔬菜品种单一，陈先生农场种植的蔬菜极受欢迎。如今，陈先生农场生产的蔬菜已经拥有了固定的消费用户，只需定期送货即可。然而，陈先生并没有因此止步不前，而是继续寻求更大的商机。目前，陈先生计划在靠近阿布贾的地方投资新建一个融水上娱乐设施和新型循环农业为一体的休闲度假农场。

不仅如此，陈先生还经营有一家矿业开发公司。为寻找具有开采价值的矿产资源，陈先生深入到当地人都不敢涉足的原始森林、沼泽、高山，去寻找高品质的、具有开发利用价值的矿藏。功夫不负有心人，陈先生多年的努力终于有了回报。如今，陈先生已经拿到尼日利亚政府颁发的矿产开发许可，着手进行开发。

陈先生在尼日利亚打拼近 30 年，在当地已经拥有了极佳的人脉资源。难能可贵的是，陈先生并没有将之视为商业秘密秘而不宣，反而十分乐于助人。他协助多家中国公司开拓尼日利亚市场，其中包括中渔公司、胜利油田、大庆油田等。

很多打算在尼日利亚投资的中国公司负责人，都会经中国驻尼日利亚使馆介绍向陈先生请教相关问题。

对于中国企业在尼日利亚经商、投资遇到的问题，陈先生有其独到的见解。在提及中国人如何在尼日利亚保护自身安全问题时，陈先生说：

中国企业家投资尼日利亚，要真正实现入乡随俗，应尽量克服部分国人心中对黑人潜在的排斥感。如果你真正对你的黑人雇员好，为他们着想，不排斥他们，他们就是你最忠实的保护者。

对于部分中国公司在尼日利亚雇佣警察以保卫自身安全的事情，陈先生认为大可不必，尼日利亚普通民众对警察有畏惧感，这样反而不利于中国人与当地人交流和合作。陈先生还讲：

通常情况下，黑人雇员视你为主人。在缺水的地区，黑人为你找到水之后会自己先喝一口以示安全，如果给你而你认为脏、拒绝饮用，会给黑人造成极大的心理伤害。将心比心，如果是你在国内遇到同样的情况，你有何感受？

在提及中国公司投资尼日利亚矿业领域时，陈先生说，尼日利亚政府对于矿产开发有着极其复杂的规定，部分中国公司根本不了解具体情况、盲目投资，部分公司认为只要贿赂相关官员就能够解决一切问题，这些想法都有害。我们不能否认尼日利亚确实存在腐败问题，但不是所有问题都是能够用钱解决的。尼日利亚土地归私人所有，在尼日利亚进行矿产资源开发必须首先了解具体的矿产资源分布，然后与土地所有人协商，然后再逐级向尼日利亚各级政府申请矿产资源开发，最终才能实施开发。盲目的投资只会以失败而告终。

中国公司间的不良竞争也是让陈先生痛心不已的一件事。由于多数中国企业不了解当地情况，且中国公司间缺乏必要的沟通协调，部分尼日利亚中间人利用这种机会在多家中国公司间周旋，以谋求最大利益，导致中国企业间恶性竞争不断。另外，部分中国大公司倚仗强大的自身实力压迫中国小公司的情况也曾有发生。

在谈到如何加强中国政府与非洲国家的关系时，陈先生认为：

> 中国与非洲国家合作的潜力巨大，但需要一批对非洲国家有深入了解的人员参与其中。由于许多台湾地区商人在非洲国家从事各领域的贸易与投资活动，他们拥有丰富的经验和阅历，并已积累了大量的人脉。中国政府相关部门在具体事务上应该考虑吸纳部分台湾同胞参与其中，最终实现合作共赢。

对于如何消除非洲国家对中国在非洲活动的疑虑，陈先生指出，帮助非洲国家进行基础设施建设、解决非洲粮食问题是有效的办法之一。以尼日利亚为例，尼日利亚拥有肥沃的土地，很多土地有待开发，而且许多地方打井不超过 3 米就能取水进行灌溉。能够帮助尼日利亚解决粮食短缺问题，会为中国政府赢得声誉，并可以此为契机进一步扩大中尼关系。

陈先生指导当地茶农采茶

对于中国政府在尼日利亚实施的南南合作农业开发项目，陈先生给予肯定，但也提出了有益的建议。譬如，选派农业专家时应该选择真正具有热带农业种植经验的技术专家帮助尼日利亚民众，应该尽量避免出现按照中国北方耕种经验在尼日利亚指导农业开发的情况。

走访尼日利亚北部博莫村

王学军

浙江师范大学非洲研究院非洲政治与国际关系研究所副研究员，国际政治学博士。2011 年 11 月在国家留学基金委资助下赴尼日利亚艾哈麦杜·贝洛大学访学六个月。

一群围观的黑人孩童，他们睁大眼睛好奇地看着我们，如同 30 年前我们见到白人老外一样的心情吧。

几天前的午饭后，同事建议去附近村庄探访一下，感受一下非洲乡土气息。同住艾哈麦杜·贝洛大学（Ahmadu Bello University，ABU）的一对汉语教师夫妇之前去过该村，正好这次充当了向导，并告诉我们说可去村里买点非洲当地食品。于是，我们一行四人，迈出宅居的大院，走在通往村庄的柏油马路上。

乡村柏油马路

干燥的季风呼呼地吹着，我们却穿着单薄的夏装，感到丝丝冷意。没想到在地处热带的西非海岸国家，1 月的季风还颇有些凛冽的味道。

因为旱季滴雨不降，可以明显感到空气的干燥与尘埃的飞扬。到转弯路口时，见到一处简陋得只有半边墙的岗哨亭，一位黑人兄弟倚墙而立。我们前去打过招呼，问他在此处做什么，原来他是在这里值班站岗。因为这里是大学的地界，过了路口就是博莫村（Bomo）了。黑人兄弟是校保卫处的一个门卫，在此轮班站岗。如果轮到夜班，就只能守在这半边墙旁边了。

在岗哨亭值班的博莫人（右）

路上还遇到几个骑着摩托车飞驰而过的村民，看到我们时都热情地向我们打招呼。进入村庄，路边一个小商店前站着的几个年轻人看见一群陌生的外国人走来，都张望过来，一名黑人青年主动向我们问候，我们道明来意后，他主动愿为我们带路。

边走边聊着，黑人兄弟告诉我们，这个村有 4700 个人，村长很有威望，是

制作“玉米豆腐”

抢镜的孩子们

瞧这一家子

井中取水

本届地方政府主席的候选人。说着这些话，他表现出一副引以为豪的样子。

路边有人在修建房屋，基本上都是用泥土垒成，修到近一人高。据说新房是为结婚娶老婆准备的婚房。尽管很简陋，但总比没有房子要好。

不一会儿，黑人兄弟带我们到了一家门口，他用豪萨语向主人说明我们的来意——要买“非洲豆腐”。主人让我们等候。不一会儿，来了一群围观的黑人孩童，他们睁大眼睛好奇地看着我们，如同30年前我们见到白人老外一样的心情吧。老长时间也不见“非洲豆腐”，于是我们钻过这家的门，径直走进院落。呵，里面竟然人头攒动，一大群大大小小高低不等的孩子挤满了院子。女主人正在制作小吃，原料是用玉米面和水搅拌而成，然后倒进一个个碗状的模具里烤着。

男主人蹲在院落里一个木桩前。我们向他问候致意。我们了解到，这院子里全是一家人，三代同院，一共有52口人。同事拿出相机拍照，引得一群孩子异常兴奋。几个大胆的孩子总是冲在前面，抢尽镜头。

院落中间是一口水井，几位妇女正在从井中用绳索往外提水。看来这家的家境在当地还属上乘，因为打水井据说要花不少钱，几十万奈拉。

说话间，“玉米豆腐”已经做好，我们尝了几口，味道就像国内过去吃的玉米面窝窝头。男主人的一个儿子为我们撒了一些白糖以增加口味。我们买了10个玉米窝窝头，倒是十分便宜，1个5奈拉，10个50奈拉，共相当于人民币2元钱。

向这家主人辞别后，黑人兄弟带我们去拜访村长——地方政府主席候选人。我们进入一个大院子，院内停放了好几辆小汽车，一看就知道这家的家境与主人的能干。可惜这位政治人物不在家，我们只好返回。

回来的路上，经过村子的宗教活动中心清真寺，发现全村就数它最漂亮最气派。

村子里有三所学校，一所是伊斯兰学校，一所是小学，一所中学。伊斯兰学校是一排平房。我们走过去想看个仔细，几十个孩子正在一间教室里跟着老师唱歌，应该是伊斯兰的宗教歌曲吧。

校长正好在。寒暄过后，校长向我们介绍说，这所伊斯兰学校周一至周四有四位老师，其他时间有六位老师。孩子们每天上午在小学里上课，下午2点以后会分批来伊斯兰学校学习伊斯兰教义及阿拉伯语。宗教学习和国民教育的时间与地点都交融轮换，相得益彰。

伊斯兰教及基督教在当地似乎相处得还比较融洽。我们专门问过当地人，没有听说这里有过宗教冲突。但是，为什么同是有宗教信仰的人在高原州就变得野蛮凶残了呢？

结束了在伊斯兰村落的闲庭信步，重新回到我们住宿的洛克菲勒公寓（Rockfeller House），感觉这次外出十分充实，感触收获颇多。

当地伊斯兰学校

三位学子在伊巴丹大学的学习生活

李桂周　白利闪　夏诗敏

时为浙江师范大学非洲研究院世界史专业硕士研究生。

中非之间的民间交流太缺乏了。

非洲是个让人成长的地方！

这真是一片神奇的土地，在这里，任何事情都有可能发生。

李桂周：适应伊巴丹大学的学习和生活

带着好奇与学习任务，经过近三天的旅程，2011 年 12 月 15 日，我们一行四人终于来到了位于尼日利亚奥约州的伊巴丹大学，开始了一段异国他乡的学习生活。

适应学习。

客观地说，到尼日利亚后的学习生活并不顺利，到达时已是 12 月 15 日，临近圣诞和元旦，处于假期中的学校，多少有些冷清。之后是为期一周的全国大罢工，贯穿其中的则是全国高校讲师联盟的罢工，直到 2 月的第二周罢工才宣告结束，学生们陆续返校，学期日程相应地也推迟了一个多月。在这里，等待似乎成了生活中的一个重要组成部分。

每周可以和导师阿德西纳（Adesina）和埃多（Edo）见一次面。开设的课程主要有尼日利亚农业经济、尼日利亚史等。上课是在导师办公室里进行，针对阅读材料各抒己见，释疑答问，没有范围限制。还有讲座性质的课程，围绕一个主题，不同老师从各自角度讲解、讨论。学生们热情高涨，只是有的人口音严重，我听起来很吃力。

学习资料很多，但找到需要的还是要下功夫的，校图书馆书籍都很旧，书架上厚厚的尘土，昏暗的灯光，摆放的无序，多少都增加了难度，只好一本本翻了，有时也不得不向老师求助！

适应生活。

到一个新地方，都要适应一段时间，而在非洲需要的时间相对更长一些，除了气候，最重要的就是生活条件。尼日利亚最突出的问题是电力供应不足，正式开学后宿舍早晚各两小时稳定供电，其他时间不定。之所以能稳定供电，是因为这段时间学校发电机在工作，而其他时间是由市电力系统供电，就无法保障，有时候整天没电，有时候间歇性来一会儿，当地人众口一词地说："This is Nigeria!"记得 2 月 16 日这一天，除了中午中断一会儿外一天都有电，我们居然有点不适应了，心里一直想着："怎么还不停电呢？"

李桂周（左三）与师生们

大一点的超市、餐馆、营业厅都有自己的柴油发电机，以保障正常的经营。有钱人家也都有自己的发电机，当然也得忍受发电机的轰鸣声和每小时 1000 多奈拉的油耗。这也一定程度上解释了尼日利亚的商品价格为什么很高，同样商品的价格一般都是国内两倍多，甚至三倍。之前曾看过一篇报道，说非洲的平均工资比中国高，从表面上看确实如此，购买力却大相径庭。由于生产成本高，本土产品很难与进口商品竞争，哪怕是生产一盒火柴的成本都比直接购买从印尼进口的火柴价格贵。

菜市场

清晨，高亢的基督教圣歌声过后是悠扬低沉的穆斯林礼拜声，对我来说，新的一天又开始了。来到伊巴丹大学后，我们一直得到了许多人的无私帮助。既有我们的尼日利亚朋友德维纳（Dvina，又名"希望"）、艾斯坎（Dr. Ascan）、阿兹比（Mrs. Azibe）的真诚问候，还有来自四达时代（STARTIMES）伊巴丹分公司多位员工的兄长般关怀，如王远、田东、蔡海刚，等等。春节那天，王远大哥没去拉各斯，专门留下来和我们一起过春节，一边看春晚，一边吃饺子，令我们非常感动！

适应环境。

我特别喜欢非洲的雨，很大气。每当天空乌云密布、狂风大作时，紧跟着的就是电闪雷鸣、枯叶纷飞、黄沙漫天，很快就大雨滂沱、酣畅淋漓，哗哗的流水声将我的思绪带得很远。记得 2 月 3 日我们经历了到来后的首场大雨，一扫黄尘后，万物皆更新。我兴奋得出去跑了两圈。进入3月，雨季来临了，老天说翻脸就翻脸，刚才还是阳光明媚，现在就瓢泼大雨。当然，从总体上看，傍晚下雨居多，这可能是白天酝酿的结果。

3月不只是降雨的季节，还是芒果成熟的季节。看着满眼绿色，累累硕果，你确实会相信上帝对非洲还是比较眷顾的。

这里的人们也很友善，很热情，会主动向你问好。如果你有什么困难，他们也会不厌其烦地帮你解决。有时还会问一些让你忍俊不禁的问题——“你们那里有电吗？稳定吗？”“你回去的时候把我带走好吗？”“中国的女人为什么都不喜欢穿衣服？”有一次我在操场上看足球，教练走过来问我：“你是不是要买球员？我有一些很好的球员。”他的目光坚定而认真。听黄大哥说，他在阿布贾的时候有个员工说：“我不去你们国家，你们那里吃人，你们是想把我骗过去，然后把我也吃了。”可见，中非之间的民间交流太缺乏了。

白利闪：伊巴丹大学留学记

2011年12月我成功申请尼日利亚政府互换奖学金项目，并以一名硕士插班生的身份赴伊巴丹大学学习。目前我已经在这所学校生活了两个多月，对这里的气候环境和生活条件都已基本适应。

漫长的旅途。

自接到伊巴丹大学的录取通知书和邀请函起，我们一行四人就进入了紧张而又忙碌的状态：办公证、交纳保证金、办签证……事情一件接着一件。12月13日的下午1∶50，我们终于登上了汉莎航空公司的航班，我们在法兰克福机场等待了16个小时，拖着疲惫的身躯和大包小包的行李，于14号上午10∶50（法兰克福区时）迎来了飞往尼日利亚首都阿布贾的航班，8小时的飞行后（当地时间14点），终于来到了尼日利亚首都阿布贾。在大使馆和尼方代表接待下，我们在阿布贾停留了一晚，12月15日晚上6点，终于到达了目的地伊巴丹大学。

在伊巴丹大学的生活。

15日18时，我们一行四人入住学校宿舍，正式开始了在伊巴丹大学的留学生涯。初到这里，心里多少有些落差，现实跟想像中的差距实实在在地摆在我们面前。不过，我们很冷静地对待眼前的一切。

不难想像，我们刚开始的生活是一团糟，一切都要从头开始。我们的宿舍除了三张小床和三张桌子外一无所有，所有能触碰到的地方都是灰尘。我们放下行李开始动手打扫，用床单做了窗帘，自己裁剪，自己缝合，在三张并排放着的小床上撑起了我们的“蒙古包”，将布满灰尘的柜子和桌子擦洗干净。经过一天的打扫，原本空荡荡的房子总算有了人气。尼方向我们提供了部分日用品，像锅、碗、刀、煤气、水桶等。在非洲朋友的帮助下，我们前往市场购买了另外一部分日用品，像油、盐、酱、醋、卷心菜、洋葱、大米、矿泉水、冰箱等。当一切都购买齐全后，我们的生活步入了正轨，由于可选择性太小，我们做的饭菜极其简单，主食是米饭，炒菜总是在卷心菜、土豆、洋葱之中三选一。

2012 年 1 月 5 日，尼日利亚的燃油价格上涨两倍，全国人民以罢工的形式对抗政府，街道上到处在燃烧轮胎，行驶的汽车只能在一簇簇火焰和乌黑的浓烟中穿梭。由于罢工，我们开始了蚂蚁搬家的日子。5 号，拖着行李箱，带着吃饭用的油盐酱醋、锅碗瓢盆，从宿舍搬到林肯公寓（Linken House）。16 号，顶着大太阳，我们又搬到教授公寓（Prof. House）。18 号，我们终于搬回自己的宿舍。罢工使我们原本错乱的生活雪上加霜，我们处在没水用的边缘，还出现了一整天没有电的情况。没电也许日子还可以继续，但是没水就真叫痛苦。今天我们依然没有充足的水用，现有的两桶水是从隔壁邻居家借来的，早起用平日洗一次脸的水量洗了一件上衣，当把衣服放进盆里时，衣服几乎可以将水分全部吸干，顿时备感心酸。

罢工的这段日子，尼日利亚的政局不稳，社会秩序混乱，我们几乎足不出户，也出现过上顿不接下顿的情况，幸好有好心的非洲朋友帮忙，他们主动载我们到市场买菜。我们每天盼着来电，盼着来水。正常的生活被打乱，这段时间里我们的心情都十分郁闷。

如果说 1 月的生活还算如人意的话，进入 2 月以来，我们的生活每况愈下。整个 2 月我们宿舍的供电时间平均每天为五个小时左右，并且这五个小时是不固定的，电随时可能来也随时可能停，只有晚上 8 点到 10 点的两个小时是固定的，但后来改为 10 点到 12 点。极短的供电时间严重影响了我们的生活，冰箱几乎成了摆设。大家只吃容易存放的食物，像洋葱、土豆、卷心菜，谈不上什么营养，只是填饱肚子而已。

生活在一天天继续着，总有一些事情始料不及。2 月 21 日，我像往常一样到图书馆，刚坐下不久，就感到肚子一阵阵的疼痛。起初我不以为然，但没过多久，肚子痛到难以呼吸。我站起来，没走几步，由于疼痛感太强，我的大脑失去控制。我在完全昏迷的状态下倒在地板上，这时图书馆的工作人员以及学生都围了过来。等我慢慢睁开双眼时，周围站着很多人。虽然睁开了双眼，但我仍感到四肢无力。一名工作人员将我抱起，飞快冲出去，在他们的帮助下我被拉到了校医务室。我在医务室打了针，输了液，研究生学院的主任和我的老师们都到医院看望了我。这次经历让我知道了健康的重要性。

伊巴丹的气候并没有想像中的那么恶劣，相反，这里早晚的气候很凉爽宜人，唯有中午时炎热无比，烈日高照。这里的气候目前并没有让我们感到不适应，只是用电的短缺严重影响到我们正常的学习生活，不稳定的政局把我们局限在校园之内。

在伊巴丹大学的学习状况。

作为一名交换生，我来伊巴丹大学的目的是通过亲身经历和调查访问了解更多的非洲历史、非洲文化及风土人情，真实感受非洲人的生活，收集珍贵的资料，为非洲研究作出自己应有的贡献。

但当我们来到这里时正赶上全国教师大罢工。伊巴丹大学的教学处于停滞状态，学生们放假回家，老师们暂停工作。我虽然见到了自己的老师，但是没有正常的教学安排，老师们也都以罢工为由没有安排我们上课。

全国教师罢工尚未结束，又开始了全国性的罢工，由于燃油价格上涨，尼日利亚人民开始全国罢工以对抗政府。在罢工的这段日子里，供电供水都不正常，我们每天都在为自己的安全和生活的稳定担忧着，于是将学习放到了次要的位置。

全国性罢工结束不久，这里的教师罢工也随之结束，学校的教学工作陆续恢复正常，老师们也都回到工作岗位，我也开始了一周两三节课的学习生活。

历史系的两位老师负责给我们上课，阿德西纳老师负责介绍尼日利亚经济史方面的内容，埃多老师负责讲述尼日利亚文化和发展史方面的内容，两位老师都很认真负责，对我们也很友好，他们很乐意与我们一起探讨问题。

我在伊巴丹大学的导师是阿德西纳，在他的指导下我确定了自己的毕业论文方向“尼日利亚独立以来的农业发展史”。这是个很宽泛的题目，根据收集到的资料，我会进一步将研究范围缩小，以便尽快确定好自己的论文框架，为6月的开题做好准备。

在伊巴丹大学生活的两个多月里，不管是个人经历还是学习生活，都让我收获很多。我体会到了真实的非洲生活，个中体验将是我人生中最宝贵的财富。虽然生活中遇到过很多困难和挫折，但我仍有信心将余下的日子过好，我们会在保证安全和健康的前提下，尽自己最大的努力完成学习任务。

非洲是个让人成长的地方！

夏诗敏：尼日利亚留学记

北京时间2011年12月13日下午1:50，上海浦东机场，我们一行四人在国家留学基金委政府互换奖学金项目的支持下，踏上了前往尼日利亚伊巴丹大学留学的旅程。经过近20个小时的飞行，当我们的飞机越坐越小、空姐越来越具有非洲风情的时候，我们意识到，这片期盼已久的土地越来越近了。在当地时间14日下午4点，我们终于踏上了非洲这片神奇的土地。

小憩阿布贾。

阿布贾机场的行李车非常有历史的沧桑感，左右不受控制，害得我不停地“I'm sorry”。带着一份初到的忐忑，终于看到了在出口处已等候多时的使馆工作人员陈鹏大哥和尼日利亚奖学金委员会的负责人玛莉（Mary）。一颗悬着的心终于落下了！我一个激动，一不留神，一位黑人哥哥一把抢过了我的推车，这是要小费的！而我兜里只有为数不多的美金，把美金当奈拉用，无疑是一件割肉的事情。后来行李要上车的时候，莫名其妙又多出来一位热情的黑人哥哥，占着推车索要小费，好在有玛莉的帮助，小费问题顺利解决。

走出阿布贾机场的时候，是当地时间下午5点多，气候比我们想像的好多了，傍晚的阿布贾有风，很舒适。但是陈哥说，中午有太阳会很热，现在是旱季，我们还可以享受哈马丹风带来的清凉。在飞机上睡得天昏地暗，都不用倒时差，竟忘了国内还是半夜呢！我们坐上小卡车就开始兴奋了，想拍照，又怕惹麻烦，因为出国前曾被叮嘱过不要随便拍照。于是问前排的玛莉能不能拍照，玛莉以一种官方的语调回答道："这是在尼日利亚，你可以做你想做的任何事情，任何时候想拍照都可以。"玛莉和司机都很好，路上还特意停下来几次让我们拍照。

阿布贾市区

到达阿布贾的第二天早上，我们来到奖学金委员会的办公室，在经历了一系列热情的拥抱之后，我们很顺利地领取了尼方提供的生活费，每人得到了一个尼日利亚名字，分别来自尼日利亚豪萨、约鲁巴和依博三大主要部族，并安排艾哈迈德（Mrs. Ahmed）带领我们前往伊巴丹大学办理报到事宜。一切都比较顺利，也就意味着今后一段时间我们将以一个非洲人名开始一段新的求学生活。

求学伊巴丹。

经过40分钟的航班再加上近三个小时的汽车，我们终于从首都阿布贾来到了尼日利亚的另一个重要城市拉各斯，到达尼日利亚著名学府伊巴丹大（University of Ibadan，UI）。15日的傍晚，当汽车左绕右绕开至伊巴丹大学校门口的时候，我真真切切地看到了谷歌上的那张图片——那个校门！在那一时刻，忘记了自己当时有多累，我是激动的。

伊巴丹大学校园

伊巴丹是尼日利亚的历史文化名城，伊巴丹大学是尼日利亚最古老的大学，也是最好的大学，是他们的骄傲。伊巴丹大学有自己的动物园、游泳池、植物园，还对外开放举办婚礼。伊巴丹大学的校园，超出想像的大，超出想像的开放。只是进出校门都要经过类似于安检的一类检查。这让我意识到此时身处非洲，身处世界上最不安全的国家之一，有那么一丝的不安全因素。

我们在长久的等待中办好了电话卡、上网卡、银行卡，看到了我们的学习计划。在这一系列的等待中，我们开始适应这里的一切。我们的宿舍新研究生公寓（New Postgraduate Hall B Block，NPG Hall）虽然很简陋，无法与国内的大学生宿舍相比，但经过我们的收拾和整理，还是像点窝的样子了。

接下来的生活才让我真正体味到了什么是非洲。停电！经常性的没有电让我们的学习和生活平添了很多烦乱。虽然号称尼日利亚第二大城市，拉各斯市每天的供电时间最多不超过四个小时，而且大部分是在半夜，即使伊巴丹大学有自己的发电系统，白天有电的时间也少之又少。没有电，做不来饭，我们不得不两餐合一餐；不能用电脑，只好天天到图书馆上网；没热水洗澡，我们白天让阳光把水晒温。

在动物园

没有窗帘，我们就用多出来的床单自己缝制；毯子不够一人一床，我们就把它一分为二，自己包了边，以免散掉；没有把的锅很烫，我们就用多出来的废布剪成小布条缠住锅边；炒菜没有锅铲，我们就用筷子替代，并因此引来很多非洲朋友的好奇。我们曾经把红薯当土豆买回来，因为它们都叫“potato”，后来发现他们把红薯叫“sweet potato”；买菜时我们会习惯性地问这个多少钱一斤、那个多少钱一斤，得到的回答永远是“It all depends”，因为这里的东西基本上是不按重量卖的，永远是这一堆多少钱、那一堆多少钱。某次和达维娜（Davina）买洋葱，一堆洋葱卖给她是100奈拉，卖给我们就要150奈拉，我转过头问那人“Why”，他却鬼脸示意达维娜。看来每个地方都会欺生。

但是有一点却让我们有点“受宠若惊”，就是不管我们哪次出门到市场去，总是会有很多人围观。市场上热情的大妈大婶对我们更是摸摸头发、拉拉手，似乎一切都感到好奇。一路上不时有人叫着“阿依博”，如果你能笑着回应一下，她们就开心得不得了。约鲁巴语“阿依博”是白人的意思，达维娜告诉我们说，他们认为除了黑皮肤以外其他的都是白人。刚开始的时候去一趟市场就像参加一场战斗，体力都有点透支，久而久之也就习以为常了。

在学期间，我们深切感受到了尼日利亚人的热情和奔放。入乡随俗，面对人家的热情，我们也笑脸相迎，十分认真地用不很熟练的正规英语听力去听懂约鲁巴式英语。不过，很幸运的是，有达维娜这位自称40岁的依博族“剩女”护着，我们自然就安心了许多。一方面，面对每天频繁的问候，我着实有点不太适应，但同时又深深地喜欢他们天生的乐观和热情。他们对中国产品有很深的热爱，曾经有学院的老师问我能不能在走之前将笔记本电脑卖给她。随处可见的中国产品，让我深感祖国的强大！

图书馆是我们来到伊巴丹大学最先熟悉的地方。馆长带我们参观后特意交代我们可以免费使用图书馆的网络。我和另一个同学被安排在教育学院的成人教育专业，学院安排了一个还在攻读博士学位的助教拜欧拉（Biola）全盘负责我们的学习，并带我们熟悉学院的每间办公室，每个人都热情地教我们约鲁巴语。经过一个月的等待之后，我们终于开始了正式的课程学习。学院根据我们的实际情况制定了学习计划，安排老师上课，还给我们一间专门的小教室。每周一至周四，都会有不同的老师根据学习计划给我们上课。

初到尼日利亚，语言是最大的学习障碍。因为听惯了 VOA 或 BBC 式的英语，对尼日利亚式英语很是头疼，再加上词汇量有限，打电话这种在国内很平常的事情在这里仿佛成了一次听力测试。而在说的方面，我被中式思维困扰，一时难以转换，对方也只能从零散的单词中猜明白我的意思。好在语言环境还算容易适应，现在我们已经能够听懂老师讲课，并自如地交流。

遭遇全国大罢工。

2012 年 1 月 8 日，因政府要取消燃油补贴，引起了全国大罢工。而在这之前就已经开始的全国教师大罢工尚未结束。因为罢工，宿舍面临停水停电的威胁，学校决定通知本地学生回家，我们不得不过起了搬家的日子。我们先被安排在用于学术接待的林肯公寓（Links House），几天过后，由于需要安排两位参加圣经学习年会的教授，我们又搬至副校长公寓（Pro-Chancellor's House）。当地朋友每天告诉我们校园外的局势，大街上随处燃烧的轮胎设置路障，浓烟滚滚；公共交通瘫痪，男孩子们利用路障向来往的私家车收费；最后甚至晚 7 点至早 7 点实施宵禁，市场歇业。安全起见，学校和使馆也不建议我们出门。没有人能够告诉我们罢工什么时候结束，我们只剩下不多的食物存储，好在校园内的小卖部能买到方便面和面包，于是这便成了我们那段时间的主食。我们也不知道什么时候能搬回宿舍，好在我们慢慢地习惯了随时打包搬家的状态。我们调侃着："这真是一片神奇的土地，在这里，任何事情都有可能发生。"终于，1 月 16 日下午宣布罢工结束，第二天我们搬回新研究生公寓，一切回归正常。

3 月已经开始，伊巴丹的雨季即将到来，我们的留学生活还在继续……

我在拉各斯巧遇中国海军护航编队

邓文科

时为浙江师范大学非洲研究院国际政治专业研究生。2014 年 3—11 月受研究院资助赴尼日利亚国际事务研究所学习调研。现为海洋出版社《太平洋学报》编辑。

在门口远远地看到中国的“盐城”舰等抵达码头、穿着白色军服的海军战士们整齐地站在舰船上挥手致意、清晨的阳光斜撒在战舰上熠熠发光……

在导师刘鸿武教授的鼓励下，在沈虹老师的帮助下，我于 2014 年 3 月 23 日到达尼日利亚国际事务研究所（简称“国研所”，NIIA），开始为期半年的学习和调研。两个月已过去，在这里的每一天，都可以说充满了各种新的体验。这里选取我国海军访问拉各斯期间我的见闻，希望能作为自己“非洲见闻”的开篇。

经与领馆和港口的工作人员交流得知，此次访问拉各斯的是我国第 16 批海军护航编队，也是我国海军对尼日利亚拉各斯进行的第一次访问，靠港时间主要是 5 月 24 日和 25 日两天，靠港码头是阿帕帕（Apapa）。

战舰上的战士们告诉我，这批在亚丁湾执行打击海盗和保护商船任务的中国舰队在完成任务后远赴地中海与俄罗斯海军一起共同执行了叙利亚化学武器海运护航的任务，之后西出地中海沿大西洋南下对非洲西部沿海的八个国家进行正式访问。尼日利亚是继突尼斯、塞内加尔、科特迪瓦之后的第四站。资料显示，该护航编队由“盐城”号、“洛阳”号两艘导弹护卫舰和“太湖”号补给舰共同组成。它们都是国内比较先进的舰艇，“盐城”号是 2013 年 5 月才建造完毕，2012 年建成的“太湖”号则可以进行横向、纵向和立体的全方位补给，且排水量高达 2 万吨。

在中国海军正式抵达拉各斯访问之前，中国驻尼日利亚大使顾小杰于 23 日就先期到达拉各斯，并访问了尼日利亚国研所。国研所总主任（Director-General）波拉·阿金特日瓦（Bola. A. Akinterinwa）教授和顾大使就中非／中尼关系、两国合作、希望建北京大楼等事宜进行了友好交流，并带领顾大使参观了国研所的各个建筑。

根据领馆郭老师（领事）的提前安排，我在这两天的主要任务就是跟着姚领事和严领事协助领馆做一些力所能及的事情，尤其是在码头的大门口迎接前来参观的各企业单位的华侨华人国人等，并且作为门口唯一的中国人及时发现、报告或处理可能的紧急事件。虽然太阳很火辣，但俩月没出过门的我瞬时看到这么多熟悉的面孔感到非常兴奋。同时，也有了更多的机会与大家交流。一位在尼日利亚已有多年的台湾大姐在交谈中说："接到消息我就马不停蹄地赶过来了，还喊上了我的朋友们一起过来。这种上战舰的机会对我而言可能一辈子就这么一次，一定要看看我们的舰艇是什么样子！"另一位在尼日利亚已有三十多年的马来西亚华侨则向我讲起了国人来尼日利亚越来越多的事实，并谈起了这三十年来尼日利亚政府对华人态度的"U"型变化过程及其原因等。

我国第 16 批海军护航编队舰艇

在门口远远地看到中国的"盐城"舰等抵达码头、穿着白色军服的海军战士们整齐地站在舰船上挥手致意、清晨的阳光斜撒在战舰上熠熠发光时，想到那种电视上的镜头现在竟出现在自己眼前，自小形成的对人民解放军、对祖国的热爱之情一下子就迸发出来，让我不禁激动得都跳了起来。

虽然已迫不及待，但我还是坚守着自己的职责。直到严领事招呼我过去，就赶紧一饱眼福。威武庞大的舰体本身，战舰上的直升机、鱼雷、单管舰炮，有很多发射管的近防导弹系统等武器，加之年轻帅气和蔼的海军战士热情主动的讲解交流……几乎每一个人在这里都迫不及待地开始合影留念。是的，此情此景之下，又有多少初次见到国家舰船的人不会油然而生起那种共同的情感呢？即使是不喜欢拍照的我，也实在忍不住想多拍几张。

我和几位战士聊起天来，聊到非洲、聊到家乡、聊到尼日利亚、聊起非洲研究院和尼日利亚国研所、聊到我国的海军包括他们自己的状况等，相谈甚欢。在即将离开的时候，他们告诉我，舰上免费提供午餐。对许久未食中国菜、更从未吃过军舰上食物的我来说，可以大饱口福了。我拿了一份排骨、一份蔬菜、一碗绿豆汤，外加米饭。刚坐下，旁边一位年纪稍大的战士亲切地对我说：“这怎么够，去拿条炸鱼，上一站我们在科特迪瓦补给的，很好吃的。去吧，去吧。”虽然我对鱼本身不太感兴趣，而且拉各斯黑乎乎的鱼让我多少有些害怕，但挡不住盛情，还是去拿了半条。但接下来，刚一入口，我就后悔了——应该拿一整条的啊！哈哈！只是，排骨等同样好味道，而胃容量有限，于是就只能将这美味留在美好回忆中了。整个餐厅的人逐渐坐满，虽然我最后发现只有我一个人不是军人，但我没有一丝的拘束。我慢慢地吃着，一边好奇地观察着海军战士们，一边和旁边这个和蔼的人聊天。一起吃完饭之后，他对我说：“盘子给我吧，你不熟悉。”虽然我有辞谢，但站在我前面的他还是从我手中接过了盘子，而放盘子的地方其实就在咫尺。和其告辞之后，我坐下来休息一下。对面一位战士轻轻地对我说：“他不是我们的团长，是首长。”首长？！原来是首长？！ Oh，My God! 此时我只剩语塞！

25 日下午，华侨华人社团在甲板上向海军捐赠了一些物资。晚上，第二天即将离开码头的中国海军编队在舰艇甲板上举行了招待会，使领馆邀请了当地政府领导人与主要机构的负责人以及中国在尼日利亚相关企业的管理人员。在与海军相关人员的交流中得知，类似的活动举办地点他们都希望放在舰艇上，“因为舰艇是我们国家的领土”。招待会据说发出的邀请卡不超过 50 张。尼日利亚国研所总主任在 23 日就已收到大使馆的邀请卡。或许是由于对我的工作肯定，领馆的姚领事和严领事告诉我晚上和他们一起跟着领馆的车参加招待会，并告诉我若检查人员问起就说我是领馆的工作人员。真是荣幸！

5 点钟我们从领馆出发，招待会直到近 9 点结束。整个晚上的招待会让我受益颇多！第一，结识了在拉各斯和尼日利亚的许多重要的中企及相关管理人员。第二，在给尼日利亚国研所总主任做翻译的同时，也认识了更多的当地人。第三，招待会期间，中国海军编队的指挥员、北海舰队副参谋长李鹏程大校、中国驻尼日利亚大使顾小杰和尼日利亚西部海军司令部司令阿拉德（Si Alade）少将三人先后做了非常精彩的演讲。

中国海军指挥员在招待会上讲话

李指挥员在讲话中回顾了过去两天内对尼日利亚西部海军和当地首领的拜访活动，指出了尼日利亚在非洲的重要地位，赞扬了尼日利亚海军对地区海域安全的贡献尤其是多次抢救遇险中国人的活动，李指挥员还盛赞尼日利亚足球的高超水平，并借此比喻希望中尼加强交流和学习，最后祝愿两国海军即将举行的海上联演顺利举行。李指挥员以其智慧而幽默的演讲赢得了在场中尼听众多次的热烈掌声。顾大使的演讲同样精彩。顾大使先用流畅的英语做了演讲，之后又用中文参考发言稿做了演讲。顾大使在演讲中回顾了5月李克强总理对尼日利亚的访问，对尼日利亚海军、拉各斯当地政府和华侨华人团体对此次海军访问活动的支持表示感谢。最后，顾大使提到大使馆的工作，并说自己将努力将工作做好，促进中尼友好关系的发展。阿拉德司令在演讲中同样对尼中关系充满了积极的看法和期待，承诺将努力为中国海军提供任何所需的帮助，并相信接下来的尼中海军演习将会取得圆满成功。在这样的场景下，仔细聆听演讲、还想拍几张照片纪念，让人都来不及有太多的思考回味。对我而言，听到顾大使即兴流畅的英文演讲其实就已很是佩服！希望自己的英语水平有质的飞跃！希望自己的学识能像在场的诸位那样优秀！

写到此，这次的“侧记”基本结束。最后我想说，感谢非洲研究院，感谢尼日利亚国研所，感谢中国驻尼日利亚大使馆，感谢中国驻拉各斯总领事馆！

感受尼日利亚新总统就职典礼

武 卉

浙江师范大学非洲研究院科研人员。2015 年 5 月受非洲研究院资助并应尼日利亚国际事务研究所邀请到尼日利亚拉各斯进行为期三个月的实地调研。

“我属于每个人，我不属于任何人。”（布哈里）

当地时间 2015 年 5 月 29 日凌晨，狂风大作，下了一夜雨。大雨为多日停电的房间带来了清凉，我想，这难道是今天即将举行的新总统布哈里就职典礼带给我们的福利？

典礼在尼日利亚首都阿布贾的雄鹰广场（Eagle Square）举行。上午 9 点，我坐在尼日利亚国研所提供的宿舍里，准时打开电视，收看拉各斯当地电视台（NTA10 频道）就职典礼现场直播。

布哈里总统就职典礼仪仗队

这一天，首都阿布贾艳阳高照，现场国旗飘扬，列队整齐的三军仪仗队整装待命。典礼总指挥身着墨绿色军装，胸佩勋章，稳坐在白马上等待新总统以及各国首脑、政要们的到来。此时电视字幕打出就职典礼的英文字样，为即将开始的总统就职仪式增添了几分肃穆。舞台上表演着独具特色的非洲歌舞，舞台外一辆辆座驾缓缓驶来。包括中国政府特使在内的来自 54 个国家与地区的外国首脑、政府特使、尼日利亚各界代表出席了就职典礼。在出席的各国政要中，有南非总统祖马、美国国务卿克里、尼日利亚前总统奥巴桑乔等。

布哈里（左）与前总统乔纳森（右）

穆罕马杜·布哈里可以说是尼日利亚政坛的老人了，他的政治经历也反映了这个非洲大国当代政治进程的曲折与反复。早在 20 世纪的 1979 年，时任尼日利亚军政权首脑奥巴桑乔通过组织一场公开的大选让出政权，让民选的文官总统哈吉·谢胡·沙加里成为尼日利亚独立以来首位民选总统，而奥巴桑乔也作为当代非洲大陆第一个主动“禅让”总统宝座的军政府首脑而名震天下，一时间被世界媒体称为当代非洲的“民主政治伟人”。

然而，现实政治却没有这么浪漫。民选出来的文官总统沙加里执政无方，腐败与无能较之军政权尤有甚之。于是，1983 年的最后一天，布哈里组织一群年轻军官，再次发动军事政变，将沙加里赶出了总统府，组成了以他为首的新一届军人政权。据说，他上台后雷厉风行，肃整纲纪，清廉有为。但国家问题依然积重难返，仅仅两年后，他在一场由另一个军官巴班吉达发动的政变中被赶下台，品尝了相同的政治滋味。

布哈里总统向热情的民众致意

下台后的布哈里并未完全退出政治。1999 年奥巴桑乔重新执政后，布哈里有了新的政治追求，他开始组织反对党试图重返政坛。他曾在 2003 年、2007 年、2011 年三次竞逐总统大位，可谓屡战屡败，如今终于如愿以偿，重登总统宝座，成为非洲大陆这个人口最多、实力最强的国家的新领导人。

今天，曾经被布哈里赶下政治舞台的沙加里也蹒跚而来，参加他的政治交锋对手的就职典礼，不得不让人对他多了几分敬意。

在一阵欢呼声中，当选总统的座驾驶入红地毯，穆罕马杜·布哈里身着米黄色大袍、头戴棕色花帽，携夫人进入了会场。

大约 10 点 19 分，刚刚落败的前总统乔纳森的座驾也驶入会场。他身着黑色布衣，头戴黑色礼帽，在随从指引下入席，坐在布哈里总统身旁。这身装扮似乎是乔纳森总统的标志性服饰，在我们来拉各斯的一个月里见到的所有总统照片中，他就以这身打扮示人。此时此刻，他与布哈里总统并肩而坐，黑白两色衣服形成鲜明对比。乔纳森此次光荣“退位”，并十分君子地向获胜者表示祝贺，配合权力交接，这给他赢得了另一种声誉，也让人们对非洲国家政治生态的前景多了一份信心。

布哈里总统宣誓就职

就职典礼是隆重的，新总统穆罕马杜·布哈里起身走至主席台宣誓就职这一举动把典礼推向了高潮。布哈里在夫人的陪同下，徐徐走向主席台，他的脚步缓慢而坚定。当他签完一系列文件、从大法官手中接过《圣经》宣读就职誓词时，全场再一次响起巨大的掌声、欢呼声。墨镜遮住了布哈里总统的眼睛，但他逐字逐句念出的坚定感染了我这个隔着电视机屏幕的外国人。

尼日利亚是一个复杂而有趣的国家，有许多现象让我好奇。到拉各斯的这一个月，我亲身感受着油荒带给自己以及身边的当地人的诸多不便，体会到在这里生活的不易。而每每看到当地人对你真诚地微笑，关切地问“你晚上睡得好吗？你觉得尼日利亚怎么样？”，我很难告诉他们否定的答案。他们已经在这里，并且将在这里生活、居住。虽然艰苦，但他们每天总是带给我暖心的问候和真诚的笑容，为我提供热情无私的帮助。

我想他们是热爱这个国家的，因为爱所以怒其不争。记得有一次一位女士直接问我：“你为什么要来尼日利亚？我们比中国差太多了，我们无法给你们提供最好的。”这句话让我感到心酸。我来这里当然不是为了体验更好的生活，但我感受到她想把最好的给我那份心意，感受到她对这个国家的期待。

布哈里总统发表就职演说

布哈里总统的就职演说，或许道出了许多尼日利亚人的心声与期待。连日来，尼日利亚媒体密集报道这场盛世大典。《尼日利亚先锋报》（*Vanguard*）5月30日头条以《我属于每个人，我不属于任何人——布哈里》为标题，详细报道了就职典礼。该报政治版主编深度解读了布哈里总统的誓词。他认为，布哈里总统“我属于每个人、我不属于任何人”的说法，不仅解除了人们担心他利用某些人获取选举支持的疑虑，同时也表明新总统将对伤害过他的人既往不咎；关于立法和司法机关权利的陈词，布哈里总统表示他不会过多干涉其他政府部门的管理，同时这也是对国家公职人员勿玩忽职守的提醒；布哈里总统称他不会对当地政府滥用基金视而不见，这表明他可能会动用安全局调查基金滥用的情况。布哈里总统称，为打击“博科圣地”组织，他会将国防部迁到迈都古里，这显示了他的领导风范。

尼日利亚发行量最大报纸《国家报》（*Tht Nation*）5月30日头条也刊出当选总统穆罕马杜·布哈里在宣誓誓词中提到的“我属于每一个尼日利亚人，但我不属于任何人”的誓词，并用三个版面报道了此次总统就职典礼。该报第二版面以《尼日利亚人民：你们不会后悔选择我》为标题，全文刊载了当选总统布哈里在就职仪式上的誓词。布哈里总统在誓词中提到：“国内面临极大的挑战、政局不稳、道德败坏以及目前最紧急但依旧在持续的石油和能源短缺问题。”第三版面以《历史是昨天的》（History was made yesterday）为题，刊载了一篇时评。文章指出，尼日利亚将从绝望走向希望，从失败走向成功，从耻辱走向荣耀，从个别发展走向全民繁荣。

此外，《卫报》(*The Guardian*)、《今日报》(*This Day*) 分别以《让我们抓住机会，尼日利亚人！》和《布哈里，尼日利亚新的支柱》为标题对当天的就职典礼进行了报道。

我们应该相信，布哈里总统会创造历史，带给尼日利亚新的辉煌。

目睹尼日利亚新一届政府产生

郭冬冬

时为浙江师范大学非洲研究院世界史专业硕士研究生。2015 年 5 月在研究院资助下到尼日利亚拉各斯进行为期三个月的实地调研。现供职于中共中央对外联络部。

只有三大机关依照宪法办事，政府才能更好地为国家服务。

当地时间 5 月 29 日，庄严的阿布贾雄鹰广场彩旗招展，人潮涌动。当天，尼日利亚新当选总统布哈里将在此宣誓就职，尼日利亚将首次见证执政党向反对党移交权力，这个国家迎来了新的历史性时刻。

在观礼台上就座的尼日利亚政要及各国代表

当天观礼台座无虚席。尼日利亚前军政府首脑雅库布·戈翁、易卜拉欣·巴班吉达、阿卜杜萨拉米·阿布巴坎尔，前总统谢胡·沙加里和奥卢塞贡·奥巴桑乔以及前临时政府首脑欧内斯特·肖内坎等历届政府首脑赫然在座，表明了尼日利亚历届政要对国家团结的一致追求。此外，南非总统祖马、津巴布韦总统穆加贝等十多位国家元首和美国国务卿克里以及 54 国政府代表、国际组织负责人出席布哈里的就职典礼。中国国家主席习近平的特使、农业部部长韩长赋代表中国政府出席了典礼。

布哈里签署总统就任法律文书

上午 10 时许，当选副总统奥新巴乔和当选总统布哈里陆续到场，向会场嘉宾挥手示意，并前往观礼台与与会嘉宾握手问好。10 点 19 分，现任总统乔纳森到达会场并徐步踏上礼台。随着典礼总指挥的一声令下，尼日利亚总统就职典礼正式开始。

10 点 35 分，总统宣誓就职仪式正式开始。布哈里总统前往穆罕默德大法官的宣誓台郑重签字并宣誓就职。布哈里总统宣誓结束瞬间，寂静的会场开始欢声一片，与会嘉宾也纷纷起立庆祝布哈里总统宣誓就职。

布哈里总统（右）与前总统乔纳森（左）

布哈里总统正式就职后检阅三军

伴着欢快的《Baba Oyoyo》歌声，布哈里总统与乔纳森总统在礼台握手，随后布哈里总统向与会嘉宾挥手致敬。乔纳森向在场观众微笑示意，挥手道别。之后，随着新一届政府旗帜在雄鹰广场冉冉升起，礼炮鸣响，尼日利亚总统权力交接正式完成。布哈里总统开始乘阅兵车检阅三军，向与会群众频频挥手示意。

阅兵仪式结束后，布哈里总统登上礼台，发表就职演说。在演说中，布哈里赞赏并感谢乔纳森总统承认败选所展现的政治家气度，认为此次典礼彰显了尼日利亚人恪守民主文化的坚定信念。布哈里还誓言新政府将致力于惩治腐败，积极应对当前极端组织“博科圣地”、尼日尔三角洲电力短缺和青年失业等方面的挑战。

在施政纲领方面，布哈里表示，他领导下的联邦行政机关不会侵犯立法机关和司法机关的权力，但是立法机关必须高效行使立法权和监督权，司法机关也必须首先净化自身并高效地处理包括腐败、严重经济犯罪和权力滥用在内的各种案件，只有三大机关依照宪法办事，政府才能更好地为国家服务。布哈里指出，虽然宪法规定联邦、州和地方政府分工不同，但联邦政府不会对州和地方政府正在发生的事情视而不见、自缚手脚，并许诺将在各级政府中打击腐败。

非洲，我还没准备好离开你

郭冬冬

时为浙江师范大学非洲研究院世界史专业硕士研究生。2015 年 5 月在研究院资助下到尼日利亚拉各斯进行为期三个月的实地调研。现供职于中共中央对外联络部。

中国这些年来是如何影响了非洲人的日常生活？未来的普通中国人能否继续像我们生产的产品一样，同样深入到非洲的街巷之中，感受在异国他乡的兄弟般待遇呢？

来拉各斯有一个多月了，如果按照天数算，几乎有 47 天之久；而按照小时算，已经将近 1124 个小时。在这 47 个日日夜夜里，我们感受到的是与众不同、异常复杂的非洲，如果精确地说，则是异常复杂的拉各斯。毕竟，非洲太大，我还不敢轻易评说。而这种感受伴随着离开时日的临近（还有 1 个月零 10 天就要离开），我愈发感觉到：非洲，我还没准备好离开你！

奥巴（国王）宫殿

无法“理解”的拉各斯

在这里，我经受了与在中国截然不同的生活，但一种无以名状的感觉告诉我：目前，真的还不够。虽然我见识了拉各斯那么多的车，那么多的人，那么多的房，那么多的教堂，那么多的油气味儿（我冠之以拉各斯“五多”），但我无法理解为什么这栏一个盛产石油的国度（尼日利亚为非洲第一大原油出口国）正在经受着史上最为严重的油荒，而荷兰这个一滴油不产的国家却成为尼日利亚成品油的来源地；无法理解为何拉各斯的失业青年三五成群，随处可见。尼日利亚国家统计局称，“尼日利亚 15—24 岁的劳动人口中有 44.3% 的人处于失业或

油荒中排队等油的人们

拉各斯街边三五结群的待业青年

街边零售小商贩

未充分就业状态”，这不得不令人惊讶。拉各斯这座城市号称“西非最繁忙的都市”，尼日利亚是非洲第一经济大国。更无法理解的是，这个城市竟然弥漫着这么浓重的汽油味儿，从维多利亚岛穿过非洲第一长桥（the third mainland bridge）再到达原联邦政府所在地——拉各斯内陆地区，汽油味儿一直飘浮在空中。我想，如果中国的一些微博大V们都来一下拉各斯，应该没有人再抱怨中国的环境污染是世界上最严重的了。当然，还令人吃惊的是，站在拉各斯市任何一个方位，在肉眼可视的范围内，你都极有可能发现教堂的存在。假如你是乘着汽车在街上穿行，你会发现各式各样、大大小小的教堂不断进入你的视线，就如中国街边的便利店一样多。面对这一场景我只能说，拉各斯这座西非经济首都，“believes in gold；but also god”。

当然，令人诧异的问题远不止这些。比如，你会发现，拉各斯人口上千万之巨，“张袂成阴，挥汗成雨”，而令人无解的是，城市规划和公共设施极为缺乏，建筑错落“无”致，车辆拥堵，更令人咋舌的是，甚至一个月来我们从未在街道上发现一个公共厕所。我无法理解这个城市！

奔波在路上的创业者

看了这么多的负面“教材”，也许你会对这个“罪恶之都”感到失望，甚至望而却步。如果这样，那你就错了，或者说我犯错了，因为这些仅仅展露了拉各斯的小小侧面而已。有些人常说“非洲人比较懒”，但这句话难以适用于拉各斯。拉各斯人口密集，建筑林立，因而城市土地也是寸土寸金。而那些众多的底层人，只能栖居于遥远的市郊。他们当中很多人每天凌晨4、5点起床，花费2—4个小时奔波于城市的拥堵道路上，8点上班，下午4、5点下班（一般没有午饭时间），然后再花费2—4个小时回到家中，之后吃饭、聊天，12点睡觉，第二天凌晨4、5点起床。可以想像，每天四五个小时的睡眠，有时候经常错过饭点和礼拜时间（他们一般会在休息时补错过的礼拜），我们怎么能认为他们懒惰呢？如果说上世纪八九十年代我们的父辈在中国为改革开放事业付出了辛勤汗水，那么，在拉各斯，我同样看到了年轻创业者的身影。他们，不仅是未来拉各斯这座城市的希望，也是未来非洲发展的希望。

随处可见的“中国影响”

当然，身为中国人，我们还感到惊奇的是，当你行走于拉各斯的大街小巷时，经常会有非洲小商小贩伴着笑脸、非常友好地对你说“你—好”。记得第一次遇到一个街边小贩对我们说“你好”时，我心里顿时一惊：难道现在中国的影响力已经如此之深了吗？的确，无论是尼日利亚的移动通讯、玩具还是各类的日用百货，都有中国标志的存在。甚至在我们所在研究所楼顶吹风时，不经意地发现，一个破旧的天线上依稀可见“Made in China”的字样。如同“随风潜入夜，润物细无声”一般，“China”“你好”不仅频现于这里的各类学术会议，更是遍及这里的大街小巷，早已“飞入寻常百姓家”。我有时不禁会想，中国这些年来是如何影响了非洲人的日常生活？未来的普通中国人能否继续像我们生产的产品一样，同样深入到非洲的街巷之中，感受在异国他乡的兄弟般待遇呢？

中国超市

尼日利亚人表演中国传统文化节目《梁祝》

非洲人的礼仪与情谊

细细想来，仅仅拉各斯一个城市就让人产生了诸多疑问和感触，遑论偌大的尼日利亚。无暇多想，在尼日利亚的时间已过近半，我内心不禁有些惶恐。这当然不是因为我还未对这里的人、物培养起多少情感，而是我甚至连他们的皮毛都没有知悉。这里有太多类型的人、太多的街道、太多的东西我还都未接触，何谈对于他们的情感？当然，这并不是说，我尚未对此地之人产生丝丝情感；恰恰相反，在这里，我们获得了非常友好的礼遇，一种不仅仅是朋友的，更是一种兄弟姊妹这样的家人般的礼遇。国研所所长波拉·阿金特日瓦（Bola. A. Akinterinwa）教授将我们视为朋友，有一次还向我们秀他的中国功夫，他虽日理万机，却仍会亲自来我们房间检查水电供应是否得到恢复。乌毕（Ubi）博士曾在中国吉林大学读博，对待我们如同故交，每次见面都嘘寒问暖，常与我们分享他在中国的美好经历。负责我们日常行程的芭芭基德（Babajide）女士则直接将我和武卉视作

尼日利亚人品尝中国传统食物“粽子”

在教堂庆祝母亲节

做礼拜的人群

儿女，以母子、母女相称。生活在拉各斯，有时候你会发现，非洲人甚至比我们中国人更喜欢见面寒暄，他们的热情让我们觉得在非洲学到了为人处事的礼仪。

非洲，有太多的东西需要我们去了解，当然也有许多东西值得我们相互学习，而正如我们目前在尼日利亚调研的时间愈来愈紧迫一样，我想，随着中非之间物流的日益频繁，我们相互间人与人的交往也是愈来愈紧迫了。而此刻我唯一能深刻体会的则是：非洲，我还没有准备好离开你！

• 塞内加尔 •

非洲博物馆收藏的塞内加尔部族面具（刘鸿武摄，2011.10）

塞内加尔游学散记

刘青海

浙江师范大学非洲研究院非洲经济学博士，副研究员。

塞内加尔的天空十分迷人，云朵一大群一大群的，从高空到低空，铺天盖地地毫不羞涩地展示着它们的美丽与纯净，它们白得那么耀眼、那么自然，而它们背后的天空蓝得毫无杂质，是那种醉人的蓝，似乎可以让人的各种杂念也跟着烟消云散！

初识达喀尔

2011 年 9 月 19 日凌晨 2 点多，我们一行三人抵达塞内加尔首都达喀尔。中国驻塞内加尔使馆参赞亲自来机场接我们。塞内加尔与格林威治在同一个时区，与北京相差 8 个小时，现在国内是晚上 12 点，而这里却是下午 4 点多！

住宿的地方是一栋两层小楼，有庭院和草地，周围被篱笆围了起来。房子里的生活器具也比较齐全，如洗衣机、冰箱、空调等。还有一名打扫卫生的黑人阿姨和一名园丁。

吃过晚饭，我们出去转了一圈（有四个黑人保安陪同），发现这里比我想像中的要好。超市很大，跟国内的差不多。建筑也挺雅致，路面也不错，是沥青铺的，只是路两旁有很多沙子和尘土，显得有些乱。沙子很细，踩起来软软的，很是舒服，但真不知道这些沙子是怎么运来的。

路上的车子开得很快，有些吓人，时不时还会三五成群地来一群黑人小孩向我们乞讨，刚开始的时候有些小紧张，不过很快也就适应了。路上还看到一些虔诚的黑人穆斯林在祈祷。大西洋近在咫尺，本来很想去看看大海，可惜天色已晚，加之保安又被房东叫走，我们只好返回。

达喀尔市街头一角

塞内加尔的大西洋海岸

金色的海边沙滩

一片孤帆天边来

奴隶岛上

格雷岛之行

24 日上午 9 点，我们出发去格雷岛（又称“奴隶岛”）。

从住处一路沿着海边到码头，到处都是明静的天空，高高的椰子树，悠闲的行人，掩映在绿树丛中的房屋，时而有长腿的黑人在那里跑步。我发现这里不论什么时间都可以看到黑人疾跑而过，海边沙滩上更是一大群一大群的黑人运动员在训练，很勤奋、很投入的样子！难怪各种田径大赛上都可以看到黑人遥遥领先，一举夺魁，原来与他们的天赋有关系之外，后天的勤奋和刻苦也是其中一个很重要的原因！

在码头上，意外地遇见了五个中国人，这是我在达喀尔六天以来第二次遇见中国人。我立即很兴奋地上前打招呼。原来，他们是质检总局的员工，过来检查塞内加尔出口到中国的商品的质量，见到我们他们也十分高兴。我们一路同行。

不得不承认，塞内加尔的天空十分迷人，云朵一大群一大群的，从高空到低空，铺天盖地地毫不羞涩地展示着它们的美丽与纯净，它们白得那么耀眼、那么自然，而它们背后的天空蓝得毫无杂质，是那种醉人的蓝，似乎可以让人的各种杂念也跟着烟消云散！再往下看，又是另一番光景：墨绿墨绿的海水，在你面前翻滚、伸展、浩瀚、辽阔，一直到达天边，与白云会合，水天相接，云海相接，蔚为壮观，真是“江山如此多娇，引无数英雄竞折腰”。

思绪不由飞到中国厦门这座美丽的海岛城市，它的空气，它的海水，在中国可谓首屈一指，傲视群城，我在那里曾经生活了三年，也曾深深地为其陶醉。可是，我发现，如果与这里的天空、这里的明静相比，厦门却是难以望其项背。

不知从什么时候起，中国众多地方的天空不再蔚蓝，海水不再碧绿，空气不再新鲜。工业文明的力量实在太过强大，以至于人们为了它丢弃了自己的精神家园，也把自己迷失在重重迷雾之中。

什么时候，我们中国也能再次拥有如塞内加尔这样的天空？

然而，另一方面，塞内加尔人民不得不经常承受商品贫乏、物价昂贵之苦，如何让物质文明与精神家园和谐发展，是我们面临的一大课题。

达喀尔大学掠影

达喀尔大学，1957 年建成，前身是法国殖民时期的非洲研究基地（IFAN）。它的全称是“谢赫·安达·迪奥普大学”，以塞内加尔著名历史学家谢赫·安达·迪奥普（1923—1986）的名字命名。

迪奥普和塞内加尔第一任总统桑戈尔一样，在整个非洲乃至全世界都享有极高声誉，他们都是非洲文艺复兴运动中的核心人物。1954 年，迪奥普在《黑人民族与文化》一书中首次系统阐述了非洲中心主义思想，提出人类历史和文明起源于非洲，古埃及文明是由黑人创造的，“黑人—埃及”使整个世界得到了文明，非洲人不是西方殖民者所宣称的那样落后、愚昧。这一论断让殖民时期的非洲黑人找到了种族自信。桑戈尔则提出了著名的“黑人性”理论，就是说，非洲黑人曾经创造了光辉灿烂的历史，黑人应该为自己的黑人身份而自豪，应该为非洲而自豪。所以，整个非洲世界，包括加勒比、拉美等黑人广泛分布的地区，都对他们充满了敬意，塞内加尔更是因为他们都是塞内加尔人而自豪。

达喀尔大学是西非重要的国际性大学，西非各国、北非甚至中东一些国家都有学生到这里来求学，它可以称得上是西非高等教育的重镇。

达喀尔大学有几个特征。

首先，国际地位高。这里是非洲研究基地，是世界各国非洲问题研究专家常来的地方。在这里经常召开国际性学术会议，经常有各种国际学术团体到这里来参观、调研、举行学术会议。

其次，节奏慢。整个非洲的节奏都慢。到了这里，大家都会告诉你，这里是非洲时间。在这里，办事常常要等待很久。在各个办公室门口，几乎每天都是长长的队伍，都是等着办事的人，多数是学生们在等着办一些手续。

再次，大学老师高高在上。他们享有高度的自由，行政部门对他们也不能怎样。上课对于他们来说是很自由的——想上就上，想不上就不上，校方根本就不会管他们。当然，出于教师的职业道德，大多数老师还是会坚持上课的。还有，这里的教授待遇都非常高，很多教授都有车，他们都开车来上课，这让我这个来

达喀尔大学校门

达喀尔大学图书馆

达喀尔大学操场

自中国的大学老师羡慕不已。他们每个人都是非常了不起的角色，都是某个专业的权威。而且，他们都非常具有非洲意识、国家意识、批判意识，他们写文章那真是“指点江山，激扬文字”。我看了他们的论文，简直不敢想像他们怎么会那么大胆，甚至敢于指着总统的鼻子骂。插一句，塞内加尔现任总统瓦德就曾是达喀尔大学法学院院长。对欧美他们也是毫不留情地痛斥，甚至对给他们经费的世界银行、国际货币基金组织也毫不留情地批判。还有，他们经常受邀到欧美各国去演讲、讲学、参加学术会议。这里不少教授还到过中国——当然，一般都是沿海大城市。他们都眉飞色舞地向我描述中国的繁荣和气派。

最后，大学生太幸福。因为这是公立大学，所以学生不需要交学费。而且，只要成绩达标，每个月都可以得到奖学金——本科生 30000 西法（500 西法约合 1 美元），研究生 60000 西法。考虑到这里奇高的物价，这根本不算什么。但是，这些钱对于学生那是绰绰有余的。因为他们吃饭都是在食堂（只有学生才可以在食堂就餐），而国家给他们提供伙食补贴，每餐 100—150 西法就足够了。这真让中国学生和家长羡慕不已。另外，这里经常罢课、罢工。因为这里经费非常紧张，各种设施比较差，学生常常因不满而罢课。

这就是达喀尔大学，到了这里可以找到和国内大学完全不同的感觉。

中国—塞内加尔友谊学校纪行

经多方了解，终于打听到了中国在塞内加尔援建的学校的地址。

早上 9 点，华为驻塞内加尔分公司派来送我们的车。华为对我们真不错！来到塞内加尔已经一个半月了，与华为公司的员工也打了不少交道，发现华为公司的员工从老总到中层的经理、到一般的员工（包括厨师）都很好，待人接物都彬彬有礼，又热情又周到，本地化也做得不错。看来，华为公司的企业文化确实很成功！如果中国在非洲的企业都像华为这样，那中国在非洲的形象一定大大上升呢！

汽车穿街走巷，经过了十多个村庄、小镇，每每经过人口比较密集的村镇时，我们就会猜想，学校是不是就在这里呢？因为我们想，援建一个学校，从生源和国际影响考虑，肯定应该是在人比较多的地方吧。我们都不认识路，司机虽然是塞内加尔人，也知道援建学校所在地的方向，然而，当汽车终于开到那个镇的时候，却并没有发现学校的踪影！

只好再向当地人打听，前后打听了不下五次，经过了不少小道、周折，终于在一个绝对谈不上人口密集的地方看到了一排平房，大门口挂着一个牌子，上面是法文，下面则用中文写着“中国—塞内加尔友谊学校”。呵呵，终于到了，我们一阵欢呼！

中国—塞内加尔友谊学校的校门

我有一些奇怪，中国援建的学校为什么要修在这里呢？这里这么偏僻，人口也不多，谁会知道这里呢？招生又怎么办？我们到处打听，居然基本上都没有人听说过中国援建塞内加尔学校的事情，更不知道它地处何方！

带着疑问，我们一行四人走进了学校，发现校舍很整齐，每间教室都有四扇大大的窗户，非常宽敞明亮，再看课桌课椅，也是又新又亮，感觉跟国内城市中学的教室差不多，这比起我们在达喀尔看的一所塞内加尔政府办的公立中学条件好多了，记得那所学校的教室的窗户都小小的，也没有玻璃，墙壁虽然似乎粉刷过，但都又黄又旧，至于课桌课椅，也是又破又旧，所有教室的采光都很差。

中国—塞内加尔友谊学校校园

学校是一所初中，一共有4个年级、239名学生。粗略看了一下，学校一共有7间教室，每间教室里都有学生在上课，前面低年级的四个班教室坐得相对比较满一些。一个班有36人左右，由于教室比较大，还是显得比较宽敞，后面高年级的两个班学生人数就少多了，其中一个班只有30余人，还有一个班只有10多个人！偌大的教室显得空空荡荡的，显然，这些教室并没有充分利用起来，这也印证了我们刚才的疑问——生源问题。

中国—塞内加尔友谊学校教室

回想前几天我们参观的另一所位于姆贝尔的初中（不是达喀尔的那所中学），那所中学一共有800多名学生，需要16间教室，然而，学校只有8间教室，结果每间教室都挤得满满的，还是坐不下，学校只好让各班轮流上学，比如这个班星期一和星期三上课、那个班星期二和星期四上课，没有轮到的就只好待在家里休息了！

附带说一下，姆贝尔这所中学的8间教室中有4间是日本人援建的，其余4

姆贝尔一所初中校园

间是塞内加尔政府修建的，日本人修建的教室显然要比塞内加尔政府修建的高一些、大一些、质量好一些，但总体感觉与中国援建的学校相比还是要略逊一筹。

毛里塔尼亚

非洲博物馆收藏的毛里塔尼亚游牧民使用的骆驼鞍坐垫（刘鸿武摄，2013.07）

我眼中的毛里塔尼亚

刘青海

浙江师范大学非洲研究院非洲经济学博士，副研究员。

毛塔其实非常安全，可以说是非洲最安全的国家之一。

也许大家还记得当年三毛与荷西在撒哈拉沙漠浪漫的爱情故事，脑门里充满了对沙漠国度的好奇。毛里塔尼亚伊斯兰共和国（简称“毛塔”）正是这样一个国家。103 万平方公里的面积中，3/4 都位于撒哈拉沙漠，素有“沙漠共和国”之称。2017 年 3 月，因为调研的需要，我有幸来到了毛塔，开始与这个国家有了亲密接触。

气候：酷热还是宜人？

毛塔位于非洲西北部，地处北纬 15°—27°，广大的北部和中部地区处于撒哈拉沙漠西南部，炎热干燥。全年有半年以上时间白天气温在 38℃以上，5—6 月气温经常超过 43℃。所以，正如大家所想像的，大部分的白天，毛塔都可以说是酷热无比，炎热难耐。每次我们出去调研的时候，车停在外面，回来再进去坐的时候都觉得奇热无比，座椅更是灼热烫人，真怀疑那个皮椅会融化掉。我本来是个睡眠质量极好的人，一般情况下到床上就会呼呼大睡。但在毛塔，中间有好一段时间都是热得睡不着，房间里的空调又是坏的，那感觉可真是一个字——蒸、蒸、蒸！那时可真是特别想念国内，想念江南，也终于想明白了为什么当地人一般要晚上 2—3 点才睡觉。很简单，因为反正也睡不着啊。由于天热，新陈代谢特别快，感觉指甲都长得很快，幸好从国内带了指甲刀过来，隔几天就修剪一次。同行的老师没有带，只好经常向我借。我不由得暗自得意自己好有先见

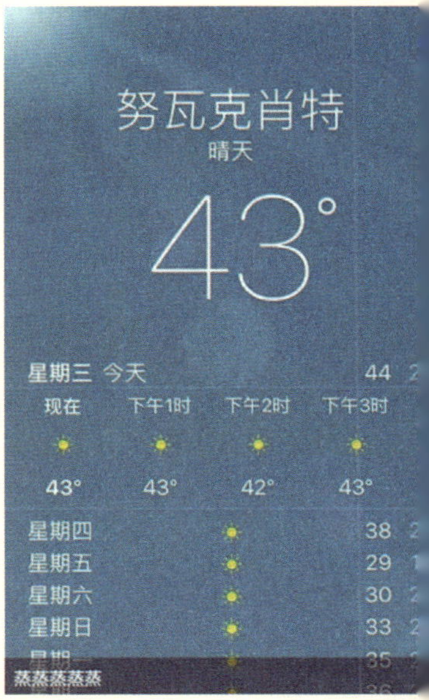

努瓦克肖特气温

之明。

不过，可千万不要以为毛塔到处都是酷热无比哦。实际上，有些时间、有些地点毛塔也会展露出相当温柔可人的一面呢。比如，在晚上，由于昼夜温差大，晚上大多数时候还是很凉爽的（虽然有时候晚上也很热），通常既不用空调也不用电扇，甚至还要盖一床薄被子。又比如在沙漠。最热的那一阵，我好久都睡不好觉，同事们自然也是如此。怎么办？疲惫的我们问了一下同行的当地学生，他立即热情地建议我们去沙漠。沙漠？我们不禁大吃一惊，那不是更热么？学生神秘地一笑，说去一下就知道了。去就去，谁还不敢吗？学生带我们去了一次之后，果然大开眼界。沙漠里居然很凉快，原来有大西洋吹过来的凉风。沙漠里到处都是乘凉的当地人（中国人很少，可能还没有发现这个秘密吧），还有白天几乎见不到的满地的帐篷（凌晨两三点当地人就会把帐篷拆下带回家），大家铺一块毡子，就坐在上面，三五成群、怡然自得地喝茶、聊天、吃烤羊肉，还有人跳舞、唱歌，好生热闹。我看到有跳舞的就挪不动脚了，学生是当地的，自然也很有兴趣，我们就兴致勃勃地跑过去看跳舞、唱歌。当地人很热情，立即端来茶，还邀请我们一起跳舞，虽然有点羞涩（因为不会跳当地的舞啊），我还是架不住他们一再的邀请，于是就扭扭捏捏地跑到中间去学着他们的样子跳起来了，居然还获得了他们的夸奖和阵阵掌声呢！

蔚蓝的努瓦迪布渔港

还有一个宜人的地方就是北部渔港，号称“经济首都”的努瓦迪布。当地的经济支柱渔业、矿业都分布在那里，我因为需要调研企业，特地去了努瓦迪布一趟，谁知一去就舍不得走了！那里地处毛塔最北端，纬度较高，加之大西洋环绕，气候温和，每天温度基本在19℃—20℃，十分宜人，与努瓦克肖特简直是两个世界。当时住在中国在毛塔最大的企业——宏东（国际）渔业有限公司的招待所里，大海就近在咫尺，夜夜枕着海风入眠，真是乐不思蜀啊！值得一提的是，除了气候宜人，努瓦迪布还有许多迷人的海滩、众多美丽的海鸟、异常丰富的鱼类资源。努瓦迪布地处加拉利寒流与赤道暖流的交汇处，适宜各种鱼类生存，是世界著名的三大渔场之一。鱼类到底有多丰富呢？这么说吧，我在国内从来就没有钓到过一条鱼，因为钓技实在太差了，可是在努瓦迪布的海边，半个小时内我就钓到了8条鱼，每条重达3千克，有灰鲷、竹荚鱼，还有珍贵的蓝点鱼、红带鱼呢！加之距离欧洲很近、对华友好、享有免税等许多优惠政策，可以说，努瓦迪布真是一个投资渔业、渔产品加工的好地方。

治安：安全还是危险？

毛塔是非洲大陆的第一个伊斯兰共和国（第二个是冈比亚），除了南部塞内加尔河沿岸一带少数居民信仰当地传统宗教以外，96% 的居民都是虔诚的穆斯林，每天定时祷告五次，从不延误。虽然如此，毛塔是政、教分离的，伊斯兰教领袖对政治虽然具有一定影响，但并不参与政治。由于“IS”等臭名昭著的恐怖组织宣扬他们是伊斯兰组织，让不少人误以为伊斯兰国家都很不安全。这可真是大错特错。毛塔其实非常安全，可以说是非洲最安全的国家之一。傍晚一个女孩子逛街、散步都基本没有什么问题。我到过不少非洲国家，每次傍晚想出去散步都会被好心的中国同胞劝阻，说是因为“不安全”。然而，在毛塔，同胞们则说，“这里安全，没问题，你出去吧！” 很明显，毛塔的安全与伊斯兰教禁止偷盗、抢劫及杀人的教义密切相关。实际上，这绝非个别现象，在穆斯林占绝大多数的国家，如塞内加尔、伊朗等国，其实也非常安全。你甚至可以发现，虽然在毛塔发生过几次政变，但都没有流血，都是和平政变。所以，“IS”等恐怖组织宣称自己是伊斯兰教组织绝对应该是个伪口号，因为那种血腥的杀戮行为在正统的伊斯兰教里是绝对禁止的。

虽然总体很安全，但必要的警惕还是要有的，毕竟这个世界上没有绝对的安全，毛塔也是如此。由于工业基础薄弱，毛塔的贫困率仍然很高，许多年轻人没有工作，加之因为战乱、饥荒邻国马里、科特迪瓦的许多难民涌进毛塔，给毛塔增添了一些不安全的因素。记得有一次我们的车误开进了首都努瓦克肖特城边的贫民窟，转了半天都没有转出去，赶紧打电话给我们的当地学生。他一直都宣称毛塔是非常安全的，但那一次他很紧张，叫我们不要开车门，说是以免被周边的人抢劫，然后飞速赶了过来接我们。还有一次晚上，我们的车轮不幸陷入了路边沙子里，于是我们下车卖力地推车，有个当地人说坐到驾驶室里帮我们开车出来，被学生断然拒绝了。事后他告诉我们说，那个人是个小偷，要是真让他坐到驾驶室里，他会把车开走的。我们顿时惊出一身冷汗！学生还提醒我们说，虽然毛塔很安全，但是也是有小偷的，还是要小心一点为好。

无独有偶。2017 年 4 月，毛塔新闻报道了一则令人担心的消息，四个人抢劫了一家当地银行。据说这种事在毛塔是史无前例的。一时间真是沸沸扬扬，毛塔全国如临大敌，到处查得很严。这种在许多国家司空见惯的事情（毕竟没有发生凶杀）却被视为一个重大事件，从另一个侧面反映了毛塔的安全程度。

文明：现代还是落后?

努瓦克肖特大街上的太阳能路灯

努瓦克肖特大街上的驴车

毛塔近年来经济增长较快，2012—2014 年经济增长率分别达到了 6.0%、5.7% 和 6.4%，道路也逐渐变得漂亮了，日益展示出一些现代文明的气息。从努瓦克肖特机场到市区，一路都是宽敞的沥青马路，道路两旁，一盏盏造型别致的太阳能灯傲然挺立。市区里，一两层的建筑居多，偶尔也有一些高大气派的建筑掩映其间。特别是夜幕降临的时候，主要的大街都灯火辉煌，行人熙熙攘攘，热闹非凡，与一般人印象中非洲国家的晚上因为缺电一般都是黑漆漆、静悄悄真是大相径庭，几乎难以想像这是在非洲！看起来，在军人总统阿齐兹的治理下，毛塔确实发生了不少改善。2008 年 8 月阿齐兹通过政变推翻了毛塔第一任民选总统而上台。我询问当地人对阿齐兹谋求第三次连任的看法时，居然大都是持赞成态度（按照毛塔宪法，总统任期最多两届）！

毛塔的文明可不光是表现在外观上。人们常说，看一个国家是否文明，去看其女性的地位就可以了。熟悉毛塔的人都知道，毛塔的女性地位是比较高的。在毛塔，女性可以自由恋爱、自由结婚，离婚也是相当自由的，那些离了婚而没有小孩的女性甚至更受欢迎。我曾经与多名当地女性交谈，在问及在家里的地位时她们总是很骄傲地说“我说了算”。在毛塔，女性享有与男性相同的受教育、就业的权利，学界、商界、政界都不乏女性名流。我在毛塔教育部调研时，发现教育部秘书长（教育部的二把手）居然是位年仅 40 岁左右的女性，这在很多发达国家都不常见到。从衣着上看，毛塔的女性虽然也包着头巾，但不同于多数阿拉伯国家的是，她们的脸不用包裹得那么严实，基本都可以一展她们的美丽容颜，甚至还可以涂口红、吸烟、开汽车，足见毛塔的文明程度不同一般。

另一方面，毛塔经济结构单一、工业基础薄弱、经济来源主要依靠资源产品（主要是渔产品和铁矿，其他还有铜矿砂、石油、金）的局面并未发生根本改变。2014 年，毛塔的国内生产总值只有 50 亿美元，人均国内生产总值也只有 1270 美元，且贫富差距悬殊，失业率达 30% 以上，贫民窟依然大片存在，在许多街道随处可见驴车这种原始的交通工具。记得有家中国三轮车公司曾经想打入毛塔市场，运来了不少三轮车，可惜毛塔人的购买力实在太低，硬是卖不出去，最后只好以援助的形式送给了当地人！更为严重的是，毛塔虽然早在 1961 年已经在法律上废除了奴隶制，“奴隶”一词也被“自由民”所取代，但很多黑摩尔人（白摩尔人在 14 世纪攻入毛塔南部地区过程中抓获的黑奴的后裔）至今仍然生活在昔日的奴隶主“白摩尔人”家中，照管主人的牲畜、下地干活、洗衣做饭而没有工资。可以说，实质意义上的奴隶依然大量存在，个中缘由值得深思。

灯光璀璨的努瓦克肖特夜晚

俯瞰努瓦克肖特

毛里塔尼亚饮食文化趣谈

刘青海

浙江师范大学非洲研究院非洲经济学博士，副研究员。

毛塔的女人是以胖为美的。男人喜欢丰满肥硕腰粗的女子。在婚嫁仪式上，新娘越胖，新郎家就越觉得有面子。可能这意味着新娘家有钱吧。

毛里塔尼亚伊斯兰共和国（简称“毛塔”）位于非洲西北部，渔业资源极其丰富，直接影响着当地人的饮食文化。

偏好鱼

毛塔的食物主要是什么呢？近几年，在毛塔政府的支持下，毛塔的农业特别是稻米生产发展较快，当地稻米的产量已可以满足 60% 的需求，因此，毛塔主食以大米为主。至于菜，众所周知，毛塔地处世界三大渔场——西北非渔场，其特殊的地理位置（加那利寒流和赤道暖流交汇处）极适合鱼类繁殖，是世界海洋渔业资源最丰富、品质最好的三大渔场之一。同时，毛塔是传统的牧业国家，大群体的养殖与畜牧在毛塔已有几个世纪的历史，牛、羊和骆驼丰富。不过，蔬菜种类很少，叶子菜主要就是生菜、圆白菜，其他就是洋葱、土豆、西红柿、萝卜和茄子了，水果则仅有椰枣且产量不高。受气候条件和无储存、加工设施所限，毛塔的蔬菜产季多集中在雨季，产量不高。因此，毛塔的主食以大米、肉类和鱼为主，蔬菜、水果偏少。总体来看，肉类消费量近年来呈逐年下降趋势，尤以牛肉较为明显（牛肉价格逐年上涨），而鱼类资源丰富，质量好，价格便宜，消费量逐年增加。

另外，由于地处热带却较少喝水（可能是与沙漠相对缺水及斋月里长时间不能吃喝因而习惯了有关），加之饮食结构比较单一，营养不均衡，在毛塔肠类病如阑尾炎、疝气、痤疮、便秘、结核病、肠炎等频发，而由于多为沙漠，日照强烈，当地青光眼、白内障等患者较多。这可能也是我国对毛塔的援助以医疗援助为最多的重要原因。实际上，自 1968 年 8 月我国派出援毛塔医疗队第一批以来，已经有 32 批了，总计有 830 多人次。此外，我国还无偿援建了基法医院、国家公共卫生研究院、友谊医院、中毛眼科合作中心、努瓦克肖特大学医学院等一大批医疗设施。毛塔人民自然是看在眼里，记在心里，长期以来对华十分友好。

吃不重要，祷告才重要

从用餐时间来看，相对中国来说，毛塔人每餐吃得很晚。记得有一次我晚上 7 点吃完晚餐（这在中国很正常），当地一个熟人知道了之后大叫："太早了，这么早吃晚饭！"原来，当地人一般上午 10 点多才吃早餐，下午 2—3 点吃中餐，晚上 9—10 点吃晚餐，凌晨 2—3 点才睡觉，而 5 点多天还没有亮清真寺的大喇叭就会响起来，催大家起来祷告，人们就会起来祷告。如果睡过头了可以起来再补上，不过最好是 5 点多那趟。所以，住在首都，早上我经常被吵得睡不好觉。提醒一下，中国人要是去当地租房或者住宾馆，最好找个距清真寺远一些的地方。可惜因为毛塔首都清真寺密布，这样的地方也不是那么容易找。

另外，他们也吃得很少，在他们的观念里"吃不重要，祷告最重要"。而且，每年都有一个月的斋月（日落之后才能吃东西），如果平常老是大吃大喝，肯定到时胃受不了。至于为什么要斋月，听当地人说是因为安拉想要他们体验穷人的生活，然后同情、关心穷人。所以，在街头，你可以看到很多穷人在乞讨，同时也有不少人会给他们食物或钱。

用手抓饭吃

至于用餐习惯，在非正式场合，与多数非洲人一样，毛塔人多是席地而坐，围成一个圈，用手抓饭吃。他们的饭有一定黏度，能够捏成一个团，能够用手抓上来吃，同时又不是太黏不至于粘在手上。菜直接放在饭里面，因为这些菜（如牛羊肉）里都有不少油，我们中国人吃多了就会觉得有些油腻，不习惯。我曾经在沙漠里与当地人一起吃过。我们四个人围成一圈，先用矿泉水洗手，然后就开始用手抓着吃上了，由于不习惯用手抓饭，刚开始还有些害羞，也不习惯。不过由于里面放了烤羊肉，吃起来还是蛮香的。记得当时刚刚端上来的时候，闻到那香味我就立马馋得不行，本来立志不吃夜宵的（当时是晚上 11 点多），却仍然忍不住大快朵颐，可惜我手抓饭的技术不行，抓的时候掉了不少饭粒在毯子上！而毯子还要拿来坐和躺的，搞得后来衣服上满是饭粒！当然，在正式场合还是坐在桌边吃饭的。

不过，可选的菜种类较少，主要就是肉（牛、羊、鸡肉），再配上薯条、沙拉、西红柿。还有就是鱼。当地人很爱吃的做法是把鱼弄碎，然后做成一个圆柱形，蛮好看的样子。还有一种就是烤鱼，特别是在海边餐馆。价钱相对来说不贵，一般羊肉、牛肉、鱼分别是 3000、2000 和 1500 乌吉亚（相当于人民币 48、38 和 28 元）。在海边吃烤鱼要贵一点，而且要看鱼的种类。

以胖为美

毛塔牛羊肉相对国内比较便宜且质量更好，而鸡肉多是进口的冻鸡，不太好吃。刚开始的时候几乎我天天吃牛羊肉和鸡肉，不过吃到后来也不想或者说不敢多吃了，一是因为总吃有些腻，二是因为怕长胖，这些肉热量都是很高的。说到长胖，与多数国家以苗条为美不同，毛塔的女人是以胖为美的。男人喜欢丰满肥硕腰粗的女子。在婚嫁仪式上，新娘越胖，新郎家就越觉得有面子。可能这意味着新娘家有钱吧。所以，传统上，女孩们从小就被母亲强迫多吃，特别是吃那些高脂肪、高热量的食物，甚至反胃了还得吃。总之，一切以长胖为目标。

不过，由于过胖会引发高血压、糖尿病等多种病症，加之行动也不是太方便，现在不少女性已经觉醒，开始挑战这种习俗，政府也大力宣传肥胖的坏处，倡导健康饮食，所以这种“以胖为美”的传统观念已经有所改变。我曾经问过一些当地人（包括中年人和青年人）“是不是越胖越美”，得到的回答多数是“不胖不瘦最好，太胖了太瘦了都不好”。看来，随着社会的进步，毛塔的一些传统审美观念也在与时俱进呢。

不喝茶就会头痛

毛塔人喝水虽然不多，但喝茶却比较多，是那种加了较多薄荷和糖的茶，可以说是居家必备。我住过当地旅馆，发现里面没有凳子，没有桌子（他们通常坐在地毯上），但是茶具却是一应俱全。茶杯通常都不大，且一般只会装半杯左右，所以通常过一小会儿又会喝，一般会喝三杯，俗称“见面三杯茶”。很多部门都专门设有茶室，有专人负责泡茶，然后送到各办公室。我在其卫生部、经济与财政部等部门调研时，就多次有人专门来送茶，当时递给我的时候，出于礼貌赶紧接了，喝了一小口（其实喝不惯），想着等会儿慢慢喝，可是送茶的小伙子站在旁边不动，原来他在等着我喝完好拿走茶杯呢，好生尴尬，我就赶紧给了他。

令人诧异的是，毛塔人不喝茶就会头痛。我的一名学生是毛塔人，有两天因为跟我们在一起没有机会喝茶，就大喊头好痛，一副痛苦的样子，把我们吓坏了，后来说是没有喝茶的原因才释然。这样的现象我常常见到。又如我用车的当地司机也不时抱着头喊头痛，原因如出一辙，也是“今天没喝茶”。这真是一个颇为奇怪的现象，是因为茶里薄荷很多可以刺激大脑？还是因为糖分很多可以充饥？不得而知。在中国人看来，他们喝茶的杯子其实很不卫生，只是随便涮一下，就接着给其他人喝了。一只这样的杯子，可能会给无穷多的人喝，一些病菌就可能传给他人，这可能也是他们肝炎比较多的原因之一吧。

吃药死得更快

很多毛塔人认为吃药死得更快，常常病得很严重也不吃药，更不接受别人的输血。幸好他们体质很好，常常用一点药就好。所以，在毛塔医院里的药房，你可以看到药很少，因为只供给住院病人。我在参观友谊医院时看到他们的药房就大吃一惊：这么大的一个医院，居然只有区区十几个药箱，而且居然都没有打开，药也没有摆出来！而且，大多是法国药，因为毛塔是法国前殖民地，医生和护士多是在法国进修的，当地人偏喜欢法国药。目前中国药还没有打入当地市场，至于原因，根据我的调查，毛塔政府对药品进口并无特殊限制措施，但需要在当地注册（有一个九人委员会负责药品注册工作，需要符合国际卫生组织的标准），获取毛塔药品市场销售许可证才能进入当地市场。实际上，毛塔对于中国的中医、针灸按摩、红花油、狗皮膏等还是比较认可的，加之药品进口免关税，我国医药企业应该加大毛塔药品市场的开拓力度。针对毛塔肠道病、结核病、肝炎普遍的特点，可重点开拓治疗结核病的利福平胶囊、异烟肼片、乙安丁醇，治疗肝炎的干扰素、乙肝宁、乙肝康等的市场。

总之，毛塔作为非洲大陆第一个伊斯兰共和国，其政治、经济、社会文化与中国存在重大差异，从饮食习惯就可见一斑。然而，目前，由于一手的系统调查研究很少，加上我国企业与反对党、普通民众的沟通交流不多，我国广大企业无从了解，因而要么不敢走进毛塔市场，要么不能妥善应对各种差异，甚至可能引发冲突。因此，有必要资助中国学者加强对毛塔社会文化、风俗习惯、法律法规的调查研究，帮助我国企业更好更快地了解与适应毛塔环境。

北部非洲游学记

埃及

亚历山大城卡特巴城堡（刘鸿武摄，2017.06）

动乱时期我们在爱资哈尔大学教汉语

赵红亮　何先锋

时为浙江师范大学非洲研究院世界史专业硕士研究生，埃及爱资哈尔大学孔子学院汉语教师志愿者。

对于有着“千塔之城”美誉的开罗，有的人说是破败，有的人说是沧桑，而我们所感受到的是历史的厚重。

赵红亮（左）和何先锋（右）

日历翻过2012年3月，意味着我们在埃及这片古老而神奇的土地上逗留已逾半载。国内立春已过，开罗也应时地下起了绵绵细雨，偶尔刮起的阵阵春风却少了些“吹面不寒杨柳风”的暖意，随风而来的尽是漫天的黄沙，整个开罗处于一片混沌之中。

“一片混沌，一片混乱”——这也是我们对埃及最初的印象。如果你行走在开罗的街头，会惊奇地发现，这个城市没有红绿灯，没有斑马线，没有过街天桥，更没有交通警察！一切都依靠个人的自觉以及约定俗成的规则。所以，你可以看到真正的“疾如闪电”般的飞车呼啸而过，而它的车门往往已不知所踪；你也可以看到满大街鳞次栉比的水烟馆占据着半个马路，导致交通拥堵如巨龙，而且无人疏导；你还可以看到开罗人拖着肥硕的身躯义无反顾地冲过马路，而把往来疾驰的车流视若无物……在我们惊愕的表情中，开罗人告诉我们：“不要担心，我们有自己的法则。”的确，这个表面上看似混乱的国家有着独特的运行规则，这种规则已然成为普遍的共识而为人们默然遵守。只是我们这些异乡人以初来者狐疑的眼光打量这个城市时，难免牢骚满腹。

对于有着“千塔之城”美誉的开罗，有的人说是破败，有的人说是沧桑，而我们所感受到的是历史的厚重。这里随处可见古老残旧的清真寺，宽袍大袖却沿袭千百年的民族服饰，民风古朴热情。现在我们已经在开罗生活工作了半年，已

爱资哈尔大清真寺

然适应了这里的生活，初来时感到的嘈杂喧嚣、局促不安，现在已不复存在。宣礼塔上那响彻城市各个角落、震耳欲聋的喇叭声，我们也能坦然面对、安之若素。

我们这一次的埃及之行，是受国家汉办的委派来开罗的爱资哈尔大学中文系担任汉语教师志愿者。在来埃及之前，我们对爱资哈尔大学做过一定的了解，知道其前身是始建于一千多年前的爱资哈尔清真寺，现在是伊斯兰世界规模最大、地位最高、并享有盛名的宗教大学，在校学生有 12 万左右，只招收穆斯林学生。在培养造就穆斯林人才、传播伊斯兰思想和学术文化方面，爱资哈尔大学作出了巨大贡献，成为世界穆斯林有志之士学习深造的园地，被誉为“世界伊斯兰学术文化的灯塔和方向”。我国阿拉伯语界的多位大师如马坚，纳忠等，都毕业于这所大学。爱资哈尔大学中文系建于 2001 年，是埃及较早开展中文教学的几所院校之一，现有师生 200 余人。因为爱资哈尔大学的宗教性质，所以课程设置也比较特殊，学生不仅要学习普通的汉语课程，还要学习相应的宗教内容，如《古兰经》注释、圣训等。中文系的学生也分为两部分：文学班和伊斯兰研究班。

辉煌的历史虽然熠熠夺目，但是走近时才发现诸多不然，至少中文系的情况并不尽如人意。由于埃及政局动荡的缘故，上学期的教学推迟了近两个月，而且学生大多还没有来学校报到，班里的学生少得可怜。以前这里没有中国老师，家境好一点的学生都到开罗大学的孔子学院和中国文化中心自费学习汉语。还有一些学生已经在外面工作，自然的，文凭也就成了食之无味的鸡肋。而且，中文系已经停止了招生，眼看已经到了摇摇欲坠的边缘。我们想，不管怎么样，即便只有一个学生，也要把教学进行下去。首先从教材开始起步，我们向开罗大学孔子学院借调了一批教材，是目前比较公认的《新实用汉语课本》，但是毕竟有限，学生只好自己拿去复印。看到他们拿到教材后兴奋的神情，我们既觉得高兴，也感到肩上的压力。

在与学生的接触中，能从他们身上感受到普遍存在的不自信，不敢开口讲话，与人交流时也显得腼腆、胆怯，潜意识里他们似乎已经否定了自己的能力，本能地以为自己技不如人。也许正是基于这些因素，爱资哈尔大学中文系已经多年没有派人参加我国使馆和孔子学院等机构举办的各种活动。为了增强他们的自信心，也为了凸显中国老师的教学作用，借助开罗中国文化中心举办“大使杯”

汉语歌曲比赛的契机，我们说服了原本打算弃权的中文系主任阿齐兹教授同意派学生参加比赛。排练的过程烦琐而辛苦，但是我们轮流指导，通力合作，工作开展也能有条不紊。排练地点选择在我们的住处，这样吃饭、休息的时间就可以节省出来，而且更容易增进学生与老师间的亲近感，提高效率。比赛的结果尚属喜人，我们的两位选手同时获得了第三名，这创造了爱资哈尔大学的纪录，也得到了我驻埃及宋爱国大使的好评。最重要的是学生通过这次比赛找回了自信心。现在他们觉得，别的学校学生能做到的事情他们也一样可以做到，而且还可以做得更好。

汉语歌曲比赛第三名获得者

游学埃及杂记

何先锋

时为浙江师范大学非洲研究院2009级世界史专业硕士研究生。2011年被选派至埃及爱资哈尔大学担任汉语教师志愿者一年。

"吃饭一棵树，穿衣一块布，经济靠援助，说话不算数。"

开罗人的吃住行

没到埃及之前，就已经从之前的志愿者口中听到过几句形容埃及人的顺口溜："吃饭一棵树，穿衣一块布，经济靠援助，说话不算数。"初听到这些话时，大家也就付之一笑，没有太过计较。但是，随着时间的推移，随着我们对埃及人和埃及社会了解的逐步深入，才渐渐地体会到这几句话也有一定的合理性。

不论是在埃及的都市还是乡村，椰枣树都是最常见到的树种，过去它曾是当地人重要的食物来源。据一种夸张的说法，一个人每天食用6颗椰枣即能维持基本生命活动。起初我们还将信将疑，但品尝之后才发现，也许并非言过其实。因为椰枣的含糖量极高，而且都是极易被人体吸收的单糖，人在食用之后有一种饱腹感，能够有效地抵抗饥饿。如今，椰枣已经成为埃及农产品出口的大宗商品。

与椰枣的大宗出口正好相反，埃及的粮食供应则大部分依赖进口。2010年，埃及成为全球第一大小麦进口国，共消费小麦179万吨，其中60%依靠进口，政府每年财政预算中的30亿美元用于粮食进口。另据世界银行的统计，约有40%的埃及人每日生活消费水平不足2美元。因此，为了使穷人能够免于饥饿，维持基本生活，埃及政府对每个主食大饼的销售提供0.05埃镑的补贴。这种大饼颜色发黑，俗称"黑大饼"。据我们了解，黑大饼的成分除了小麦，应该还掺进了其他粗粮。相熟的埃及人告诉我们，"黑大饼的价格已经十多年没有变过，政府之所以花巨资这样做，其实是为了维持社会的稳定。”的确，40个黑大饼才不过微不足道的2埃镑，足够一个人几天的食用，难怪在埃及的大街上几乎看不到乞丐。可以说，黑大饼对于保持社会的稳定和谐绝对功不可没。

埃及首都开罗是一座古老与现代相结合的城市。在这里，上百年的建筑并不鲜见，而且保存得十分完好，至今仍然有许多人居住。相比于外面街道上的尘土飞扬、垃圾成堆，即使普通的埃及人家中也拾掇得干干净净、一尘不染，这也许与穆斯林良好的个人卫生习惯密不可分。近些年来，随着大量人口的涌入，开罗这座本已拥挤不堪的城市就更加不堪重负了，房价也急剧上涨，市内繁华地段的价格已经突破了每平米10000埃镑以上，这相对于普通蓝领工人每月八九百埃镑的工资水平来说无疑是个天文数字。许多埃及年轻人也面临着与中国同龄人一样的苦恼——买房还是租房？另一个有意思的现象出现在开罗的市中心——“死人城”。那里原本是富人的墓地，上面修建了院墙屋舍，远远望去与一般的民宅无异。许多最底层的打工者在埃及城市化的大潮中进城淘金，但是付不起高昂的房租，只好居住在“死人城”，以墓地为家，与尸骨为伴。这是埃及社会一个十分特殊的阶层，据官方数据，现在生活在那里的人已经超过了50万。

“死人城”

走在开罗的街道上，你会惊奇地发现，这是一个没有红绿灯、没有斑马线的城市，来往车辆横冲直撞，毫不避让行人。所幸现在的行人也聪明起来，不论近旁有无车辆，只闭着眼似的直冲过去，每当看到开罗人拖着肥硕的身躯闯入疾驰的车流，我们心里总是为他们捏出一把汗来。还有一个有意思的现象，由于埃及没有车辆报废制度，所以在马路上你能够看到20世纪几乎各个年代的车型，宛如身处“汽车博物馆”。发达国家报废淘汰下来的车辆在开罗的街道上居然能够继续飞驰，不得不说埃及人的确是“变废为宝”的行家里手。但是，在这样一个贫穷的国家，对大多数人而言，拥有自己的汽车仍然是件奢侈的事情，许多人的日常出行还是得依靠公共交通。因此，穿梭于城市大街小巷的各种小巴士也就成了行人最为物美价廉的选择。这些小巴士一般能坐七八个人，票价一埃镑，招手即停，深受普通百姓的欢迎。现在，许多外国游客也开始喜欢上了这种交通工具，不仅因为它可以带你去一些旅行指南上不曾提到的地方，而且还因为它是观察当

开罗街头的私家车

地市民生活的一扇最为生动的窗口。

爱资哈尔大学的学生们

初到爱资哈尔大学的人，如果仅从外表上判断，很难将它与千年历史的伊斯兰最高学府这个概念划上等号。没有气派的大门，没有园林般的绿化，没有现代前卫的教学设施，甚至没有一条像样的马路。但所有这些都不妨碍它在学术上取得累累硕果，也不妨碍它成为“世界伊斯兰学术文化的灯塔和方向”。

当问起学生为什么会选择爱资哈尔大学时，他们会自豪地告诉你，因为他父亲是爱资哈尔大学的毕业生，他从小上的是爱资哈尔小学，然后上爱资哈尔中学，自然的，他应该来爱资哈尔大学。后来我才了解到，爱资哈尔是埃及一个赫赫有名的宗教慈善团体，它利用筹集来的善款在埃及各地兴办教育、医疗卫生，使许多底层民众也能够上得起学、看得起病。爱资哈尔大学的学生不用交学费，每年仅需缴纳几十块钱的管理费，而且食宿费用也由学校负责。对于外国留学生而言，不仅食宿学费全免，每个月还能从学校领取几百埃镑的生活补助。所以，在埃及，当你提到爱资哈尔时，许多人会告诉你：“它是真心为穷人提供服务的。”

爱资哈尔大学中文专业学生

还有一些家境较好的学生，他们来爱资哈尔大学是因为这里有中文专业。据了解，中文系毕业生每年的就业情况都还不错，即使毕业后直接去军队报到，也很受部队器重。记得一次和学生去逛哈里里市场（开罗著名的旅游纪念品市场），当得知我的学生所学的是中文专业时，许多店铺的老板盛情地邀请他以后去他们的店铺工作，还纷纷留下名片。这样的现象并不鲜见，因为随着中国游客的增多以及中埃商品贸易的频繁，精通中文的人才也就有了越来越大的需求。

还有一些学生学习中文不仅仅是为了一份体面的工作，更是为了开创自己的一番事业。三年级的杨易很早就有一个梦想，要把自家的西服和手表卖到中国去。他的家位于开罗以北 200 多公里的小城马哈莱（Al-Mahallah），这里是埃及有名的纺织中心，制衣业很发达。他家的西服全部采用本地面料，全手工制作，在当地已经小有名气。更值得一提的是，他家还是一个钟表世家，从他祖父那一代便开始手工制作各种钟表，当地市中心广场上那件大钟就是出自他祖父之手。如今，他家的钟表品牌卡亚尼不仅在当地拥有良好的口碑，据说在邻近的国家也受到越来越多人的青睐。杨易给我们介绍这些时，脸上写满了自豪。

与杨易打算把自家的产品卖到中国的理想相比，我们所能看到的则是大量的“中国制造”正在不断涌入埃及。与以往不同，中国产品不再局限于锅碗瓢盆、衣帽鞋袜这些低附加值的商品，开始向上游转移。在埃及，你可以随处见到联想电脑、海尔冰箱、海信电视、TCL 以及满大街飞驰的比亚迪汽车，甚至连国内也很少见到的“力帆”汽车在这里也有 4S 店。这些现象固然有可喜之处，但是也有一些新问题值得我们思考。

一次出门打的，正巧司机开的是一辆比亚迪 F5，一路上我们称赞他有眼光，选了这辆车，不仅外形美观、空间大，而且价格绝对实惠。没想到临下车时，后排的车门怎么也打不开，急得我满头大汗，司机却不慌不忙地摇下玻璃，指了指外面，无奈地摇摇头说：“你应该回去问问他们（生产商），为什么这车后排的车门只能从外面打开？”

亲历总统大选

2012 年 6 月 25 日注定将成为埃及历史上不可磨灭的一天——经最高选举委员会裁定，穆斯林兄弟会的候选人穆罕默德·穆尔西以 51.7% 的得票率击败前总理艾哈迈德·沙菲克，成功当选为埃及建国以来首位民选总统，他同时也是首位没有军方背景的总统。穆尔西的当选，给饱受贫穷与动乱折磨的埃及民众带来了一丝安慰与希望。

记得结果宣布是在开罗当地时间 25 号下午 3 点左右，当时我们正在“City Star”超市购物，突然间人群骚动起来，接着是震天的欢呼声，我们还没明白是怎么回事，就被人群裹挟到了电视机前。超市工作人员也放下手头的工作，聚精会神地盯着电视屏幕，当听到“穆尔西”的名字时，整个超市都沸腾起来，人们相互拥抱，击掌相庆，有人的眼里还隐隐含着泪水。出了超市，街上的情景更加壮观，满大街都是挥舞着埃及国旗以及穆尔西海报的人群，他们高喊着“穆尔

穆尔西大选宣传海报

穆尔西支持者欢呼胜选

西”，浩浩荡荡地向各个广场涌去。汽车司机也以“嘀，嘀，嘀嘀嘀”的节奏按着喇叭，来表达着胜利的喜悦。

就在此刻，我心头的一块石头才轰然落地。据说，结果宣布以前，穆斯林兄弟会发表了声明，称最高选举委员会打算裁定沙菲克当选，如果那样，他们将号召埃及人民拿起武器捍卫革命成果。可以想像，如果结果真是那样，大规模的流血冲突几乎不可避免。我一度很担心发生像去年 2 月那样的“革命”，现在看来真是虚惊一场。

据我观察，穆尔西的支持者大多来自埃及的下层民众以及学生、工人等。近几年来，随着埃及经济的持续低迷，失业率居高不下，他们也就成了最先受到冲击的阶层，工资水平低下，生活上没有保障，对现实生活充满了愤怒与失望。他们希望穆尔西上台之后能够振兴国家经济，解决就业，治理腐败，净化社会风气。而沙菲克的支持者主要是社会精英以及知识阶层，还有商人，他们把持着这个国家的经济命脉，政治上老练成熟，思想上也更为开明。他们担心穆斯林兄弟会上台后埃及会走上伊斯兰教法的道路，会严重破坏国家的政治经济以及他们的利益。据了解，此次选举中，双方都存在舞弊行为，由最高选举委员会裁定的背后，实际双方已然达成了协议，各取所需，否则，任何败选的一方也绝不会善罢甘休。

自去年 2 月推翻统治埃及长达 30 年之久的前总统穆巴拉克至今的 16 个月期间，埃及先后经历了全民公决、下院选举、上院选举、制宪委员会推举、总统大选。这期间，示威、抗议、冲突、流血一直如影随形。胜选消息发布以后，穆尔西随即表示，将致力于建设一个“世俗、民主、宪治”的现代化国家，愿做包括各政治派系、穆斯林、基督徒在内所有埃及人民的公仆。

在目前的情势下，也许实现各政治派系、各民族的和解与团结，使国家的各项工作尽快地驶上轨道，恢复国计民生，才是埃及最迫切的需要。穆尔西的当选只是给这个饱经动乱的国家带来了一丝喘息的机会。虽然现在局势已开始恢复平稳，到处是欢乐的海洋，但是一些细节也值得注意。红海旅游胜地宰海卜（Dahab）的一位旅店老板向我们抱怨道，现在外国游客越来越少了，他的带游泳池的套房现在虽然降价到 33 埃镑（约合 35 人民币）一晚，但是入住率仍然不超过一成。另一家中国游客经常光顾的皮包店，现在每天早早地就关上了大门。老板是个科普特人，思想开明西化，很会做生意，他支持沙菲克，但是现在他说他已经在开始练习怎样做礼拜了。

埃及汉学家阿卜杜·阿齐兹教授

赵红亮

时为浙江师范大学非洲研究院 2009 级世界史专业研究生。2011 年 9 月受国家汉办委派作为汉语教师志愿者赴埃及爱资哈尔大学中文系任教一年。现为贵州财经大学国际学院团委书记。

“求知哪怕远到中国。”

据说，一千多年前伊斯兰先知穆罕默德曾说过：“求知哪怕远到中国。”如果说这句话的真实出处在宗教文献史的层面上尚存争议的话，那么它的含义在 20 世纪 70 年代末被一名埃及年轻人践行了。时光荏苒，一晃 30 年过去，当年的青涩少年如今已经成为蜚声阿拉伯世界的知名汉学家，他就是曾留学中国、现担任埃及爱资哈尔大学中文系系主任的阿卜杜·阿齐兹教授。

阿卜杜·阿齐兹教授

谈起当年在中国的求学经历时，阿卜杜·阿齐兹教授仍然有许多感慨。1978 年，阿卜杜·阿齐兹离开家乡曼苏拉来到北京，开始他在中国的留学进修之旅，自此一待就是 15 年，这期间他不仅完成了汉语的初级语言学习，而且在北京大学李润新教授的门下先后完成了与中国文化有关的硕士论文《丁玲和她的代表作〈太阳照在桑干河上〉》和博士论文《论柳青的文学创作道路》，并且都以“优秀”通过了答辩。完成学业的同时他也收获了自己的爱情。留学期间他结识了现在的妻子，一位同样喜欢文学的中国姑娘，婚后她放弃自己的工作，随同阿齐兹教授来到埃及，目前作为国际汉语教师也在中文系任教。

在中国留学期间，阿齐兹教授与曹禺先生等许多当代中国作家结下了深厚的忘年友谊。回国后的阿齐兹一直在从事汉语教学和中国文学作品的翻译工作，工作极为认真专业。比如，为了弄清楚在《日出》阿文版翻译过程中遇到的问题，他曾多次到北京与曹禺先生讨论。阿齐兹教授告诉我说，他最后一次见到曹禺先生时曹禺先生已经病重入院，但依然撑着病体与他探讨中国文学，一谈就是两个小时。而在这之后不久，曹禺先生就去世了。每提及此事，阿齐兹教授都感慨万千，生出对远方中国友人深深的怀念。阿齐兹教授说，友人诚已逝，但与曹禺先生这样的当代中国文学大家的当面探讨，让他对中国文学和社会的理解大为加深了。

扎实的中文功底和多年的潜心研究，使阿齐兹教授的中国文学研究翻译工作成就斐然。据我个人的不完全统计，经他之手翻译成阿拉伯文的中国文学作品及介绍中国的专著有近20部之多，经典之作如《日出》《雷雨》《北京人》《原野》《蔡文姬》《茶馆》《边城》《现代中国人》《中国思想发展史》《中国和美国——是对手还是伙伴》《中国当代文学史》……不一而足。据阿齐兹教授说，他目前正打算把中国当代作家如余华等人的作品也介绍到阿拉伯世界，只是选题有些困难，毕竟出版商的利益也是需要考虑的内容。

阿齐兹教授不仅是勤奋的翻译家，更是一位笔耕不辍的著作家。凭借着多年对中国文学和社会的研究功底，他曾先后用阿拉伯文出版了许多关于中国的论著。如《中国的尝试》《中国的穆斯林》《中国文学史上的古文运动》《“文革”文学初探》《二十世纪中国女性文学概述》等。他的这些作品相继在埃及、科威特、沙特阿拉伯等多个阿拉伯国家出版，为阿语国家的读者了解中国文学和中国社会开启了一扇门。对阿齐兹教授的杰出学术成就和推进中埃友好所作贡献，2009年温家宝总理访问埃及时给予高度评价，并亲自颁予他“中埃文化交流贡献奖”。

作为爱资哈尔大学中文系的主任，除了著书立说，教导学生自然是阿齐兹教授的本职工作。他对学生的要求很严格，并着眼于社会实际，特别关心中文系学生的毕业出路。在工作中他经常这样说：

> 爱资哈尔大学在埃及是最好的大学，中文系的学生也应该是最好的，找工作也应该是最好的，如果做不到这样，我宁愿不招学生。

自2001年爱资哈尔大学中文系成立以来，阿齐兹教授已经送走了八届毕业生，其中多人已经创办了自己的旅游或贸易公司，继续深造为硕士博士的也有数十人。不过，由于爱资哈尔大学是男校（女生专门设有女子学院），受埃及的普遍义务兵役制的影响，大部分毕业生的第一份职业都是士兵。

近年来，埃及经济状态不佳，大学办学困难。阿齐兹教授虽然成绩斐然，在学校也承担重要职务，但他在这座古老学府中的办公环境却十分惨淡。我第一次走进他办公室时，条件之粗陋着实让我惊讶：一张旧桌子，几张破椅子，一台在中国属于废品的老式电脑是最贵重的物品，再加上墙角的一个文件柜，就是全部家当。这间办公室还兼做中文系的会议室，一旦人多往往只能站着。我国驻埃及大使馆的一位参赞参观后，不禁用了四个字的评价——“家徒四壁”。在这间陋室里，阿齐兹教授对埃及政府忽视人才表示出无奈和不满：

> 政府官员任人唯亲，包括埃及驻中国大使馆的一些工作人员，通过贿赂获得工作。他们中的个别人在埃及的本职工作竟然只是一名屠夫，怎么可能会说汉语呢？而我们中文系的学生却无法获得这样的机会。

临回国时，阿齐兹教授赠给我一本他的著作《中国的尝试》，这是一本写当代中国改革的书，他笑言：

> 在这本书中我有一些针对穆巴拉克政府的批评和建议，而且也转送过他一本，不过他一定没有看过，否则也不至于今天的倒台了。

埃及大学教书日志

赵红亮

时为浙江师范大学非洲研究院 2009 级世界史专业研究生。2011 年 9 月受国家汉办委派作为汉语教师志愿者赴埃及爱资哈尔大学中文系任教一年。现为贵州财经大学国际学院团委书记。

“中国人的手，阿拉伯人的嘴。”

2011 年 9 月，我们浙江师范大学非洲研究院研究生一行三人，受国家汉办委托，作为汉语教师赴埃及古老学府爱资哈尔大学中文系从事一年的汉语教学。

漫长的飞行后，飞机缓缓降落在开罗机场时正值旭日初升，伴随这新的一天，我们将在埃及这块古老的异国土地上开始新的生活。同行三个年轻人都是第一次出国，虽然已有各种攻略在手，但到了陌生的世界时还是犹如乡下人进城般激动和不安，不知道迎接我们的会是怎样的场景。

时下正值埃及多事之秋，我们刚入住市区宾馆不久，对面的人力资源部楼下就发生规模不小的示威游行，从他们手举的标语“请给年轻人更多的工作机会”可以看出，民众对革命最直接的诉求就是工作。

2011-10-01

今天到校了解情况。在来埃及之前，我们对爱资哈尔大学做过一定的了解，知道这所有一千多年历史的高等学府在伊斯兰世界地位显赫，我国的多位阿拉伯语大师如马坚、纳忠等都毕业于这所大学。

但走进它时才发现，至少中文系的情况并不尽如人意。因为是宗教学校，即使是语言专业的课程设置也独具特色。中文系分为两个部分：文学班和伊斯兰研

爱资哈尔大学中文系课堂

究班，其中伊斯兰研究班在开设普通汉语课程的基础上还要学习相应的宗教内容。学校的课程设置可谓琳琅满目包罗万象，语法、会话、散文、诗歌、文学等，不一而足。但是因为这两年爱资哈尔大学的师资有限，一些课程形同虚设，比如二年级的学生基础对话都不能完成，却要开设“中国文学史”这样的大课，不知道学生怎么接受。

2011-12-05

议会第一轮选举结果公布，穆斯林兄弟会的自由与正义党赢得多数席位。消息传出，同事们在一起笑谈：以后对学生中的穆斯林兄弟会成员要格外照顾了，对统治阶级可不能怠慢。

在我的学生中有一名自由与正义党党员。据他介绍，申请入党并没有多少限制，只要年满 18 周岁，填写一份入党申请表，再附上 20 埃镑党员卡的工本费即可，其他也没有额外的收费项目。至于党员的身份也十分开放，穆斯林兄弟会的成员可以申请，其他普通成员（包括信仰基督教的科普特人在内）都可以。这位学生本人就不是穆斯林兄弟会的成员。

2011-12-19

因为签证过期需要到对面的移民局办理手续，今天我第二次来到了解放广场。

开罗解放广场

这个举世瞩目的地方实际上非常狭小，与中国同样极具政治意义的天安门广场相比，确实有负广场之名。由于不是示威高潮期，广场上稍显冷清，平时摆设的茶摊因为革命都已经搬离了，只零散支着几顶帐篷，以示革命阵地依然存在。环视这块尼罗河畔的宝地，周围林立着许多重量级的建筑——埃及博物馆、原执政党民族民主党总部大楼（已烧毁）、移民大楼、阿盟总部大楼、内政部大楼，在埃及很有名气的美国大学也在附近。

2012-01-06

埃及有三大宝：红茶、水烟和足球。就受众人数来说，红茶无疑是最普遍的。中国是茶的故乡。据考察，茶原产于云贵川等中国西南一带，经不断传播，现在已经风靡全世界。在传播的过程中，因为各国不同的风土人情，也就有了多种多样各具特色的饮茶习惯。埃及人最喜欢甜味浓重的红茶，他们用金属茶壶熬煮，倒入玻璃杯中加糖调饮。当然，现在也有已经加工好的茶包，直接冲泡即可。开罗街头的茶馆随处可见，当地人在饭后闲暇最常见的娱乐项目恐怕就是坐在路旁的小店喝杯茶、抽袋水烟了。

2012-01-24

入夜时分，华灯初上，不知不觉窗外飘起了细雨，雨量不大，稀稀疏疏不紧不慢地洒落下来，映衬着道旁昏黄的路灯，越发显出轻缓悠闲，这像极了埃及人的生活态度，但是革命时期除外。明天是埃及“1・25 革命”周年纪念，也许清净不再。但愿这场雨能还埃及百姓一个清平天下。

2012-03-02

埃及是文明古国，倒也真是古得出奇。在开罗一些旧的街区，古老残破的清真寺随处可见；穿着沿袭了一千多年的宽大长袍的行人仍然为数不少；当中国小城镇已经谢绝牲畜入内时，在首都埃及驴车、马车仍旧是不少走街串巷的小商贩的运输工具。步入这样的环境会产生置身中世纪的穿越感。但是城建古朴并不代表民风就必须淳朴，出门打车，去时 20 埃镑返程 50 埃磅的事情时有发生，以没有零钱为借口而不找零的情况更是再平常不过，虽然他的口袋里肯定装有大把的零钱，毕竟一个司机没零钱情有可原，全城的司机都没有零钱就可疑了。

埃及转裙舞

2012-03-15

来埃及一个月有余，这期间一直困惑于为什么埃及男人的额头正中总会有一块印记，形状或大或小，颜色或浅或深。今天问过学生才知道，原来这是穆斯林做礼拜祷告磕头时留下的老茧，是虔诚教徒的标志。在埃及，有这样记号的人，非但不丑，反而受人尊敬。

2012-04-20

今天到爱资哈尔大学留学生城去拜访一名中国留学生。经他介绍得知，在这块有围墙的公寓中，入住有来自全世界 100 多个国家的 4000 多名留学生，其中以非洲的穆斯林居多，他们中的不少人回国后大展宏图，做到一国总统高位的也有人在。在这里就读的学生吃、住、医疗全部免费，伙食的供应虽偶显单调，营养却是一点都不差，每天的蛋、奶、肉供应也算充足，除此之外每个学生每月另有几百埃镑的生活补助。爱资哈尔作为埃及的一个伊斯兰教育集团队伍庞大，对学生——无论是本国的还是外国的——都免费提供优质教育。不能不佩服伊斯兰世界的真知远见。

2012-06-02

有一句话说："中国人的手，阿拉伯人的嘴。"阿拉伯人的好言健谈历来闻名于世界，他们非常喜欢就某一问题不避场合地公开辩论。今天在开罗的地铁上，当前总统穆巴拉克终审被判无期徒刑的消息传出时，我目睹了一幕埃及版的"问题与主义"之争。当时，地铁中多位市民自发展开了激烈的辩论——"穆巴拉克该不该被判死刑"。当大部分人都在因为穆巴拉克没有得到他们认为的应有下场（死刑）时，一位中学历史老师给出了自己的观点：

别再争论穆巴拉克了，他死与不死对埃及已经没有什么关系，埃及现在最需要的是尽快结束混乱的现状，我们应该像中国人学习，勤劳务实，把埃及经济搞上去才是我们最需要的。

埃及的“闻风节”

赵红亮

时为浙江师范大学非洲研究院 2009 级世界史专业研究生。2011 年 9 月受国家汉办委派作为汉语教师志愿者赴埃及爱资哈尔大学中文系任教一年。现为贵州财经大学国际学院团委书记。

“闻风”二字来自字面直译。由于古埃及人认为这一天时值春分，昼夜相等，标志着新年的到来，类似中国的春节，所以也有人称之为“埃及的春节”。

闻风节期间在户外聚餐的家庭

提起埃及，就不能不提及其灿若星河的古老文明。作为四大文明古国之一的国度，且不说举世闻名的金字塔、木乃伊，单是作为文化载体之一的节日，由于其特殊的历史发展与民族构成，也是种类繁多，各具特色。

在今天的埃及，穆斯林有自己的开斋节、宰牲节；人口约占全国总数 1/10 的科普特人，每年会欢度复活节和圣诞节；努比亚人之类虽偏安于南方的弹丸之地，也有自己的传统节日。可见，埃及人虽自称“法老的子孙”，但真正继承这位祖先的传统却少之又少，其中“闻风节”是仅存的硕果之一，是埃及真正的本土传统节日。相传其源于法老时代，距今已有近 5000 年的历史了。

第一次认识闻风节源于一堂关于节日的课。当我讲到中国的春节时，有一名学生告知我说埃及人也有自己的春节，同样是一个非常隆重的节日。学生的博学多识让我十分惊喜，同时也为自己的无知感到惭愧。于是，在课下我查阅了大量的资料，对这个问题终于有了一些浅薄的认识。

在阿拉伯语中，闻风节写作“شم النسيم”（Sham El-nasim），“闻风”二字来自字面直译。由于古埃及人认为这一天时值春分，昼夜相等，标志着新年的到来，类似中国的春节，所以也有人称之为“埃及的春节”。法老时代这一天是祈福祭祀的日子，不过现在已经演化为埃及的全民出行日。清晨礼拜结束后，埃及人往往以家庭为单位，扶老携幼，倾室而出，去户外野餐、踏青、沐浴春风。野餐篮子里的食物丰厚与否视各家庭富足程度而定，但是，正如中国传统节日中粽子之于端午、月饼之于中秋，闻风节作为埃及的传统节日，也有必不可少的节日食品，其中咸鱼、彩蛋、洋葱最具代表。

在古埃及，鱼是很尊贵的物种，是祭祀中不可或缺之物。如今开罗街头有很多卖咸鱼的店铺，即使不逢年过节，生意也还不错。节日前一天有开罗本地的学生奉家长之命送来几条咸鱼给老师，虽然是腌制品，通过特有的烹饪方式，味道依然鲜美，传承几千年的腌制工艺果然不同寻常。不过，由于埃及的人均收入较低，革命期间的动荡局势使本已不堪重负的经济雪上加霜，货币贬值，物价上涨（初到埃及时美元兑埃镑的汇率是 5.8，不到半年时间已经飞升至 6.04，有同事开玩笑说，再过几天人民币跟埃镑就可以等价交换了），很多人已经吃不起这一美食了。鸡蛋则不然，即使物价飞涨也是生活中的必需品。在埃及人眼中，鸡蛋是生命的象征。在煮熟的蛋壳上用颜料图上五彩斑斓的彩绘，又映衬着节日的喜庆。关于鸡蛋有一个有趣的故事。当中国人还在为“鸡生蛋还是蛋生鸡”这一问题纠缠不清的时候，古埃及人对此却早已有了自己的答案。在一位法老的颂歌中有这样一段话：“天神唯一，他创造了生命，同时也从鸡蛋中孕育了鸡。”可见，埃及人认为“蛋生鸡”。作为餐桌上的寻常蔬菜，在节日中洋葱也被赋予了更多的含义。和中国的春节一样，闻风节也有一些驱鬼辟邪的传说，只不过破解的手段有所不同：中国是放鞭炮、贴春联，埃及人则是悬挂洋葱。异曲而同工。

与许多节日类似，闻风节的时间并不固定，今年是 4 月 26 日。既然是全民出行日，我们入乡随俗，走访旅游景点的同时也感受一下异乡节日的气氛。听学生介绍说，埃及 4 月的天气本是阴晴多变，但往往在这一天天气总会格外地配合，天朗气清，惠风和畅，非常适合郊游，这也许是古埃及天文成就之一吧。从离家稍近的爱资哈尔公园到尼罗河沿岸一路走来，看见的郊游景点处处都是欢歌笑语。人们席地而坐，埃及政府 2012 年发布的最新统计数字显示，目前埃及全国人口约为 9000 万，仅开罗一市就占 2000 多万。由于人多地窄，即使是马路中间的隔离带，只要依稀有些草地，埃及人也能开辟出来作为野餐的场所，一家人欢乐融融，并不觉有何不妥。透过这一方之地可以想像，全埃及诸如爱资哈尔公园内的大片绿地该是怎样一番人满为患的景象。当日《金字塔报》的统计数字显示，即使平时里少有顾客光临的吉萨动物园，仅节日当天上午的游客量就达 11 万人次之多。

这样的全民假日对城市的交通也是一大考验。开罗车多，车况差，事故频发，交通动辄瘫痪，节日里更是如此。我们前往尼罗河沿岸时，乘车至解放广场附近时司机便表示前面太过拥挤无法通行，并且带有歉意地出主意，说绕过某某胡同步行可以近一些。解放广场是革命的敏感地点，经过内政部大门时，平日喧闹的示威者踪迹全无，街区一片宁静，只有斜靠在装甲车旁的士兵看到有生人路过便纷纷热情招呼，看来大家忙于过节。至于革命，暂且搁置也罢了。解放广场是城市的中心，尼罗河畔更是热闹的所在。步行至横架在河上的双狮桥上，仿佛置身于中国的某个庙会，肩并肩人挤人，中间夹杂着小贩的热情叫卖声，热闹非凡。说也凑巧，我们一路走来在几个景点都遇到了自己的学生，在异国他乡也稍微享受了一下“桃李满天下”的感觉。但是，其中有一名就读于开罗大学孔子学院的学生，在全民欢度佳节的气氛中并不像其他人那般尽兴，一是由于革命后伊斯兰政党势力掌握了国家政权，像他们这样的阿拉伯国家中的弱势群体自然会心生不安；另外一个更为重要的原因是深受教徒爱戴的大主教谢努达三世一个月前刚刚过世，许多人仍沉浸在悲痛中。

当然，即使是穆斯林也不是人人都在喜迎佳节。当尼罗河畔的人们沉浸在节日喜庆中的同时，相距不远的解放广场上却有一部分人正在聚集。他们击节呐喊明确表示抵制闻风节。这些人多为穆斯林中极端保守的萨拉菲派成员，他们认为虔诚的穆斯林只应该庆祝伊斯兰的节日，否则就是违反教义的有罪行为，因为先知穆罕默德曾说“穆斯林是只有两个节日（开斋节和宰牲节）的民族”。不仅如此，一些有影响力的宗教学者教授也纷纷在社交网站上发文，称闻风节是“基督徒、犹太人以及古埃及法老的传统”，与穆斯林毫无关系，现在全民参与的庆祝对虔诚的穆斯林来说是“危险的”。这样的观点并非没有群众基础。当我在所任教的爱资哈尔大学跟同学们谈起过节放假的事情时，几乎全体同学明确表示：“那是科普特人的节日，我们不放假。”不可否认，闻风节的发展历史的确没有伊斯兰的痕迹，它起源于法老时代，形成于基督徒之手，与复活节有很大的渊源，就连节日的名称也来自科普特语。尤其是埃及“1・25 革命”之后的议会席位和总统职务都由具有宗教背景的穆斯林兄弟会掌控。随着更多权力掌控的渗入，闻风节是否会有被取缔消失的一天呢？不得而知。

苏　丹

首都喀土穆的尼罗河大桥（刘鸿武摄，2012.05）

游学苏丹行记

赵迎节

时为浙江师范大学非洲研究院国际政治专业研究生。2016 年受研究院资助赴苏丹和南苏丹开展人道主义问题调研。

人道主义援助，我一直在路上。

2016 年 7 月 2 日至 8 月 25 日，我在浙江师范大学非洲研究院“赴非调研”专项资助下，有幸和王国森一道，应苏丹喀土穆大学孔子学院的邀请，前往苏丹开展为期近两个月的学术调研活动。在苏丹调研期间，我先后前往喀土穆、白尼罗州和苏丹港等地，参与援助活动，访问妇女难民社区，与联合国难民署机构专员交流。这些活动使我对自己目前研究的苏丹人道主义援助有了更为深入的认识。

流离失所者的保护后盾——记联合国难民署之行

在联合国难民署（UNHCR）调研时，我们受到了史蒂文（Steven）专员的热情接待，他非常详细地给我们介绍了难民署目前的工作情况、难民营的安置情况以及苏丹目前难民的生活状况。苏丹难民署的工作主要存在三种模式：第一是让逃往苏丹的难民能够顺利地返回家乡；第二是让长期滞留苏丹的难民尽快地适应和融入苏丹的社会生活；第三是将其中一部分难民送往欧美等国家进行安置。

在苏丹的难民人数是一个极为庞大的数字，截至 2016 年 8 月 31 日，苏丹的南苏丹难民共有 247314 人。截至 2016 年 7 月 30 日，苏丹的其他国家难民有 137413 人。如此庞大的难民人口，对难民署的难民安置和人道主义物资提供工作来说都是非常大的挑战。

联合国难民署访问证

截至目前，难民署已经在苏丹的东部设立9个难民保护营地，在白尼罗州设立8个，绝大多数的难民营都设立在西达尔富尔地区。同时，为了缓解难民营拥挤的环境，目前还有一些难民营正在建设过程中。同样受人道主义准入限制的影响，苏丹迈拉山区附近的难民得不到人道主义援助机构的保护，更得不到粮食援助。难民的生活状况十分堪忧。

自力更生的苏丹妇女——记妇女难民社区之行

苏丹妇女难民手工制作的花瓶

苏丹妇女难民社区的精美绘画作品

在苏丹喀土穆、南部、东部各个州都有很多大大小小的妇女难民社区，这些妇女大多是难民、回归者以及寡妇。不同的社区往往有不同的功能，有些社区的妇女集体制作皮包，单肩、双肩各种类型的都有；有些社区的妇女专门做首饰，手链和项链都有；有些专门绘制手工艺品，有精美的绘画，也有色彩极为丰富的手工艺品；有些专门做食品，主要做果汁和奶酪。不同的社区风格也是迥然不同的。但相同的是她们都有一颗自立自强的心，并不只是等待或者期待被援助，而是依靠自己的双手，争取以劳动力换取她们所能维持生计的资金或者物资，她们还期望将自己制作的东西销往国内外市场，甚至更远的地方，这样可以覆盖并帮助到更多的难民。但她们制作的东西目前还存在做工粗糙等问题，所以难以寻找市场帮助销售这些产品。在参观完妇女难民社区之后，越来越觉得培养妇女制作的技能是一件值得做且必须做的事情。

中国NGO的海外探索——记白尼罗州拉巴克之行

在苏丹调研期间，与中国扶贫基金会（CFPA）苏丹项目负责人季岚岚一道前往南部苏丹白尼罗州拉巴克地区参加“2016年微笑儿童”项目的启动仪式，在当地开展国际教育扶贫。这一项目是由中国扶贫基金会提供资金，与当地比尔特瓦苏慈善组织（BTO）合作，为白尼罗州拉巴克地区近1600名乡村学校的学生提供在校免费午餐。目前中国扶贫基金会“微笑儿童”项目主要在苏丹和埃塞俄比亚展开，其中苏丹主要集中在喀土穆、白尼罗州和苏丹港三个地区。“微笑儿童”项目自 2015 年 8 月启动至 2016 年 8 月成功实施，项目覆盖的受益学生达 2030 人，分布在 6 所学校，实现了全校覆盖。项目在执行过程中与“饥饿 24 小时公益体验活动”相结合，因此，除计划项目款外又另外募集到 50 万元，新增受益儿童 780 人。但是由于资金有限，能援助的儿童数量也十分有限，同时需要援助的儿童数量正在扩大，所以日益突显了援助资金不足的问题。这些学生当时还收到了来自中国驻苏丹大使馆捐助的校服，这些学生很多是南苏丹难民和苏丹返回者的小孩。

拉巴克一所女校的女孩们难以掩饰喜悦

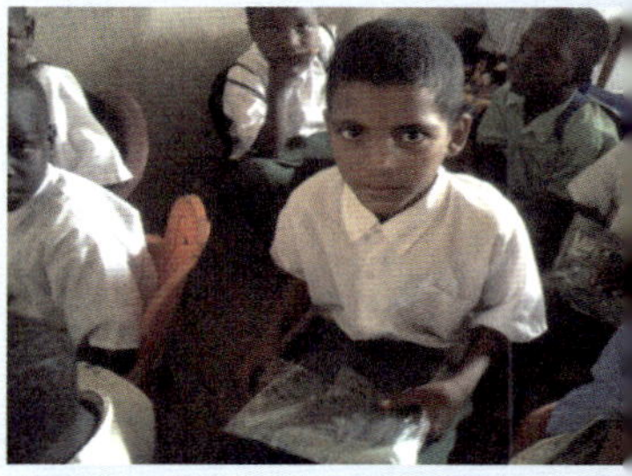

拉巴克一所男校的小男孩既惊喜又惊奇

中国特色人道主义援助——任重而道远

通过与难民署专员的交流、参观妇女难民社区、到白尼罗州拉巴克地区参与援助项目，我越来越坚定自己的人道主义援助研究，并且希望努力探索一条具有中国特色的人道主义援助之路。

在近日的联大解决难移民大规模流动问题高级别会议上，李克强总理代表中国宣布了三项举措：在原有援助规模的基础上，向有关国家和国际组织提供 1 亿美元的人道主义援助；积极研究把中国—联合国和平与发展基金的部分资金用于支持发展中国家难民移民工作；积极探讨同有关国际机构和发展中国家开展三方合作。

2015 年 9 月 26 日，习近平主席在纽约出席联合国总部召开的联合国发展峰会时提出，将设立“南南合作援助基金”，首期提供 20 亿美元，支持发展中国家落实 2015 年后发展议程。而且，中国将继续增加对最不发达国家投资，力争 2030 年达到 120 亿美元。

这些资金的使用对于中国政府及中国非政府组织（NGO）处理难民问题而言是绝佳的时机。同时，中国对非洲的援助，不仅要“授人以鱼”，更要“授人以渔”。

中国政府如何将这些援助资金用在最需要的地方，探索出具有中国特色的援助模式？如何日益在国际事务中发挥大国作用，承担与自身能力相适应的责任？在这个解决难民问题呼声最高的时代，我有一些关于中国如何参与人道主义援助的建议，希望能与各位分享并作讨论。

——加大人道主义援助资金投入，支持中国非政府组织发展，向民间组织开放援助资金，让民间组织参与援外项目的实施。

相比西方国家，中国在人道主义援助资金的投入上还远远不足，可加大人道主义援助资金在援外资金中的份额。非政府组织具有能够深入社区、了解难民最细微需求的优点。中国民间组织的力量正在不断壮大，不仅已经形成了一套较为成熟的开展援助项目的模式，并且有资源可以调动各个领域的知识。民间组织可以通过与当地慈善组织的合作，充分利用地方资源的优势，在人道主义援助过程中不易受人道主义准入问题的阻碍。将援助资金开放给民间组织，让民间组织共同参与援助项目，更有利于传递中国的价值理念。

——将援助资金更多地用于儿童教育、青年职业培训和妇女技能培训等发展项目。

“授人以渔”的援助模式更强调人的发展，非洲国家目前面临的最重要的问题就是发展问题。非洲儿童的高辍学率、青年的高失业率直接影响国家的正常发展。非洲难民的绝大多数是儿童和妇女，将援助资金更注重于儿童教育、青年职业培训和妇女技能培训，能够帮助难民越来越依靠自身力量生存。经过长期的培训，大量的难民带来的社会问题将不再成为国家发展的阻碍。

——加强与联合国机构的合作，与中国非政府组织及联合国难民署共同参与人道主义援助活动。

联合国难民署、联合国人道主义事务协调办公室等其他参与人道主义援助活动的联合国机构在参与人道主义援助活动方面经验更为成熟，数据更为全面，且在分配援助物资、难民营建设和难民注册登记工作上做了非常多努力。联合国难民署驻苏丹机构直接表示，希望中国能在难民事务上发挥一定的作用，希望与中方展开这方面的合作，他们有兴趣、也很希望了解中国非政府组织的发展及已经开展的援助项目。因此，可以鼓励民间组织加强与国际机构的合作，与非洲国家一道解决人道主义问题，共同参与援外项目。

——在联合国难民署设立工作处，以中国扶贫基金会的苏丹项目为试点，逐渐普及并推广至其他非洲国家。

中国作为联合国《1951 年关于难民地位公约》及其议定书缔约国之一，是难民执委会成员，不仅积极参加联合国难民署会议，还非常支持联合国难民署难民国际保护工作。随着中国综合国力的提升，中国将在难民问题上发挥越来越积极的作用。中国扶贫基金会在苏丹的主要援助项目——医疗援助与“微笑儿童”项目，不仅实现了预期目标，并在当地受到非常热烈的响应和欢迎。建议中国尽快地在联合国难民署设立工作处，以中国视角提出帮助解决难民问题的思路和方法，并且以中国扶贫基金会的苏丹援助项目为试点向其他非洲国家推广。

如果有机会，我还将前往苏丹和南苏丹继续开展人道主义援助的研究。我相信，只有坚持下去，才能真正地发现问题所在，才能继续探讨解决问题之道。人道主义援助，我一直在路上。

苏丹之美——游学侧记

王国森

时为浙江师范大学非洲研究院 2015 级国际政治专业研究生。研究方向是苏丹和南苏丹问题，2016 年 7—8 月受研究院资助前往苏丹调研。

一不小心，你就爱上了苏丹的这种生活。

2016 年暑期，因学位论文写作需要，在非洲研究院资助下，我计划前往南苏丹进行实地调研，后因南苏丹局势动荡，便与迎节师姐同行转往苏丹。对于第一次出国的我来说，苏丹此行如同一场饕餮盛筵，浓郁的风味给我留下了深刻的印象。

开斋节的美食

初到苏丹，正好赶上穆斯林的传统节日——开斋节。斋月期间，每到太阳下山，左邻右舍的苏丹朋友（都是男性，小孩子除外）会聚在街旁的空地上，一起分享各家的美食。我们经过时，他们极为热情地邀请我们一起享用美食。

斋月在伊斯兰历的第九个月进行。自封斋饭完毕，穆斯林每天从日出到日落期间停止饮食等活动，从日落直至次日晨礼前都可正常作息，包括食用开斋饭。次日出晨礼时分唤拜一起，便再度进入斋戒状态。

开斋饭是我们最早接触到的苏丹美食——秋葵与番茄熬制的浓浓肉汤、藏红花蒸出的米饭、香气四溢的烤牛羊肉、鲜美的尼罗河烤鱼……不过，在这些丰富的菜肴中，最令我印象深刻的是最不引人注意的一小碟蘸料。没到苏丹之前，在国内偶然结识的苏丹朋友穆罕默德便强烈推荐这个烤肉及苏丹圆面包最完美的搭配——鲜辣椒酱。恰到好处的辣、微微发酵的酸，一蘸、一品，堪称完美！

我到苏丹后的第一顿开斋饭，中间是苏丹传统主菜之一“assida”。

开斋节是穆斯林庆祝斋月结束的节日，在伊斯兰历第十个月进行。到了开斋节这天，苏丹人会起得很早，他们相互道着“节日快乐”（Eid Mubarak）结伴到清真寺，迎着清晨的太阳，在神圣、庄严的诵经声中完成晨礼，之后就可以吃东西，象征斋月的结束。然后他们会出去团拜，互相拥抱问候。苏丹人在这一天都穿着节日盛装，喜气洋洋。开斋节不仅是斋月的结束，而且是感谢安拉（真主）使他们信仰更加坚定、给他们和平欢乐的节日。

苏丹烤牛羊肉配鲜辣椒酱

就这样，在近一周的时间里，大家都沉浸在节日的气氛中。而正是在这样频繁互动的生活中，我开始习惯苏丹的慢节奏生活。

开斋节清晨在社区广场做礼拜的苏丹人

图提岛的浪漫

在喀土穆，喝茶的好去处非尼罗河莫属，而最佳位置一定是尼罗河上的图提岛（Tuti Island）。

如果说喀土穆是现代城市，恩图曼是历史古城，那么图提岛感觉更像原始社会，一个充满浪漫气息的原始生态社会。同样被桥、流水和人家勾勒出的图提岛，与中国的江南水乡完全不同。如果说黑白相间的江南古镇是冷色调的，那么图提小岛则是满满的金黄暖色调，起码我在的那个季节是这样的，因为连流淌不息的尼罗河水亦如黄河水般，在耀眼的阳光下泛起层层金色的涟漪。

不过，图提岛的特别之处在于热闹与静谧并存。热闹在人，静谧在心。手捧一杯苏丹红，静静坐在尼罗河畔，除尼罗河水外，目光所及的还有一座任凭汽车来回驰骋的大桥，而桥的尽头耸立着一座蓝白色建筑科林西亚酒店（Corinthia Hotel），华人称其为“鹅蛋酒店”。这座曾属于卡扎菲的酒店，目前仍然是喀土穆的地标之一。

从图提岛望去的“鹅蛋酒店”

在朋友的邀请下，泛舟尼罗河上，感受着两岸的异域风情，我不由得念出古人“风软扁舟稳，行依绿水堤”的句子。更有趣的是，坐在河两岸喝茶的和行走在桥上的苏丹朋友会很开心地跟你打招呼，似乎他们也在乘船同游。那些结伴乘船的年轻人，伴着节拍欢快地唱着当地的流行歌曲。

恋人们也很喜欢图提岛，因为这是一个见证爱情萌芽、滋生、成长和成熟的

图提岛上的年轻人

图提岛上的咖啡客

浪漫小岛。在这里，你可以感受到一种自由——自由表达爱慕、自由漫谈人生、自由牵手，而这样的场景在尼罗河畔以外的地方你恐怕是很难一见的。

如果执手恋爱的感觉是甜美而静谧的，那鸟儿的欢愉与乐队歌声的融合带给人的则是浑然天成的喧而不嚣。无论乐手怎么拍鼓、怎么奏曲，蓬勃而出的音乐都是那么动听，让你不由自主地摆动身体，让响指合着音乐和身体的节奏……一不小心，你就爱上了苏丹的这种生活。

图提岛位于喀土穆的心脏地带，一如它所处的位置，带给人的感觉就是息息跳动的生命，原始与现代的结合、自由与禁锢的碰撞、热闹与静谧的共存……神秘并让人无限遐想。

苏丹港的美丽

来到苏丹，除了哺育古老文明的尼罗河和灼灼炎日下的撒哈拉大沙漠，不可错过的还有红海边的苏丹港。苏丹港位于红海西侧，是苏丹红海州的首府，也是苏丹最大的港口，苏丹大部分的进出口货物都要经过苏丹港。从喀土穆前往苏丹港有快慢两种选择：第一种选择是乘坐苏国内航空，航程大概一个小时，速度虽然快，但只能看着云朵与天空；相比之下，第二种选择——乘坐大巴就有趣多了。其实，我们乘坐大巴的最关键原因是，就在我们正准备坐飞机去苏丹港的前一天苏丹镑贬值，苏丹所有国内航空集体涨价，喀土穆—苏丹港的机票从原来的 550 苏丹镑涨到 845 苏丹镑。由于预算不足，选择大巴也是无奈之举。

虽然要在大巴车上摇晃 10 多个小时，但也可以好好享受沿途的人文、自然风景，更加深入接触这个国家。在此之前，我从来没有坐过如此“长”的长途车，因此还是做了充足的心理准备。对于汉语还凑合、英语勉强够用、阿语只会打招呼、完全听不懂苏丹方言的我们来说，在服务业不够发达的苏丹买大巴票显然是天方夜谭。还好，贴心的苏丹朋友为我们准备好了一切。

凌晨在岸边钓鱼的当地人，对面是灯火彻夜的集装箱码头

一下大巴，要不是枝叶轻轻摇曳的椰枣树和风中淡淡的海咸味，你不会想到这是一座沙漠边的海边城市。不同于内陆的喀土穆等城市，苏丹港给人的第一感觉就是干净——没有随风扬起的黄沙，没有乱糟糟的生活垃圾，道路大都是沥青

铺成。

我们在苏丹港再次体会到了苏丹人的热情与友好。抵达当天傍晚，在海边偶然碰到的曾在广东做生意的苏丹港当地人开车带晕头转向的我们到鱼市和出海码头，并让他的酒店老板朋友给我们便宜了房价。

苏丹港鱼市码头的日出

原本计划三天的苏丹港之行延长到七天，而每天活动都是从宾馆前往海边，然后坐船去珊瑚礁浮潜，乐此不疲。从没浮潜也没见过海底珊瑚的我，一戴上潜水镜、装上呼吸管就迫不及待地下潜，因此呛了几口红海水，又咸又涩。这种海的味道一直伴随我，直到我乘飞机离开苏丹港。

美丽的海底珊瑚

潜到水下才发现，原来海底的世界如此多彩。珊瑚礁规则而美丽，五颜六色的小鱼群围绕在旁，时不时会有一两条色彩斑斓的大鹦鹉鱼从旁边游过，还会有一两条小黑鱼十分大胆地盯着对准它的相机。

探寻麦洛埃的古迹

回国前几天，我们决定去看看麦洛埃遗址。但在如何去这个问题上，我们与苏丹朋友讨论了很久。最终，我们决定自己租车前往，带上可爱的苏丹朋友。他曾在浙江师范大学上学，人称“奥巴马同学”。他帮我们租到了一辆七座的小车。于是，加上司机我们一行五人终于在下午 1 点多离开喀土穆，前往 200 多公里外的凯布希耶，探寻麦洛埃的古迹。

要是在中国，200 公里在高速上两个小时就可以搞定，但苏丹公路上“三里一岗、五里一站”的检查让我们心焦。更重要的是，由于没有外国人通行证，我们在进入尚迪前的检查站被苏丹国家安全部门的人拦了下来。我们以为他是想坑中国人的钱，可软磨硬泡都不管用，逼得我一度想放弃。后来，“奥巴马同学”的几个电话搞定了一切，据说是走了总统的关系才让我们走的。

麦洛埃遗址公园旁的当地人招揽游客骑骆驼

汽车再次发动起来。我看着手机地图，不断计算着逐渐缩小的距离。最终，几座耸立在沙漠中的锥形建筑进入了视线，它们在晚霞中拉长了投在地上的影子。是的，那正是我梦中的苏丹小金字塔。能见到实物，不枉路途曲折。

下车后，换乘骆驼，一步一步从沙地中前往遗址。当我触摸着岩壁，轻轻抚

小金字塔上残缺不全的壁画

余晖下的麦洛埃遗址

摸着古埃及的象形文字，再次记起了儿时受法老吸引希望成为考古学家的愿望，没想到阴差阳错作为一名国际政治专业的学生，在苏丹看到了和摸到了真实的古埃及象形文字。原本被风卷入嘴中的苦涩沙粒也被我忽视，我东跑西走，完全沉浸在历史的厚重之中……

短短两个月的苏丹之行，并不能满足我深度了解苏丹的愿望。朋友们的热情、孩子们的笑脸、异域的风情、历史的厚重、香甜的美食……不是三言两语所能诉说。回国后，跟亲朋好友的每次分享，都会加深我对这个国家的认识、理解和思念。

我想，我一定会再去苏丹。

浙师大非洲博物馆游记

——观赏非洲文明的小小窗口

李思沩

时为浙江师范大学非洲研究院非洲教育专业硕士研究生。2011 年以汉语志愿者教师的身份赴喀麦隆孔子学院从事一年的汉语教学。现为北京国际学校教师。

参观非洲博物馆，无异于享受一场视觉的和心灵的盛宴。这里融会了非洲大陆几千年的文明，更展现了中国人民对非洲文明的支持和热爱。

2010 年 10 月，位于浙江师范大学非洲研究院二楼的非洲博物馆正式开馆，这是中国高等学校中第一个建立的以非洲文明为主题的综合性博物馆，它集非洲艺术精品收藏、非洲文明学术研究、非洲文化知识普及于一体，是中非文化艺术交流的平台。走进非洲博物馆，人们不仅可以欣赏到原始非洲风格迥异的艺术品和文物，还能在神秘和古老的氛围中启迪心灵，感受纯真质朴的人性本原。

非洲博物馆大门

进入非洲研究院，位于二楼的非洲博物馆便能马上抓住参观者的眼球。大型人脸面具装饰在大门的两侧，展现出粗犷的异域情调。精致的木雕门上非洲居民和野生动物融为一体，仿佛在向外界诉说着非洲大陆人与自然和谐一体的美好景象。简单却不失意趣的装潢让人对博物馆内部展品马上充满了好奇和向往。

精品展区

进入非洲博物馆内部，首先映入眼帘的是精品展区的四个造型独特的“大家伙”，它们均来自非洲本土，其中分别居于两侧的是来自喀麦隆的“象牙号”，距今约 80 年历史。中间左侧为约鲁巴族的面具。约鲁巴人是非洲较大的民族之一。 他们大都定居在尼日利亚西南部广大地区，并且深入多哥和加纳境内。他们创作的木雕多以象征手法表现对象，人和动物形象相配合是这种艺术的主要特点。雕像的特征是：嘴唇丰满前突，眼睛大睁、瞳孔圆大，眉毛和睫毛清楚可辨。

此处是一个妇女的雕像，头上顶着许多小人，寓意多子多孙。

整个非洲博物馆内部构造基本呈工字形，按馆藏物品特点和用途依次可分为五个展区：乐器展区，生活用品展区，非洲研究成果展区，精神崇拜展区和服饰展区，其中精神崇拜展区的展品可再归入武力崇拜系列、生育崇拜系列、超自然力崇拜系列和权力崇拜系列。各个展区分别陈列了各具特色的非洲艺术品，包括乐器、法器、武器、石雕、木雕、面具等。伴随着律动的非洲音乐，徜徉其中的参观者不仅能获得感官上的享受，更能对非洲的历史和文化产生直观的体验。

乐器区

乐器展区

音乐和舞蹈是非洲人的灵魂。无论出生、成年、结婚、生育还是死亡，非洲人都要举行各种各样的仪式，这些仪式上都需要音乐和舞蹈。有了音乐和舞蹈，自然离不开乐器。非洲的传统乐器大多由木头、皮革和葫芦制成。除了表演功能之外，乐器本身就是一件件的艺术品。它们被雕刻成各种形状，并被装饰以各式的图案，还经常点缀有珠子、羽毛、颜料等，以增强装饰效果。

造型不一的非洲鼓

非洲博物馆乐器区一共陈列展品 50 余件，分别来自苏丹、南非、乌干达、坦桑尼亚、布基纳法索、刚果等非洲国家，其中以来自苏丹和刚果的展品最多。这些乐器包括各种弦琴和兽皮鼓、打击乐器等，其中的各种传统非洲鼓和信息罐最具特色。这些展品大多距今有 100 年的历史，主要由木头和兽皮制成。

鼓是非洲乐器中最重要的部分。在制作时，制作者先将木料从中心掏空，作为鼓身。然后将兽皮抻开，绷紧于鼓身之上，作为鼓面。这里的非洲鼓包括蟒皮鼓和其他类型的兽皮鼓。

信息罐

信息罐是一种独特的乐器，用于在古老族群遭遇危险时通报敌情。罐内的小锤敲击信息罐不同的部位就可以发出不同的声音，从而传递不同的信息。信息罐还可以作为酋长发布消息的工具，它是消息链的第一个乐器，随后由鼓声将消息传播开来，以召集族人。

生活用品展区

生活用品最能从细微处展示一个民族和地区的文化特征以及人们的生活状态。非洲大陆幅员辽阔，物产丰富，非洲大部分日常生活用品都是在自然物品基础上进行简单加工而成。无论是乌木制成的烟斗，还是实木做成的凳子，这里的气息处处彰显着非洲人与自然环境之间的密切关系。

非洲博物馆生活用品展区一共陈列展品 60 余件，分别来自喀麦隆、南非、中非、刚果、尼日尔、加蓬、东非等非洲国家，其中以来自喀麦隆和刚果的展品最多。它们大都距今 100—200 年，包括首饰盒、板凳、烟斗、储物罐、农具、棋盘等，主要由木头和铁制成。烟斗的造型精美，上面覆盖着栩栩如生的人物，标志着使用者的权力和地位。

做工精美的酋长烟斗（左）和产自南非的珠宝盒（右）

非洲研究成果展区

近年来，非洲大陆不论在政治、经济还是在文化方面都已经成为中国的合作好伙伴，越来越多的学者开始将关注的眼光投向非洲。浙江师范大学非洲研究院便是这批拓荒者中的一员。通过自身不懈的努力和探索，浙江师范大学非洲研究院已经有一批优秀的研究成果问世，包括“浙江师范大学非洲研究文库”、《非洲研究》、《非洲地区发展报告》等，它们为中国社会广泛认识非洲打开了一扇新的窗户。

非洲研究院精品出版物

精神崇拜展区

非洲大陆具有深厚的宗教文化积淀，它深深根植于非洲社会文化的环境与土壤，具有丰富的表现形式和复杂的社会功能。精神崇拜是非洲宗教的表现形式之一，可以分为武力崇拜、生育崇拜、超自然力崇拜、权力崇拜等系列。在传统的宗教活动中，使用了各种各样的雕刻和道具，时至今日，它们中的许多已经丧失

苏丹邦戈族（Bongo）图腾柱

距今约 150 年的埃塞俄比亚河马皮盾牌

女性裸身立体像

心魔

代表权力崇拜的权杖和酋长专属座椅

了本来的社会功能，成为装饰品和艺术品。但在非洲大陆上，即使在今天，很多部落还依然保持着他们世世代代的传统信仰和严肃的仪式。

精神崇拜系列的展品共 30 余件，包括图腾柱、民族立像、各式面具等，分别来自刚果（金）、苏丹、布基纳法索等非洲国家，拥有 100—300 年不等的历史。

武力崇拜系列的展品主要由各式各样的盾牌组成，一共有 10 余件。大多数盾牌都是木制的，有的盾牌表面覆有兽皮或绘有图案，它们距今约有 100 年的历史。如今，只有在特定仪式或舞蹈中才可以见到盾牌。埃塞俄比亚的河马皮盾牌，顾名思义，盾牌表面覆有河马皮。河马死后立刻被剥下表皮并覆盖在盾牌表面，然后被风干。由于河马皮的韧度极强，所以盾牌的防御性极好。

生育崇拜系列的展品共 25 件，大部分来自刚果（金）和苏丹，制作原料主要为木头，距今约有 100 年的历史。展品的造型多为女性裸体立像，寓意对生命起源的崇拜。

超自然力崇拜系列的展品 20 余件，大多由石头或木材雕刻而成，距今 100—200 年的历史。名为“心魔”的展品，制作原料为铁和木头，来自扎伊尔，高 56 厘米，宽 26 厘米。整个雕塑由九个人头构成，代表着占据内心的不同终极邪恶力量。

权力崇拜系列的展品 10 余件，主要来自刚果，距今有 100 多年的历史。权杖常用来象征部落首领自身权力及地位，也可作为神器和祭祀用品。不同材质和不同装饰的权杖常常代表着不同的权力等级。

服饰展区

非洲服饰是世界服饰文化百花园中一道绚丽的风景。非洲人对美的感悟与生俱来，他们把对美的感悟、对自然的崇拜和对生活的热情化为服饰。各民族间不同的经济水平、社会习俗、文化传统和宗教信仰使其服饰在形式上异彩纷呈，极富非洲原始部落的风情。颜色鲜艳、图案粗犷、线条奔放的布料，则是非洲多彩服饰的直接出处。

博物馆内目前展示的主要是布料，今后将继续扩展和充实，越来越多的非洲特色服饰将会在这个展区大放异彩。

参观非洲博物馆，无异于享受一场视觉的和心灵的盛宴。这里融会了非洲大陆几千年的文明，更展现了中国人民对非洲文明的支持和热爱。非洲博物馆成为一扇窗口，清楚地告诉所有走进这里的人彼时的历史时期、社会环境、技术与文化发展情况。古老而神秘的非洲大陆也许已经不再遥远，浮华都市里疲惫的人们也许能够在这里找到精神生命的本原。当然，对于真正热爱非洲的朋友来说，这里还仅仅是一扇小窗，一扇展现非洲独特风情，指引他们、激励他们走近非洲的小窗。探索发现的道路永远是漫长而艰辛的，人们更需要带着一颗感恩的心走向非洲、尊重非洲。只有这样，在地球的某一个角落，人类最原始却也是最璀璨的文明才能在物欲横流的世界里永存。

色彩艳丽的非洲布匹

回望来时路，奋斗已成歌

——非洲研究院十年成长路

单　敏

浙江师范大学非洲研究院科研与国际合作办公室主任。

2007 年 9 月 1 日，非洲研究院在浙江师范大学正式创立。此后十年，是这个年轻的研究院怀抱理想、砥砺前行的十年。十年里，以刘鸿武院长为核心的学术团队在国内外非洲研究领域日益展露卓越才华，以一系列创新性举措、勤奋努力而走向非洲学术广阔世界，成功为地方院校在国家智库建设中争得了重要的一席之地。在国家战略视野下，非洲研究院就像一匹“黑马”，赫然打破了地方院校静悄悄的局面。这看似出人意料，其实又在情理之中，是时代需求催生之下结出的硕果。

回望十年路，累足成步

十载春秋，非洲研究院从无到有，由弱渐强，直至今天成为国内高校从事非洲研究事业首屈一指的专业研究院和非洲事务思想智库。回望十年，非洲研究院向学校、向所有关心和支持非洲研究院事业发展的各级领导、同行交出了闪亮的成绩单：

● 2007 年非洲研究院正式创立，成为国内高校首个实体性、综合性的非洲研究院，同年成为浙江省高等学校高级人才培养计划“钱江学者”特聘教授设岗单位；

● 2007 年启动编纂“浙江师范大学非洲研究文库”，后被列入国家出版基金重点项目，目前各系列已经出版 70 余种，成为 1949 年以来规模最大的非洲研究文献集成，其中一些著作开始翻译成外文向国外推出；

● 2008 年开始招收“非洲史”、“非洲教育”首届硕士研究生、留学生，迄 2017 年共培养各专业 140 余位中外学生，从此，前往非洲留学、调研的学生络绎不绝；

● 2008 年“浙江师范大学非洲研究论坛”推出，院长刘鸿武教授开讲首场论坛；

● 2009 年刘鸿武院长任首席专家主持教育部哲学社会科学重大课题攻关项目《新时期中非合作关系研究》，这是中非关系领域首个国家级课题，随后几年取得一系列标志性重大成果；

● 2009 年成为浙江省首批“浙江省高校创新团队”入选单位，这是全国首个省级高校非洲研究创新团队；

● 2010 年首次到境外主办大型国际学术会议，在南非约翰内斯堡主办“中非合作论坛成立十周年学术研讨会”，时任国家副主席习近平出席并发表重要演讲；那以后，非洲研究院每年都到非洲主办大型高端国际学术研讨会；

● 2010 年同时入选外交部“中非联合研究交流计划”指导委员会指导和执行单位、教育部“中非高校 20+20 合作计划”执行单位、国家留学基金委“国际区域问题研究及外语高层次人才培养项目”执行单位，是全国唯一一家同时入选三大计划的单位；

● 2011 年正式创办“中非智库论坛”并成为外交部“中非智库 10+10 合作伙伴计划”首批中方智库；迄今已经在中国和非洲成功举办六届，影响日益扩大。

● 2011 年成为浙江省哲学社会科学重点研究基地；建成国内高校首个综合性非洲博物馆并在全国巡展，目前每年参观中外嘉宾达上万人次；

● 2011 开始编纂教育部哲学社会科学发展重点工程项目《非洲地区发展报告》，迄今已经出版年度报告五卷；成立院专业学术刊物《非洲研究》杂志编辑部，迄今出版十卷；

● 2012 年获批浙江省重点创新团队（文化创新类），全面推进浙江省与非洲国家经贸文化合作；

● 2012 年经省学位委员会公示备案，自主设立国内首个“非洲学”交叉学科硕士点，迄今已毕业三届硕士研究生；

● 2013 年成为“浙江省 2011 协同创新计划”非洲研究与中非合作协同创新中心，校内外跨学科、跨领域协同推进非洲研究格局日渐形成；

● 2013 年获得以非洲政治为特色的“政治学”一级学科硕士点，开始招生非洲政治、非洲国际关系方向硕士研究生、留学生；

● 2014 年刘鸿武院长入选 2013、2014 年度教育部“长江学者特聘教授”，成为国家自 1998 年设立“长江学者特聘教授”以来首个国际政治与非洲研究领域长江学者；

● 2015 年经国务院学位办评审和备案，批准获自主设置交叉学科博士专业“非洲教育与社会发展”，次年正式招生；这是国内首个非洲领域的博士专业，标志非洲研究院高端人才培养跃上历史新高度；

● 2015 年刘鸿武院长任首席专家的“中国对非洲关系的国际战略研究”获批 2015 年国家社科基金重大课题招标项目立项，实现了建院 8 年来国家社科基金重大项目零突破的重大进步；

● 2015 年“政治学”成为浙江省首批一流学科 A 类，也是浙江省唯一政治学一流建设学科；

● 2016 年入选“中国智库索引来源名单”，并带动浙江师范大学名列全国普通高校智库指数排名第六位；入选“金砖国家智库合作中方理事会”单位理事和个人理事；

● 2016 年索马里籍学者和丹博士、马里籍学者奥约博士入职，至此外聘非洲籍学者达 6 人，学术团队的“非洲化”取得重大成效；

● 2017 年首次被全球智库评价最权威的美国宾夕法尼亚大学《全球智库报告 2016》纳入大学附属“最佳区域研究中心”，是中国四家入选智库之一；

● 2017 年在国务院新闻办“一带一路国际合作高峰论坛”发布会上，被赞誉为中国高校推进“一带一路民心相通”的典范，其成果极具“代表性、示范性、推广性”；

● 2017 年经教育部备案，成为“中国南非人文交流研究中心”，并作为战略智库陪同刘延东副总理赴南非举行“中国—南非人文交流机制启动大会”；

● 2017 年召开中非水资源合作研讨会并成立中非水资源合作研究中心；“第二届中非影视论坛”直接搬到了美丽的东非桑给巴尔岛举办，《非洲人在义乌》六集纪录片非洲首映；中国首个“非洲人类学研究中心”挂牌成立；学术百花齐放，年轻学者日渐成熟；

● 2017 年八卷本《剑桥非洲史》浩大翻译工程完成千万字译著即将付梓；面向非洲读者的“中国改革开放与发展实践”丛书首批 10 种中英法文出版；团队成员多部著作的英文本、俄文本、土耳其文本将推出；

● 2017 年再次到埃塞非盟总部主办“中非减贫合作高端对话会暨中非智库论坛

第六届会议”，在非洲首发习近平主席《摆脱贫困》英、法文本，外交部部长王毅专程出席并发表主旨演讲，服务国家战略能力再次提升；

● 2017 年又获国家社科基金项目 2 项，至此，十年累计承担国家社科基金项目 20 项，科研人员几乎人均 1 项，成为名副其实的非洲研究“国家队”。

十年磨一剑，初心不改

近代以来，“唯西方论”的认知体系像幽灵盘旋在中国知识界和理论界的上空。然而，随着中国改革开放后国力崛起，21 世纪世界格局悄然变化，中国对学术原创的召唤从未如此迫切，如此令人心动。

学科带头人刘鸿武教授，行走非洲 30 多年，塑造了极富个人风格的学术品格，以中国知识分子的担当和自信，将探索并构建富有中国特色的“非洲学”学科体系作为己任，拟定“三年创业、八年提升、十年而立”建设目标。十年来，研究院始终“志存高远而立根大地”，秉持“非洲情怀、中国特色、全球视野”治学理念，锁定“当代非洲发展问题”与“当代中非合作关系”两大命题，致力于非洲学学科建设和人才培养体系建构的探索。

始创阶段，刘鸿武院长以“感动自我、感动非洲”的志向抱负，顶着质疑与压力，努力打破按照近代西方自然科学方法将人文社会科学分为政治学、经济学等零散学科的方法，以最大的包容吸纳了研究人类学、历史学、经济学、政治学、语言学、艺术学、民族学等各类学科的青年博士，谆谆训导，身体力行，鼓励青年学子以综合开阔的“区域研究”作为特色路径与方向，从非洲的精神文化的本源出发走进非洲，扎根非洲。

在最艰苦的时候，学术团队彻夜长谈学术规划与方向，挑灯夜战课题、论文、专著，甚至还推着三轮板车运书、肩扛手提从非洲背回一件件博物馆藏品……几年下来，硬是将“科研经费不足”“研究团队未成形”“学科归属不清”“赴非调研困难”“地处偏僻小地”等“高山险阻”一一踩在脚下。

人说非洲研究院的女博士都是“学术女汉子”：长松博士以弱小身躯只身深入非洲腹地，只为那些失学的孩子；徐薇博士走遍大漠深处，探访神迷部落，将孩子生在非洲，遭受抢劫也痴心不改；胡美博士为建中国援外博物馆奔波数年，入职八年国家社科基金项目“连中三元”。

“中非友好贡献奖”“教育部长江学者”“浙江省钱江学者、之江学者”“省 151 人才”“全国工人先锋号”“中国侨界创新团队”不断涌现，外溢效应逐步明显，资源聚集日益明显，来访者合作者络绎不绝；研究生培养质量日益提高，学生赴非洲就业创业比率明显上升；学科建设稳步推进，研究成果不断丰硕；课程创新不断推进，人才培养体系日益完善，培养出来的“非洲的中国通”和“中国的非洲通”受到各界认可。

金华，这座江南小城，日益成为中国的非洲学术之都、文化之都、教育之都！

永远在路上，孜孜不倦

回望来时路，奋斗已成歌；但举目远眺，层峦叠嶂处高峰依旧耸立。显然，这“峰”也不是当年那“阻”，而我们将继续前行。

建设一流学科面临新形势。我们将夯实基础，建设好非洲学，做到“一流学科孕育和支撑一流智库建设，一流智库促建和引领一流学科发展”的良性互动。

建设高校智库面对新机遇。我们将发挥优势、突出特色，努力建设“影响大”“贡献多”“用得上”“离不开”“靠得住”的一流高校智库。

服务国家战略需要新举措。我们将扎实研究、积极创新，服务中非政治互信、经贸往来和人文交流，服务中非关系在“快车道”上健康快速发展。

服务地方发展期待新突破。我们将延伸手臂、开拓领域，服务中非经贸合作、中非青年就业创业，促进区域经济转型升级、可持续发展。

习近平主席著作《摆脱贫困》非洲首发式暨“中非智库论坛”第六届会议、“中国南非人文交流机制首次会议”“中非青年创业论坛”；启动中非艺术节、影视节、坦赞铁路博物馆建设等项目……

未来正来，使命未完，非洲研究院也必孜孜不倦，奋斗不止。